KRISSY POZATEK

Mokassinkinder

KRISSY POZATEK

Mokassinkinder

Neugierig. Mutig. Selbstbewusst.

Aus dem Amerikanischen
von Andreas Nohl

Dieses Buch ist auch als E-Book erhältlich:
ISBN 978-3-407-22281-7

www.beltz.de

© 2014 Beltz Verlag, Weinheim und Basel
Umschlaggestaltung: www.anjagrimmgestaltung.de,
Stephan Engelke (Beratung)
Umschlagabbildung: © Thomas Kierol/laif
Illustrationen Innenteil: Lelia Rehm
Layout und Satz: Lelia Rehm
Druck und Bindung: Beltz Bad Langensalza GmbH, Bad Langensalza
Printed in Germany

ISBN 978-3-407-85829-0
1 2 3 4 5   18 17 16 15 14

*Meinen Eltern
und meinen Töchtern*

Die ganze Erde mit Leder zu bedecken –
Wo ließen sich so viele Häute finden?
Doch bloß mit den Ledersohlen meiner Mokassins
Ist es, als bedeckte ich die ganze Erde!

Und so kann ich den äußeren Gang
Der Dinge nicht beherrschen. Doch lasst mich
Nur mein Bewusstsein zügeln –
Was zu zügeln bleibt dann noch?

Shantideva, *Der Weg des Bodhisattva*

» Inhalt «

Ein Brief an die Eltern

In diesem Buch vergleiche ich die Lebensreise mit einem Wanderweg, einem steinigen Pfad, Symbol für all die Herausforderungen, die wir tagtäglich zu meistern haben – Auseinandersetzungen mit der Familie, mit Freunden, mit der Schule, bei anderen Aktivitäten außerhalb von zu Hause oder schlicht das Problem, das tägliche Auf und Ab von Gedanken und Emotionen in den Griff zu bekommen. Manchmal stoßen wir bei einer Wanderung jedoch auf noch größere Hindernisse: Verlust, Trauma, Krankheit oder andere Rückschläge. Diese Felsbrocken und Stolpersteine wirken zunächst unüberwindbar, ermöglichen aber eine tiefe Befriedigung, wenn man sie erfolgreich überwindet. Um unseren Weg mit Anstand und Selbstachtung zu gehen, müssen wir herausfinden, auf welche Weise wir mit den Hindernissen umgehen können, denen wir alle unvermeidlich begegnen, und überdies mit den Emotionen, die uns wie ein Fluss durchströmen.

In dem Buch Der Weg des Bodhisattva erklärt uns der buddhistische Weise Shantideva aus dem achten Jahrhundert, dass wir überall, wo wir gehen, Leder auslegen können, um unsere Füße nicht zu verletzen, oder aber wir können uns Mokassins machen und uns damit auf unserem Weg schützen.

Im vorliegenden Buch übertrage ich diese Metapher auf die Erziehung, um die weitverbreitete Überfürsorglichkeit der Eltern von heute zu illustrieren, die ihre Kinder von jeder Art von Unannehmlichkeit fernzuhalten versuchen. Leider führt dieses Lederauslegen dazu, dass unsere Kinder abhängiger werden und weniger Fähigkeiten entwickeln, sich selbst zu helfen. Außerdem behindert es ihren emotionalen Reifeprozess. Stattdessen können wir aber ein häusliches Umfeld schaffen, das dem Herstellen von Mokassins günstig ist, sodass unsere Kinder über genug innere Ressourcen und eine gute emotionale Resilienz verfügen, um auf ihrem Lebensweg voranzukommen und ihre Ziele zu erreichen.

In meiner langjährigen Arbeit als Wildnistherapeutin für Jugendliche habe ich erlebt, wie viele junge Menschen, manche von ihnen mit großen psychischen Problemen, ein positives Lebensgefühl, Selbstvertrauen und ein hohes Maß an Selbstbeherrschung erreichten, wenn sie ihre Lebenshürden erfolgreich überwanden. Die Lösung besteht nicht darin, unseren Kindern Probleme und Unannehmlichkeiten zu ersparen oder zu lindern, sondern darin, sie mitfühlend zu ermutigen, tüchtig und tapfer zu sein – unseren Kinder beizubringen, sich an ihren eigenen Felsen und Stolpersteinen abzuarbeiten und ihre Beulen und Kratzer als Schritte zur eigenen Reife zu erkennen. Jedes Hindernis, dem wir begegnen, enthält eine dazugehörige Lehre, Einsicht, Erkenntnis oder Wachstumsmöglichkeit, wenn wir aus unseren Kämpfen lernen, statt uns dagegen aufzulehnen. Das ist der Prozess, in dem wir Mokassins herstellen, also reifen.

In der Wildnistherapie habe ich oft erlebt, dass Kinder es als große Erleichterung empfinden, wenn sie, statt nach einem Ausstieg oder Fluchtweg oder nach der rettenden Hilfestellung ihrer Eltern zu suchen, sich direkt ihren Problemen stellen. Sie fühlen sich zunehmend kompetent und einfallsreich. Tief in uns haben wir alle den Wunsch, unsere Probleme selbst zu lösen, denn dadurch werden wir klüger und gewinnen mehr Zutrauen zum Leben. Doch die meisten von uns tun dies nicht, solange sie wissen, dass es da noch ein weiches Polster gibt, einen Ausweg, einen Sündenbock oder jemanden, der uns retten kann. Zwar haben Widrigkeiten ihren Nutzen, aber niemand stellt sich ihnen freiwillig.

Das Leben draußen in der Natur hält unauslöschliche Lektionen bereit. Da das einzige Sicherheitsnetz (neben dem Smartphone) der Einfallsreichtum der Gruppe ist, ist jeder Einzelne gefordert, sich an den Problemlösungen zu beteiligen, belastbar zu sein und mit den anderen zusammenzuarbeiten. Zwar ist es nicht immer bequem, doch das Leben in der Natur bringt die Augen der jungen Leute letztendlich wieder zum Leuchten und hebt ihre Lebensgeister. Die Menschen müssen sich der Natur direkt stellen, sich ihren Anforderungen unterwerfen und jedes Wetter aushalten, ob nun die Sonne scheint oder ein Gewitter wütet. Letztendlich lernen die jungen Leute, dass das Leben in der Wildnis einfach ist – sie erkennen schnell, dass sie nicht Herr der Lage sind und aus der Erfahrung nur so viel mitnehmen, wie sie von sich aus investieren.

Erziehung hingegen ist kompliziert. Es sind so viele Bälle zu jonglieren, so viele Weltanschauungen und Perspektiven sind zu bedenken, so viele Gefühle zu berücksichtigen, und es gibt so viele Zweifel. Die Hindernisse sind vielschichtig und die Lösungen nicht so eindeutig. Es ist eine überwältigende Aufgabe, und Eltern reagieren darauf gerne, indem sie selbst aktiv werden: Sie übernehmen eine Aufgabe des Kindes, bringen die Dinge in Ordnung, lösen Probleme und sind überfürsorglich.

Ich glaube jedoch, dass Erziehung sehr viel einfacher sein kann, als wir denken. Wir müssen nicht alles tun, nicht für alles zuständig sein. Im Gegenteil, ein »Nichtstun« ermöglicht unseren Kindern, natürliche Konsequenzen zu erleben, die sehr viel nachhaltiger und lehrreicher wirken, als wenn wir meckern oder schimpfen. Zum Beispiel: Wenn ein Kind seine Regenjacke, seine Sportsachen oder sogar das Pausenbrot vergisst, erlebt es eine vorübergehende Unannehmlichkeit – aber das ist kein Weltuntergang; es ist vielmehr eine handfeste Lernerfahrung. Wir müssen nicht für alles verantwortlich sein, wir können die Verantwortung schrittweise an unsere Kinder abgeben und zulassen, dass sie sich selbst um ihre Probleme kümmern.

Die Wildnistherapie und die buddhistische Philosophie haben mir sehr einfache Zugänge zu den Komplikationen des heutigen Elternseins eröffnet. *Weniger ist mehr – das ist der Weg, den eine mutige Erziehung geht.* Lassen wir unsere Kinder ihre Probleme selber angehen. Treten wir aus der Strömung heraus und setzen uns ans Flussufer. Wir lassen die Kinder nicht im Stich und wir ignorieren sie nicht – wir sind nah, aber wir mischen uns einfach nicht in ihr Chaos ein. Unsere Kinder werden sich nie selber zu helfen wissen oder Resilienz erwerben, wenn wir alles für sie lösen. Das heißt keineswegs, dass wir nicht helfen können. Wir können Ratschläge geben – wenn danach gefragt wird. Wir können liebende Unterstützung geben. Wir können Grenzen setzen und Regeln aufstellen, und wir können positive Bestärkung geben. Außerdem können (und sollten wir manchmal) die Meinung von therapeutischen Fachleuten einholen.

Dies ist ein Buch für alle Eltern – Alleinerziehende, gemeinsam oder getrennt Erziehende, Heterosexuelle oder LGBTQ (Lesbierinnen, Gays/Schwule, Bisexuelle, Transgender und Queer) – mit Kindern jeder Altersstufe. Offensichtlich wirken gesunde Strukturen am effektivsten, wenn die Kinder noch klein sind, aber die hier vorgestellten Konzepte lassen sich erfolgreich anwenden bei der Geburt, bei Fünf- und Fünfzehnjährigen und Älteren. Ich arbeite mit vielen Eltern zusammen, deren Kinder bereits älter sind (17–22 Jahre). Die Vorschläge in diesem Buch lassen sich zu jeder Zeit im Eltern-Kind-Lebenszyklus anwenden.

Die hier formulierten Ideen taugen sowohl für Kinder, die einen »normalen« Entwicklungsweg gehen, *als auch* für Kinder mit emotionalen Problemen oder Verhaltensauffälligkeiten. Das Herstellen von Mokassins ist eine lebenslange Aufgabe für uns alle. Die vorliegenden Konzepte unterstützen gesunde Eltern-Kind-Strukturen, ob Ihr Kind gerade zu sprechen anfängt oder ob es beginnt, Sie mit Schweigen zu strafen.

Dieses Buch handelt davon, wie wir Mokassins herstellen können, um unseren Kindern Entwicklungsschritte zur Reife und zu einer eigenen Persönlichkeit zu ermöglichen. Mit den Fähigkeiten, die in diesem Buch vorgestellt werden, sind sie in der Lage, ihren eigenen Lebensweg zu gehen.

Einleitung

ᴍᴍᴍ

Shantiveda war ein indischer Mönch, der im achten Jahrhundert lebte. Geboren als Prinz, verzichtete er auf den Thron und folgte dem Weg des Buddha. Seine Weisheit, insbesondere in dem Zitat, das unserem Buch als Motto voransteht, bleibt in unserem angsterfüllten Zeitalter bedeutsam. Darin sagt Shantideva im Wesentlichen: Wenn man über den Erdboden geht, kann man sich die Füße verletzen. Er zeigt metaphorisch, wie wir in dem Versuch, unsere Lebenssituationen zu kontrollieren, vor jedem Schritt Leder auslegen, um unsere Füße zu schützen. Wir versuchen, über die uns umgebende Außenwelt Kontrolle zu gewinnen. Wir glauben, wenn wir mehr Kontrolle, mehr Sicherheit haben, dann mindert das unsere Angst vor den Unwägbarkeiten des Lebens. Doch das ist, wie Shantideva betont, ein vergebliches Unterfangen, denn wir können nicht die ganze Erde mit Lederhäuten abdecken. Stattdessen können wir aber einfach unsere Füße mit Leder schützen.

Die meisten von uns sind pausenlos darauf bedacht, unsere Lebenswelt und die unserer Kinder zu ordnen, um jede Art von Unannehmlichkeit zu vermeiden. Ständig versuchen wir, Leid und Unbehagen von uns fernzuhalten. Das ist verständlich, wenn auch problematisch. Der unablässige Versuch, unsere Umwelt zu kontrollieren, schränkt nicht nur unser Leben ein – er schafft eine trügerische Wirklichkeit, da sich die meisten Dinge im Leben nicht kontrollieren lassen. Die Natur erinnert uns mit Wirbelstürmen, Erdbeben und Feuersbrünsten an diese Tatsache. Ebenso sind wir Finanzkrisen, Terroranschlägen, Mobbing, Amokläufen, familiären Problemen, Krankheit oder Tod ausgesetzt – nichts ist vollkommen sicher.

Die Furcht, dass etwas schiefgehen könnte, erfüllt unser Leben mit Angst und innerem Druck, die uns davon abhalten, unmittelbare Erfahrungen im gegenwärtigen Augenblick zu machen. Die meisten von uns sind im Leben »auf der Hut« – insbesondere als Eltern –, doch zugleich hindern uns solche Schranken, die besonderen Augenblicke in unserem Leben und die Gegenwart mit unseren Kindern wahrzunehmen: ein strahlendes Lächeln oder eine emotionale Krise, einen Erfolg oder ein Scheitern.

Diese »Kontrollfalle« wird größer, wenn wir Kinder haben. Das Großziehen von Kindern bedeutet heutzutage für viele, eine perfekte Umwelt für unsere Kinder bereitzustellen, von der »richtigen« Babyausstattung über die Nahrung und das Spielzeug bis zu den »richtigen« Spielgefährten, der Schule, den Lehrern, der Sportart und Kleidung, damit unseren Kindern nur ja kein Leid zustößt – und umgekehrt auch wir Eltern schmerzfrei ausgehen. Wir sind unendlich wachsam, um unsere Kinder glücklich zu machen, ihr Selbstwertgefühl zu fördern und ihnen Erfolgserlebnisse zu bescheren.

Doch genau genommen verschaffen wir mit unserem Versuch, alles zu kontrollieren, unseren Kindern einen Nachteil, weil ihre kleinen Füße am Rande des Leders immer noch spitzen Stolpersteinen ausgesetzt sind – Steinen, von denen sie nicht wissen, wie sie mit ihnen umgehen sollen. Sosehr wir auch versuchen, sie zu lenken und zu führen, wir können nicht kontrollieren, wohin sie treten. Wenn wir immer weiter Leder für sie auslegen, erhöhen wir die emotionale Verletzlichkeit unserer Kinder, weil sie es gewohnt sind, dass wir alle Unannehmlichkeiten für sie beiseiteräumen. Das ist ein entmündigendes Muster und beeinträchtigt ihre Fähigkeit zur emotionalen Resilienz.

Viele von Ihnen mögen denken: »Nun ja, Krissy, da draußen lauern aber wirklich Gefahren. Sollen wir etwa gar nichts dagegen tun?« Natürlich nicht. Es geht vielmehr darum, dass unsere Kinder mit »sicheren Schwierigkeiten« konfrontiert werden, wie ich das nenne: den täglichen Schwierigkeiten zu Hause und in der Schule,

Schwierigkeiten, die sich als Problem formulieren lassen, das unsere Kinder lösen können – statt sie vorwegzunehmen, auszuräumen und abzumildern. Probleme bei Hausaufgaben, Konflikte unter Geschwistern und mit Freunden, Verärgerung über familiäre oder schulische Regeln, Verdruss bei lästiger Haushaltsarbeit und Eltern-Kind-Konflikte lassen sich alle als perfektes Material zur Herstellung von Mokassins betrachten. Wir müssen nicht schützend über allem schweben und alles und jedes regeln und reparieren. Wir können diese Probleme mitfühlend unseren Kindern überlassen. Wenn unsere Kinder lernen, mit solchen »sicheren Schwierigkeiten« umzugehen, dann erwerben sie eher die Fähigkeiten, die man braucht, um mit wirklichen Bedrohungen außerhalb von Zuhause fertigzuwerden – zum Beispiel der Zurückweisung durch einen Freund oder eine Freundin, dem Gruppendruck durch Gleichaltrige oder anderen Misserfolgen und Rückschlägen.

Das ist der reiche und fruchtbare Boden der Familie, wo Kinder entwickeln können, was ich die inneren Ressourcen zur Bewältigung ihres Lebenswegs nenne. Wir können eine häusliche Lebenswelt schaffen, die das Herstellen von Mokassins fördert, indem wir Problemen einen positiven Rahmen geben. Zu den inneren Ressourcen, die Kinder zu Hause erlernen können, gehören: Belohnungsaufschub, Problemlösungskompetenz, Anpassungsfähigkeit, Gefühlsregulierung, Stresstoleranz, Selbstmotivation und Selbstdisziplin. Ich sollte hier erwähnen, dass diese inneren Ressourcen in unserer stets abrufbereiten, überfürsorglichen und elektronisch angeketteten Erziehungskultur manchmal kaum erkennbar sind.

Probleme und Konflikte wertzuschätzen ist oft gegen unsere ursprüngliche Intuition, aber wichtig. Während unsere westliche Gesellschaft in Wissenschaft, Technologie und Medizin Fortschritte macht, mag es uns so erscheinen, als verbessere sich damit auch die Erfahrung des Menschseins, aber gleichzeitig werden die Menschen in der westlichen Welt weniger anpassungsfähig an Veränderungen, weniger resilient und anfälliger für mentale Erkrankungen. Als Gesamtgesellschaft laufen wir weiterhin vor Unannehmlichkeiten, Konflikten und Problemen davon. Fortwährend greifen wir nach etwas Äußerem, um den Schmerz zu vertreiben – nach einer Pille, einem Video, einer Ablenkung oder einem Bett, in das wir uns fallen lassen können –, statt standzuhalten, uns zu behaupten und an missliebigen Situationen und Kämpfen sogar zu wachsen und zu reifen. Letzteres sind uralte Techniken. Seit Jahrtausenden überstehen wir Missgeschicke; diese Fähigkeiten sind genetisch angelegt, dennoch fordern wir von unseren Kindern nicht, sie einzusetzen.

Irgendwann haben wir begonnen, Kinder nicht mehr für robust, sondern für zerbrechlich zu halten, für so empfindlich, dass sie eines ständigen Schutzes und ständiger Überwachung bedürfen.

Eltern strengen sich enorm an, für ihre Kinder Hindernisse aus dem Weg zu räumen und Probleme abzumildern, um das zarte, gerade erst entstehende Pflänzchen des kindlichen Selbstbewusstseins nicht zu gefährden. Dieses Buch schlägt ein radikal anderes Konzept vor: Negative Erfahrungen und Konflikte sollen genutzt werden, um innere Widerstandskraft zu entwickeln und emotional zu wachsen. Statt ihre Probleme von den Eltern beseitigen zu lassen, können Kinder ihre Lebensprobleme selbst meistern. Unsere Kinder mögen Probleme haben, besondere Bedürfnisse, einen schlimmen Verlust erlebt haben – aber sie sind vielleicht auch fähig, damit verbundene Krisen, Hindernisse und mentales Leid (Panik, Depression, Schlafstörungen, Wut, Angst) zu lindern. Und wenn Kinder ein Hindernis überwinden, sind sie besser auf den nächsten Stolperstein auf ihrem Weg vorbereitet.

Wie Shantideva sagt, können wir, statt unsere Umwelt zu kontrollieren, an unserem Bewusstsein arbeiten: So können wir in jeder Lebenssituation präsent bleiben, ohne nach einem Fluchtweg zu suchen. Ebenso können wir unseren Kindern beibringen, bei den Herausforderungen in ihrem Leben präsent zu bleiben.

17

Sogenannte »Verhaltensstörungen«

Nach meiner Erfahrung ziehen es viele Eltern heute vor, dass ihre Kinder eine handfeste Diagnose gestellt bekommen – beispielsweise ADHS oder eine Angst- oder Lernstörung –, für die es dann einen Spezialisten oder eine Behandlung gibt, statt sich damit abzufinden, dass ihr Kind gerade schlicht über geringe innere Ressourcen und Fähigkeiten zur Problembewältigung verfügt. Manche nennen das eine »Medikalisierung« kindlicher Verhaltensweisen. Das ist zwar nicht vernünftig, aber es kommt dem Reflex der Eltern entgegen, die Verantwortung immer *außerhalb* ihrer Kinder zu suchen.

Wenn ein Kind eine Diagnose erhält, benutzen manche Eltern dieses Etikett sogar, um ihre Kinder noch mehr zu hätscheln und zu beschützen. »Tja, er hat ADHS, also braucht er bei seinen Hausaufgaben jeden Abend meine Hilfe«, oder: »Er kann seine Wut nicht kontrollieren, also muss ich sie über mich ergehen lassen«, oder: »Langeweile löst Angst in ihm aus, also muss ich ihn nach einem festen Zeitplan beschäftigt halten.« Die Bemühungen der Eltern, ihre Kinder zu »managen«, werden noch einmal einen Gang hochgeschaltet. Mit oder ohne Etikett oder Diagnose schleichen Eltern heutzutage um die Launen und Verhaltensauffälligkeiten ihrer Kinder herum. Warum haben wir eine solche Furcht davor, Kinder für ihr Verhalten in einem positiven Sinn verantwortlich zu machen?

Auch fehlt die Förderung innerer Stärke bei Kindern nahezu völlig in unserem Erziehungsdiskurs. Worte wie *Mut, Belastbarkeit* und der *tapfere Umgang mit Problemen* hört man selten. Resilienz wird eher als eine angeborene Fähigkeit angesehen, über die ein paar Kinder per Zufall verfügen, und nicht als etwas, das man gezielt unterstützen kann. Heute behandeln wir unsere Kinder wie Babys – wir machen sie weitaus jünger, als sie ihrem biologischen Alter nach sind.

Für viele Kinder, die in den Praxen von Therapeuten und Lernspezialisten auftauchen, gibt es keine eindeutige Diagnose. Diese Kinder zeigen sogenannte »subklinische Verhaltensweisen«, mit denen ihre Eltern nicht umgehen können. Zum Beispiel: Kinder, die rasch aufgeben und sich hilflos verhalten; Kinder mit eiserner Dickköpfigkeit; hinterhältige und verlogene Kinder; reizbare Kinder, die zu Wutanfällen neigen; Kinder, die sich vor ihren Eltern verschließen und eine Mauer um sich bauen; gerissene Kinder, die ihre Eltern im Kreis herumtreiben; ausgebuffte Verhandler und emotionale Übertreiber. Manche Kinder leben diese Verhaltensweisen nach einander oder gleichzeitig aus.

Natürlich gibt es Kinder mit eindeutigen psychologischen Diagnosen oder Lernstörungen und nicht nur geringer Bewältigungskompetenz. Doch auch in solchen Fällen treten häufig solche subklinischen Verhaltensweisen auf, vermischen sich mit den Störungen, behindern die Therapeuten und erschweren den Behandlungsprozess.

Viele Kinder, die solche Verhaltensweisen zeigen, sind in problematischen Verhaltensmustern gefangen, die vor allem in der Eltern-Kind-Beziehung eine Rolle spielen. Es sollte nicht verschwiegen werden, dass all diese Verhaltensweisen dem Kind am Ende ein erwünschtes Ergebnis verschaffen: Eine Regel wird abgeändert, ein Elternteil gibt nach, eine Haushaltsarbeit wird nicht eingefordert oder es kommt bei den Eltern zu einer emotionalen Reaktion, die dem Kind ein Gefühl der Macht gibt. Zumindest jedenfalls erregen diese Verhaltensweisen die Aufmerksamkeit der Eltern. Mit solchen subklinischen Verhaltensweisen erringen die Kinder im häuslichen Umfeld Dominanz, statt sich mit dem, was um sie herum geschieht, auseinanderzusetzen und zu reifen – und sie werden abhängig von dem Leder, das vor ihnen ausgelegt wird.

Warum Mokassins?

Vielen jungen Menschen mangelt es heute an inneren Ressourcen, an Anpassungsfähigkeit und Resilienz. Kinder geraten in Panik, wenn sie sich mit Unannehmlichkeiten konfrontiert sehen, und laufen geradewegs zu Mama oder Papa, als ob Eltern alles regeln könnten. (Nicht wenige Eltern freuen sich darüber und unterstützen diesen Prozess, in dem sie den Ausdruck einer besonderen Nähe in ihrer Eltern-Kind-Beziehung sehen.) Eltern glauben, es sei ihre Verantwortung, immer dafür zu sorgen, dass ihr Kind glücklich ist.

Doch wenn sie von Anfang an glauben, sie könnten alle Probleme ihrer Kinder lösen, geraten sie unvermeidlich in Schwierigkeiten – schließlich wird das Kind wollen, dass die Eltern etwas regeln, was tatsächlich außerhalb ihrer Möglichkeiten liegt. Es ist am besten, wenn Kinder lernen, kleine Probleme und Unannehmlichkeiten in ihrem Leben selbst zu lösen, bevor sie ihre erste soziale Ablehnung oder ihren ersten schulischen, sportlichen oder künstlerischen Misserfolg erleben.

Wir alle sind auf Glück ausgerichtet, aber Glück ist nicht das Thema. Wir glauben, Glück müsse die ganze Zeit vorhanden sein; wenn nicht, dann laufe etwas falsch. In Wirklichkeit ist Glück kein immerwährender Zustand, sondern es kommt und geht. Wir müssen uns von der Erwartung immerwährenden Glücks verabschieden und stattdessen ein Konzept emotionaler Gesundheit entwickeln.

Statt unsere ganze Aufmerksamkeit und Forschung auf das Glück zu richten, müssen wir lernen, mit Traurigkeit, Enttäuschung, Sorge, Ärger, Beschämung, Scheitern und Konflikten zu leben, bis diese Gefühle abklingen. Wenn wir mit allen Emotionen vertraut sind, ohne sie sofort beseitigen zu wollen, sind wir vermutlich emotional gesund. Das ist der Grund, warum wir Kindern ermöglichen müssen, all ihre Gefühle kennenzulernen.

Der Buddhismus lehrt, dass alle Dinge eine Eigenschaft teilen: *Anicca* – Vergänglichkeit. Schließlich ist die Vergänglichkeit unsere Freundin; sie gestattet, dass Traurigkeit, Schmerz und Enttäuschung verblassen und in einen neuen emotionalen Zustand übergehen. Wenn wir Gefühle auf natürliche Weise verarbeiten, erweisen sie sich als fließend. Die Vergänglichkeit hält uns wach und präsent – das Leben ändert sich ständig, es ist immer wechselnd und neu.

Die Metaphern in diesem Buch, praktisch vielfach erprobt an Kindern und Eltern, entstammen meiner langjährigen Arbeit in der Wildnistherapie, dem Coaching von Eltern, meinen eigenen Erfahrungen als Mutter sowie meinem Studium des Buddhismus. Kinder können mit Metaphern mehr anfangen als mit komplizierten Gefühlen.

»Mokassins« ist das Bild, das ich für innere Ressourcen gebrauche.

Mokassins bringen uns von Punkt A nach Punkt B, ob wir in unserer Wohnung herumspazieren, durch die Schule laufen oder den Mount Everest besteigen. Sie versinnbildlichen das Werkzeug, mit dem wir uns in unserem emotionalen Terrain zurechtfinden.

Die inneren Ressourcen, die ich in diesem Buch beschreibe, sind:

- **Belohnungsaufschub:** Die Fähigkeit, auf etwas hinzuarbeiten, ohne unmittelbar belohnt zu werden.
- **Problemlösen:** Die Fähigkeit, von einem gegebenen Zustand zu einem erwünschteren Ergebnis zu kommen.
- **Anpassungsfähigkeit:** Die Fähigkeit, sich auf eine unerwartete Situation einstellen zu können.
- **Emotionale Regulierung:** Die Fähigkeit, unterschiedliche emotionale Zustände erleben und sie auch wieder verlassen zu können.
- **Stresstoleranz:** Die Fähigkeit, Stressbelastungen und andere Unannehmlichkeiten aushalten zu können.
- **Innere Motivation:** Eine innere (im Gegensatz zur äußeren) Kontrollinstanz, die das Verhalten lenkt und antreibt.
- **Selbstdisziplin:** Die Fähigkeit, sich selbst – unabhängig vom eigenen Gefühlszustand – zu motivieren.
- **Akzeptanz der Unbeständigkeit:** Das Bewusstsein dafür, dass nichts ewig dauert.

Im *Weg des Bodhisattva* schreibt Shantideva: »Wir sollten auf unser Bewusstsein genauso sorgfältig achtgeben wie wir einen gebrochenen oder verwundeten Arm schützen, wenn wir durch eine aufgewühlte Menschenmenge gehen.« Diese inneren Ressourcen sind die Instrumente, mit denen wir unser Bewusstsein und unsere Emotionen schützen; die aufgewühlte Menschenmenge ist die Wechselhaftigkeit des Lebens.

Wenn wir in der Lage sind, Stressbelastungen zu ertragen, uns emotional zu regulieren, uns ohne unmittelbare Belohnung zu motivieren, uns auf Störungen einzustellen und anzuerkennen, dass es ständig Veränderungen gibt, dann werden wir fähig sein, ein widerstandsfähigeres, stabileres und offeneres Bewusstsein zu entwickeln. Buddhisten arbeiten seit Jahrtausenden am Bewusstsein; es ist an der Zeit, ihre Konzepte in die moderne Erziehung einfließen zu lassen.

Ohne Mokassins sind Kinder ernsten Gefahren ausgesetzt: verspäteter Reife, psychischen Problemen, Leichtsinn, Impulsivität und selbstzerstörerischem Verhalten – trotz des Behütetseins durch ihre Eltern –, weil sie nicht wissen, wie sie sich selbst steuern und sich auf die wechselnden Lebenssituationen einstellen können.

Stattdessen müssen wir sie ermutigen, ihre eigenen Gefühle zu erleben, sich ihren eigenen Hindernissen zu stellen und ihre inneren Ressourcen zu entwickeln. Wir können unseren Kindern klarmachen, dass jede und jeder von ihnen die angeborene Fähigkeit hat, Probleme zu lösen – diese Fähigkeit muss nur verbessert und ausgebaut werden. Wenn wir wollen, dass unsere Kinder über genügend innere Kraft verfügen, dann müssen wir helfen, diese zu kultivieren. Unsere Botschaft sollte daher eher lauten: »Du schaffst das«, als: »Ich regle das schon.«

Wie stellen Kinder ihre Mokassins her?

Angesichts des gegenwärtigen Verfalls gesellschaftlicher Schutzmechanismen durch Institutionen, Kirchen, kommunale Unterstützungsprogramme und wirklich gute Schulen bewegen sich die Kinder außerhalb der Familie nicht mehr so unabhängig wie in früheren Generationen. Gleichzeitig genießen sie mehr Freiheit zu Hause – zumeist sind beide Eltern berufstätig, und andere Verwandte leben nicht im selben Haushalt. Zudem haben Kinder mehr Zugang zur erwachsenen Welt durch Fernsehen, Internet, Videospiele und so weiter. Doch besitzen die jungen Menschen nicht die Fähigkeit, das alles zu strukturieren. Zu Hause ist ein Ort der Bequemlichkeit geworden, ein Ort, wo man Dinge auf sich zukommen lässt, kein Ort, wo man Verantwortung übernimmt. Gleichwohl ist das Zuhause aber auch der perfekte Ort, um Mokassins herzustellen.

Wie können wir Kindern beibringen, Unannehmlichkeiten und Unsicherheit zu akzeptieren? Wie können wir Kindern beibringen, ihre Gefühle zu durchleben und nicht vor ihnen davonzulaufen – zu wissen, dass Kämpfen ein normaler Teil der Entwicklung ist? Als Eltern müssen wir daran arbeiten, unsere eigenen Probleme zu akzeptieren und die unserer Kinder in den Kontext unseres alltäglichen Lebens zu stellen, statt sie für sie lösen zu wollen. Was nicht bedeutet, ihre emotionalen Erfahrungen nicht ernst zu nehmen. Wie also können wir helfen, ihre Problemlösungskompetenz zu entwickeln, ihre Fähigkeit, sich den Problemen zu stellen, sodass sie ihre eigenen Felsen und Stolpersteine überwinden lernen? Wir dürfen selbst vor unseren Hindernissen nicht in Panik geraten und müssen auch ihre Problemlösungsfähigkeiten wertschätzen.

Widrigkeiten sind Teil der menschlichen Erfahrung und nicht etwas, das man immerfort beseitigen muss. Unannehmlichkeiten können sich als unverhofftes Geschenk herausstellen, das uns hilft, innere Kraft zu entwickeln.

Wir können in unseren Kindern verankern, dass wir nicht beun-
ruhigt sind, wenn sie stürzen, weil wir darauf vertrauen, dass
sie selbst wieder aufstehen – ihre Mokassins flicken und wieder-
herstellen.

Wie können Eltern helfen?

Seien wir ehrlich: Eltern sind längst überengagiert. Wie können die
Anteilnahme und Fürsorge der Eltern weg vom Auslegen des Leders
und hin zum Herstellen von Mokassins gelenkt werden?

Statt ständig über unseren kleinen Sprösslingen zu schweben, ihr
Wachstum und ihre Entwicklung zu überwachen, ihnen das perfekte Maß an Sonnenschein, Schatten und Wasser zu geben – können
wir den Boden düngen, den Nährboden des familiären Umfelds. Wir
haben keine Kontrolle über die Stürme, die aufziehen, wir haben
keine Kontrolle über die Gene in den Samen, aber wir können für
einen nahrhaften, fruchtbaren Boden sorgen. Wir können dies leis-
ten, indem wir einen gesunden Umgang mit Emotionen vorleben,
Gefühle ernst nehmen, die sichere Bewältigung von Schwierigkeiten
ermöglichen, ohne immer gleich helfend einzuschreiten, klare Grenzen setzen, Problemlösungskompetenz und Verantwortungsgefühl
vermitteln, natürliche und logische Konsequenzen folgen und geschehen lassen und die Unbeständigkeit im Leben akzeptieren.

Der Aufbau dieses Buchs

In den folgenden Kapiteln geht es um die Herstellung von Mokassins. Wir zeigen anhand einer Reihe der Natur entlehnter Metaphern und Geschichten, wie Eltern das undurchsichtige Gelände
der Kindererziehung meistern können. Erziehungstechniken, die
die oben angeführten inneren Ressourcen fördern, werden in den

darauffolgenden Kapiteln weiter vertieft. Unsere Kinder zu lieben, das ist einfach – mit ihren Emotionen und Verhaltensweisen umzugehen, ist nicht so leicht.

Dieses Buch ist in vier Teile gegliedert. Teil 1 konzentriert sich auf Emotionen, Teil 2 auf Verhaltensweisen. Teil 3 handelt von Hindernissen, die sich Eltern und Kindern in den Weg stellen. Teil 4 beschreibt eine neue Nähe, die sich zwischen Eltern und Kindern entwickeln kann – zwei Pfade, die nebeneinanderher führen. Jeder Teil hat drei Kapitel: Das erste Kapitel beschäftigt sich mit dem Erziehungsalltag; das zweite konzentriert sich mehr auf Kinder, die mit bestimmten Emotions- und Verhaltensmustern zu kämpfen haben; und im dritten Kapitel geht es dann um besondere Techniken und Fertigkeiten, die sich in der heutigen Erziehung sinnvoll anwenden lassen.

In vielen dieser Kapitel verdeutliche ich meine Konzepte mit Beispielen von Kindern und ihren Eltern. Zwar stammen diese Geschichten aus meiner therapeutischen Erfahrung, doch ich habe Namen, Alter, Geschlecht und andere Einzelheiten verändert, sodass die Personen in den Geschichten als fiktiv betrachtet werden können.

Wenn wir vorleben, wie man Mokassins näht und flickt, lernen unsere Kinder, ihre eigenen herzustellen und zu reparieren. Wir können an ihren Gefühlen Anteil nehmen, ohne sie »heilen« zu wollen. Wir können zulassen, dass sie Konsequenzen erfahren und Probleme eigenständig lösen. Mit Mokassins sind unsere Kinder besser in der Lage, Hindernisse in ihrem Leben zu meistern. Wir müssen unseren Kindern die Freiheit geben, ihr eigenes Leben zu führen – und nicht ein Leben, das wir für sie organisieren. Wir müssen Mut und Vertrauen haben, dass das Leben ihnen die Lehren erteilt, die sie benötigen. Wir können sie befähigen, ihren eigenen Weg zu gehen und ihr eigenes Terrain zu erforschen, weil wir darauf vertrauen, dass sie die Ressourcen, die emotionale Resilienz und die innere Richtschnur haben, die sie dorthin bringt.

1

Der Fluss
Der Lauf der Emotionen

» Kapitel 1 «

Kinder brauchen
ihre eigenen Gefühle

Auf der emotionalen Ebene glauben wir, dass alles glücklich und gut sein sollte, und wenn die Dinge schwierig oder
schmerzhaft sind, ist etwas verkehrt. Nach den buddhistischen Lehren resultiert aber genau daraus Leid.

Pema Chödrön

Sophie

»Ich gehe nicht zum Spielplatz ohne Balu!«, rief die fünfjährige
Sophie, die mit Balu den großen Plüschbären meint, mit dem sie
schläft.

»Schatz, du weißt, am Ende muss ich ihn die ganze Zeit tragen
oder er liegt im Sand neben der Schaukel und wird ganz schmutzig.
Legen wir Balu doch einfach in dein Bett, da kann er so lange ein
Nickerchen machen«, erwiderte Ben, ihr Vater.

Als sie aufbrachen, schleppte Sophie ihren großen Bären hinaus
in die Einfahrt. Ihr Vater beschwor sie: »Schatz, ich habe doch gesagt,
dass wir Balu nicht mitnehmen wollen. Ich bringe ihn wieder rein
und lege ihn in dein Bett.«

Sophie setzte sich ins Gras und quengelte: »Ich gehe nicht ohne
Balu!«

Frustriert und um endlich von der Stelle zu kommen, schnappte sich der Vater Balu, und sie gingen über vier Querstraßen zum Spielplatz.

Auf dem Spielplatz zog sich Sophie sofort die Schuhe aus, hüpfte ausgelassen herum und summte ein Lied. Ihr Vater spürte, wie sich ihm das Herz zusammenzog. Es war ihm unwohl bei dem Gedanken, dass vielleicht Glasscherben oder andere scharfe Dinge auf dem Spielplatz herumlagen, aber er wollte einen weiteren Streit vermeiden und es eine Weile lang übersehen. Er sah, dass sie glücklich war. Er rutschte mit ihr die Rutsche hinunter, er schubste sie beim Schaukeln an, und dann scheuchte er sie zum Spaß über den ganzen Spielplatz. Balu saß derweil auf der Bank beim Park.

Beim Sandkasten kreischte Sophie: »Hey, Papa, komm hierher!« Sie versteckte etwas in ihren Händen hinter dem Rücken. Als ihr Vater näher kam, warf sie ihm zu seiner Überraschung Sand ins Gesicht. Obwohl er von dieser Attacke entsetzt war, fasste er sich schnell und sagte: »Schatz, du kannst den Sand gegen meinen Rücken werfen, aber nicht in mein Gesicht. Das kann doch in die Augen gehen.« Er drehte sich um und kehrte ihr den Rücken zu. Sie begann, schaufelweise Sand gegen ihn zu schleudern. Nach all der Toberei holte der Vater Balu, und dann machten sie sich singend auf den Heimweg zum Mittagessen.

Die eigenen Gefühle akzeptieren

Der Fokus in der heutigen Kindererziehung hat sich vom Verhalten zu den Gefühlen der Kinder hin verschoben. Wir sind in unserer Kultur sehr um ihr Glück besorgt und, noch wichtiger, um ein enges Eltern-Kind-Verhältnis. Dennoch möchte ich behaupten, dass wir mit Emotionen nicht sonderlich gut klarkommen – weder mit denen der Kinder noch mit unseren eigenen. Wie man sieht, unterdrückte Sophies Vater seine Frustration, Verärgerung und seinen Verdruss und gab sich größte Mühe, seine Tochter vor jedwedem negativen Gefühl zu beschützen. Wir haben sehr wenig Toleranz für die Gefühle unserer Kinder, wenn es dabei um Traurigkeit und Enttäuschung geht – wir sind nur zufrieden, wenn unsere Kinder glücklich sind. Aber was teilen wir ihnen dadurch mit – dass Kinder nur eine einzige Emotion empfinden dürfen?

Und doch erleben wir alle jeden Tag eine ganze Bandbreite von Emotionen. Dass wir unangenehme Gefühle abwehren oder aktiv bekämpfen, ist einer der Gründe für unseren Stress. Wir alle tun das. Wir wollen solche Dinge nicht fühlen, und so verwenden wir eine Menge Energie darauf, diese unerwünschten Gefühle zu lindern, zu betäuben, zu ersetzen, zu vermeiden, abzulenken oder auszuagieren oder einen Sündenbock zu finden – oder wir erwarten von anderen, dass sie uns von ihnen befreien. Was würde mit unserem Stress geschehen, wenn wir uns gestatten würden, unsere Emotionen zu akzeptieren und zu empfinden – selbst wenn Schmerz, Traurigkeit und Ärger dazugehören? Was würde geschehen, wenn wir auf unsere Gefühle als wichtige Information hören würden, die uns bei unseren Entscheidungen behilflich sein könnte? Was würde geschehen, wenn wir aufhörten, unsere Emotionen und damit uns selbst zu bewerten?

Wir alle haben Gefühle. Nicht nur Glück, Traurigkeit oder Wut, sondern ein ganzes Spektrum: Furcht, Euphorie, Panik, Begeisterung, Erleichterung, Unrast, Verlegenheit, Zorn, Verwunderung und Zufriedenheit. Emotionen sind wie Musik oder Farben. Musik wäre nicht so klangvoll oder eindringlich ohne das ganze Spektrum der Klänge – leicht und ätherisch, aber auch düster und bedrohlich. Ebenso ist jede Nuance der Farbpalette ein wesentlicher Bestandteil der Schönheit, die wir in Natur und Kunst wahrnehmen. Wir bewerten Gelb nicht als gut und Grau als schlecht oder eine hohe Note als gut und eine tiefe als schlecht – sie sind alle unverzichtbar.

Das emotionale Spektrum bildet die Textur der Erfahrung des Menschseins. Seien wir ehrlich: Trotz der Mühe, die wir aufwenden, um Sorge, Depression und Verletzungen zu vermeiden, wäre das

Leben reichlich öde ohne solche Gefühle. Sie sind für die Erfahrung eines reichen und befriedigenden Lebens von zentraler und integraler Bedeutung. Niemand lebt ein schmerzfreies Leben. Der Trick ist, alle Gefühle zu akzeptieren und zu erleben, sie als wichtige Informationen wahrzunehmen, statt sie zu dramatisieren oder durch einen Kontrollmechanismus abzuschalten. Es ist eine solche Erleichterung, wenn uns jemand einfach versichert:»Es ist in Ordnung, sich schlecht zu fühlen.«»Es ist natürlich, sich bekümmert zu fühlen«.»Das ist schmerzhaft.«»Ich kann mir vorstellen, wie frustrierend das ist.«

Außerdem könnten Emotionen vielleicht sogar den Schlüssel zu unserer Selbsterkenntnis darstellen. Traurigkeit ist ein Indikator für Verlust; das weiß jeder Mensch, weil jeder Verluste erlebt. Schuldgefühle haben damit zu tun, ob es uns etwas ausmacht, wenn wir andere oder uns selbst verletzen. Unsere Körper sind so beschaffen, dass wir Angst empfinden, wenn eine Gefahr am Horizont auftaucht oder eine große emotionale Veränderung bevorsteht wie ein Umzug, ein Arbeitsplatzwechsel, ein neues Baby, ein Abschluss oder eine Heirat. Ärger kann ein Zeichen dafür sein, dass wir in unserem Leben etwas ändern müssen, unsere Gefühle äußern oder schlicht zu jemandem »Nein« sagen. Was, wenn unsere Emotionen uns jeden Tag wichtige Informationen darüber geben, wie wir leben oder unsere Kinder erziehen sollten? Was, wenn negative Emotionen genauso wichtig oder sogar noch wichtiger für unsere Lebensentscheidungen sind als positive Emotionen?

Das Problem ist, dass wir unseren emotionalen Input nicht schätzen und dass wir uns selbst verurteilen, wenn wir uns anders als glücklich fühlen. Die meisten von uns wissen nicht, wie sie erfolgreich mit negativen Gefühlen umgehen sollen, da uns unser ganzes Leben lang gesagt wurde: »Mach dir nichts draus«, »Es ist schon in Ordnung«, »Kopf hoch«, oder: »Das ist doch kein Beinbruch«, und: »Reiß' dich zusammen.« Davon geht die massive kulturelle Botschaft aus, dass mit einem Menschen, der negative Emotionen empfindet, etwas nicht stimmt und dass er sie so schnell wie möglich loswerden muss.

Wie bleiben wir unseren Emotionen nah?

Ich habe in zwei Bereichen gelernt, mit Emotionen zu arbeiten: in meinem Beruf als Wildnistherapeutin und in meiner Beschäftigung mit dem Buddhismus. Auch wenn es sich dabei um sehr unterschiedliche Sphären handelt, sind ihnen doch wesentliche Konzepte gemeinsam.

In der Wildnistherapie werden Emotionen als das gesehen, was sie sind. Es gibt keine Etikettierungen oder Bewertungen wie gut oder schlecht, richtig oder falsch. Obgleich Kinder in Wildnis-Situationen ihre eigene unverwechselbare Art beibehalten, Gefühle zu verstärken – durch Schreien, übertriebenes Sichdarstellen oder Aufgeben –, bleibt im Kern die Botschaft, dass an »negativen« Emotionen an und für sich nichts Falsches ist. In der Wildnis wird deutlich, dass das Problem das Verhalten ist – nicht die Emotion. Wenn Kinder Wut empfinden, wird das zur Kenntnis genommen und respektiert; wenn Kinder sich respektlos und herausfordernd verhalten, hat das Konsequenzen. Der wesentliche Unterschied ist: Alle Gefühle werden akzeptiert und für jedes Verhalten muss Verantwortung übernommen werden. In der Wildnis ist das eine Selbstverständlichkeit.

Außerdem sind die Bewältigungsmechanismen, die man im Alltagsleben zur Regulierung der eigenen Emotionen hat, in der Wildnis zum Teil nicht vorhanden. Es gibt keine Türen, die man zuschlagen kann, keinen Fernsehapparat, kein Handy, keine Computerspiele und kein Junkfood oder andere Suchtmittel, zu denen man Zuflucht nehmen könnte. Es gibt nichts, wozu Kinder greifen könnten, um sich zu betäuben. Natürlich werden nach wie vor mentale Schutztechniken angewandt – sich abschotten, verdrängen, lügen oder Sarkasmus beispielsweise –, aber diese versagen, wenn das Kind Zeit in einer rauen und offen liegenden Landschaft verbringt. Da die Fluchtmechanismen wegfallen, birgt die Wildnistherapie als wichtigste Lektion, sich den eigenen Gefühlen zu stellen. Emotionen werden auf eine unverfälschte Weise erfahren, die für die meisten Kinder erfrischend und neu ist. Dieses Sichöffnen und das Wertschätzen von Gefühlen werden in täglichen Gruppensitzungen sozial verstärkt.

Wenn Adoleszente in der Wildnis ihre Gefühle erleben, machen sie die Beobachtung, dass diese vorübergehen. Tatsächlich zeigt die Forschung, dass eine Emotion drei bis dreißig Minuten dauert – wenn wir sie zulassen. Natürlich kann eine Emotion auch drei Tage anhalten, wenn wir wirklich dagegen ankämpfen. Wir *glauben*, wir könnten ungewollte Gefühle kontrollieren oder auslöschen. In der Natur, erst recht in der Wildnis, müssen wir uns an die Idee gewöhnen, dass es Dinge gibt, die wir nicht kontrollieren können. Das hat mit den Wirklichkeiten des Lebens in der Natur zu tun.

In der Wildnis unterliegt alles den Naturgesetzen. Wenn es kalt ist, sorgen wir dafür, dass wir uns aufwärmen können. Wenn es heiß ist, suchen wir Schatten und kühles Wasser. Die Natur erteilt einem Lehren. Wenn es kalt ist, leugnen wir nicht die Wirklichkeit und sagen: »Frier' nicht, fühle dich warm.« Vielmehr informiert und motiviert uns die Kälte, einen Mantel und Handschuhe anzuziehen und Feuerholz zu suchen. Das ändert an der Kälte nichts; vielmehr haben wir das Gefühl, die Kälte auszuhalten, zu akzeptieren und uns auf sie einzustellen. Wenn es windig ist, hat es keinen Sinn zu sagen: »Ach, Wind, hör auf, ich will Sonne.« Wir wissen, dass wir den Wind nicht aufhalten können, also müssen wir ihn wohl oder übel fühlen. Selbst wenn wir irgendwo Schutz finden, können wir den Wind immer noch hören und spüren, wie er durch das Zelt bläst. Es gibt keine Fluchtmöglichkeit; die Wildnis zwingt uns, im gegenwärtigen Moment zu verweilen.

Wenn wir uns diesen Gegebenheiten des Lebens stellen, seien sie angenehm oder unangenehm, stellen wir fest, dass sie vorübergehen. Wenn wir wirklich die Kälte spüren oder den heftigen Wind, dann werden wir uns aller Wahrscheinlichkeit das nächste Mal bei gutem Wetter in die Sonne setzen und die Wärme genießen – das ist Lebensfreude.

Wir wissen, dass wir das Wetter weder kontrollieren können, also akzeptieren wir es. Was wäre, wenn wir er nen würden, dass wir unsere Gefühle nicht kontrollieren können – sondern nur unser Verhalten? Wenn wir Trauigkeit, Angst ähnlich wie den Regen akzeptieren würden? Statt sie zu kontrollieren, können wir sie auf uns niedergehen lassen, bis es wieder aufklart. Es gibt ein wunderbares Gedicht von Rilke zu diesem Thema:

Lass dir alles geschehn: Schönheit und Schrecken.
Man muss nur gehen: kein Gefühl ist das fernste …

Kein Gefühl ist das fernste, kein Gefühl ist endgültig, alles geht vorüber.

Die Wildnistherapie und die Lehren des Buddhismus weisen in ihren Grundkonzeptionen deutliche Gemeinsamkeiten auf. Buddhisten wissen, dass sich das Leben in einem ständigen Fluss befindet, und sprechen von einem »stabilen Bewusstsein«. Der Begriff der Stabilität wird nicht durch die Brille mentaler Erkrankung, sondern vielmehr durch die Brille der menschlichen Erfahrung betrachtet. Zum Beispiel kennen die meisten von uns mentale Befindlichkeiten, die mal positiver und mal negativer sind, je nachdem, ob wir die Alltagsgeschehnisse als gut oder schlecht betrachten: eine Umarmung und ein Lächeln der Tochter (gut!), im Berufsverkehr stecken bleiben und sich bei einer wichtigen Besprechung verspäten (schlecht). Der Buddhismus regt uns dazu an, alle Geschehnisse mit Gleichmut hinzunehmen.

Eine der zentralen Prämissen des Buddhismus ist die Unbeständigkeit – *Anicca*. Das Leben und alle Dinge sind in konstanter Bewegung. Das einzig Sichere ist, dass wir jeden Tag unserem Tod einen Schritt näher kommen. Wenn alle Dinge »sicher« und an Ort und Stelle sind, dann ist das wie eine Art Tod, weil es im Gegensatz ur wechselvollen Ebbe und Flut des Lebens steht. Beispielsweise kennen wir alle die Verärgerung, wenn – nachdem wir den Rasen gemäht, unsere Rechnungen bezahlt, die Wohnung oder das Haus geputzt haben und alles für bestens geregelt halten – die Geschirrspülmaschine den Geist aufgibt oder der Hund mit Matschspuren durch die Wohnung stapft. Doch das ist die Natur der Dinge, auf und ab. Wir leiden, wenn wir gegen diese Ebbe und Flut ankämpfen.

Wir wollen immer, dass das Leben stillsteht oder besser wird. Wir wollen genießen und Schmerz vermeiden. Wir wollen jedes Quartal Gewinne sehen. Doch sosehr wir uns auch dagegen sträuben mögen, wir sind ein Teil der Natur und haben sie nicht unter Kontrolle.

Da kein Teil unseres Lebens sicher ist, schwingt untergründig immer Angst mit. Angst ist kein Zeichen dafür, dass mit uns etwas nicht stimmt; sie ist eine Grunderfahrung des Lebens in einer unbeständigen Welt. Daher können wir dieses Gefühl auch nicht für unsere Kinder aus der Welt schaffen. Angst ist eine normale Emotion, die jeder Mensch empfindet, und wir leiden umso weniger unter ihr, je mehr wir sie anerkennen und akzeptieren. Wenn wir gegen die Angst ankämpfen, geraten wir in Stress.

Mit dieser Sichtweise der Unbeständigkeit ermutigen uns buddhistische Lehrer, den Fluss des Lebens aufmerksam als ein schlichtes Kommen und Gehen zu verfolgen. Sie versehen die Geschehnisse nicht mit Bewertungen wie gut und schlecht, sondern konzentrieren sich auf die Wahrnehmung dessen, was ist. Genauso wie die Wildnistherapie nehmen Buddhisten Emotionen als das, was sie sind: Botschaften mit Informationen über den Augenblick, in dem wir uns befinden.

Diese Lehren und Sichtweisen entfalten eine besondere Schärfe angesichts der Katastrophen der modernen Welt: kollabierende Finanzsysteme, Wirbelstürme, Terrorismus, Tsunamis, Erdbeben und

Amokläufe. Keine noch so gute Medizin oder Versicherung kann vollständige Sicherheit garantieren. Unsere Kinder werden unweigerlich Trauer, Schmerz, Verzweiflung, Verwirrung und Ungewissheit erfahren.

Ähnlich wie in der Wildnistherapie beseitigen wir in der buddhistischen Meditation alle äußeren Stimuli, alle Fluchtmöglichkeiten und beginnen mit unserem Bewusstsein zu arbeiten. Egal, wie unser Bewusstsein umherspringt – ob es vom nächsten Urlaub träumt oder den letzten Streit nacherlebt, ob es Frieden oder Furcht empfindet –, in der Meditation konzentrieren wir uns allein darauf, *zu unserem Atem zurückzukehren*. Unser Atem ist ein Anker und Stabilitätsfaktor in den Höhen und Tiefen des Lebens. Wenn wir uns durch unseren Atem lebendig fühlen, können wir uns Freude *wie* Leid aussetzen.

Wenn wir Traurigkeit oder Sorgen akzeptieren und wirklich empfinden, dann werden wir wahrscheinlich unser nächstes Lachen umso mehr genießen. Statt ständig auf der Hut zu sein und nur die Oberfläche des Lebens abzuschöpfen, können wir das tiefer liegende Gewebe des Lebens akzeptieren, zulassen und dorthin vordringen. Das Leben wäre nicht sehr interessant, wenn wir nur sonnige Tage, leuchtende Farben, fröhliche Musik und erhebende Gefühle erleben würden. Wenn wir darauf vertrauen, dass es ein Ansteigen und ein Abebben gibt, bleiben wir nicht nur in einer einzigen Emotion stecken. Die tibetische buddhistische Lehrerin Pema Chödrön nennt es das »Na-und?«. In der Tat ist es der Widerstand gegen ein Gefühl oder eine Situation, der uns auf der Stelle treten lässt – und den natürlichen Fluss des Lebens unterbricht. Und das wiederum führt zu Stress.

Es sei nicht verschwiegen, dass das Zulassen und Akzeptieren von Emotionen nicht so einfach ist, wie ich es hier vielleicht darstelle – denn wir lernen als Kinder durch unsere Eltern und andere Erwachsene, was es mit Emotionen auf sich hat. Dass man vor unerwünschten Emotionen flieht, ist uns von Geburt an eingeprägt. Und wir geben das selbstverständlich an unsere eigenen Kinder weiter:»Kopf hoch, Schatz.«»Es ist nicht so schlimm.«»Mach dir darüber keine Sorgen.«»Alles wird gut.«»Das kriegen wir schon hin.«»Kein Grund, sich darüber aufzuregen.« Obwohl Eltern es gut meinen, kommen viele Äußerungen über Emotionen einer Entwertung gleich. Das ist für kleine Kinder recht verstörend.

Um die Dinge noch komplizierter zu machen: Wenn Eltern ein Kind mit mentalen Problemen oder Verhaltensstörungen haben, fürchten sie sich noch mehr, eine negative Emotion anzuerkennen, damit die Entwicklung ihres Kindes nicht noch weiter in Richtung einer Depression oder Aufmerksamkeitsstörung tendiert. Eltern sind besorgt:»Er könnte glauben, dass Wut und Herumzappeln in Ordnung sind.«»Sie könnte vielleicht immer traurig bleiben.«»Ich möchte nicht, dass er sich ängstigt; ich muss helfen, dass er da herauskommt.« Doch es ist sehr wichtig für Eltern, ihrerseits zu erkennen, dass all diese Besorgnisse in Furcht wurzeln. Wir können die Emotionen unserer Kinder nicht kontrollieren, doch wir können unser Verhalten und unsere Reaktionen kontrollieren. Selbst wenn wir uns sorgen, können wir das zulassen und spüren, wie das Adrenalin durch uns hindurchschießt – was bedeutet, dass wir unsere Kinder lieben und ihnen den Schmerz abnehmen wollen.

Wenn Kinder wissen, dass Gefühle sich steigern und wieder abebben, können sie lernen, ihre Emotionen auf natürliche Weise zu verarbeiten, das heißt, präsent zu bleiben und sie zu durchleben, bis sie vorübergehen.

Genauso, wie kräftige Bäume alle Jahreszeiten durchstehen, können Kinder das ganze Spektrum ihrer Gefühle aushalten. Das ist das tiefere Gewebe des Lebens; es stärkt die emotionale Resilienz der Kinder, die Fähigkeit, ihre eigenen Mokassins herzustellen.

Die Erfahrungen der Kinder ernst nehmen

Als eine meiner Töchter sechs Jahre alt war, sagte sie:»Mein Gesicht sieht komisch aus.«

Ich war sehr versucht, zu antworten:»Was meinst du damit? Dein Gesicht ist wunderschön.« Aber ich wusste, dass ich damit nur ihrem Problem, was immer es war, auswich – und ich wusste auch, dass es vollkommen normal ist, wenn man sein Äußeres einer kritischen Prüfung unterzieht. Es ist Teil des Prozesses, in dem man herausfindet, wer man ist. In einem bestimmten Alter entdecken wir Spiegel und was wir in ihnen sehen, wenn wir hineinschauen.

Ich unterließ meine vorprogrammierte elterliche Antwort und beschloss neugierig zu sein. Ich weiß, dass ich ihr den Prozess der Selbstentdeckung nicht wegnehmen kann (und darf), aber ich kann den Prozess bestätigend unterstützen und in einen normalen Kontext stellen. Also fragte ich:»Was meinst du damit?« Sie sagte:»Na ja, ich finde, mein Gesicht sieht auf Fotos und im Spiegel seltsam aus.« Ich fragte:»Findest du mein Gesicht auch komisch?«»Nein«, erwiderte sie. Dann fragte ich:»Was denkst du über deinen Vater. Hat er ein komisches Gesicht?«»Nein«, antwortete sie. Darauf bestätigten mein Mann und ich, dass wir uns daran erinnerten, als Kinder ähnliche Gefühle gehabt zu haben, und unser Aussehen auch heute noch manchmal seltsam fänden. Nachdem wir ihre Besorgnis anerkannt hatten, bot ich eine Einsicht an:»Ich glaube, du bist nicht daran gewöhnt, den ganzen Tag dein Gesicht im Spiegel anzuschauen, so wie du gewöhnt bist, unsere Gesichter zu sehen.« (Ich gebe zu, dass dieser Zusatz ein Versuch gewesen sein könnte, sie vor ihren Gefühlen zu »retten«.)

Statt ihren Gedanken und Gefühlen zu widersprechen, versuchten wir, ernst zu nehmen, was meiner Meinung nach eine allgemein menschliche Erfahrung ist, wenn man sich im Spiegel anschaut. Ernst genommen werden ist für Kinder eine große Erleichterung –

die Wahrheit zu hören und zu erkennen, dass sie mit ihren Gefühlen nicht alleine sind.

Ältere Kinder können noch extremere Ansichten über ihr Leben oder sich selbst äußern: »Ich bin hässlich.« »Ich hasse mich.« »Ich bin dumm.« Auch hier fruchtet ein Widerspruch nicht, weil diesen Ansichten Gefühle zugrunde liegen. Eltern sollten immer die Grundemotion herausfinden und ansprechen, statt einfach nur mit einem Kompliment zu reagieren. Auch wenn Eltern die besten Absichten haben, wenn sie sagen: »Du bist schön«, oder: »Du bist so ein tolles Kind«, oder: »Du bist so intelligent«, auf lange Sicht greifen diese Äußerungen zu kurz. Die Kinder können sich sogar schlechter fühlen, wenn sie gelobt werden, denn nicht nur sind sie nach wie vor uneins mit sich, nun haben sie auch noch ein schlechtes Gewissen, dass sie sich so unwohl fühlen, obwohl wir ihnen einreden, dass mit ihnen alles bestens sei. Statt sie zu beheben, verdoppeln wir geradezu ihre negativen Gefühle. Das ist der Punkt, an dem Stressreaktionen einsetzen.

Die doppelte und dreifache Negativität

Stress entsteht nicht nur, wenn wir besorgt und ohnmächtig sind, sondern auch, wenn wir die Tatsache, dass wir besorgt und ohnmächtig sind, bewerten und ablehnen. Diese doppelte Negativität lässt uns nach einem negativen Bewältigungsmuster greifen, das unglücklicherweise zu einer »dreifachen Negativität« führt.

Das Muster der Negativität bei einem Kind

Einfache Negativität: Besorgnis wegen einer verwirrenden Mathematikaufgabe.

Doppelte Negativität: Stress aufgrund der Versuche der Mutter, das Kind aufzumuntern – was das Gefühl verschlimmert, weil die Mutter die Aufgabe nicht schwer findet.

Dreifache Negativität (Verhaltensmuster): Das Kind schreit die Mutter an, knallt die Tür zu und ist den ganzen Abend wütend.

Das Muster der Negativität bei einer Mutter

Einfache Negativität: Traurigkeit und Sorge, dass das eigene Kind von einem Freund in der Schule zurückgewiesen wird.

Doppelte Negativität: Statt das Gefühl zuzulassen und zu akzeptieren, versucht sie es zu kontrollieren, indem sie Vorschläge macht und darüber spricht, was es heißt, ein Freund zu sein.

Dreifache Negativität (Verhaltensmuster): Wenn ihr Kind nicht zuhört, schimpft sie es aus und fühlt sich als Opfer, das von dem Kind nie angemessen gewürdigt wird.

In manchen Situationen gibt es sogar eine vierte Negativität: ein Leugnen des Verhaltensmusters, bei dem weder die Erwachsenen noch die Kinder Verantwortung dafür übernehmen, dass sie sich danebenbenommen haben. Wenn es zu einer solchen vierten Negativitätsstufe kommt, dann ist es, als wenn man den Wiederholungsknopf für dieses Verhalten drückt, und das Programm spult sich immer wieder von Neuem ab. Wenn wir uns oder unseren Kindern keine primären Emotionen wie Traurigkeit, Enttäuschung, Sorgen oder Frustrationen erlauben, dann schichten wir leider immer mehr

41

negative Gefühle aufeinander. Ziemlich bald wird das ganze Leben zu Hause negativ. Wie können wir das rückgängig machen und unseren Kindern (und uns selbst) Gefühle gestatten? Wie bleiben wir bei einer einzigen Negativität stehen?

Den Kindern Gefühle erlauben

Meine Tochter – in dem von mir gegebenen Beispiel – klang nicht erregt, sondern nur etwas besorgt, und so habe ich ihre Besorgnis widergespiegelt. Doch wenn Kinder extremere Emotionen äußern, ist es noch wichtiger, dass Eltern sie nicht abwehren. Häufig reagieren Eltern auf die Emotionalität ihrer Kinder mit Vernunfterwägungen, und dies führt mit hoher Wahrscheinlichkeit in einen weiteren Machtkampf oder in die Sackgasse.

Hier folgen die Schritte, wie man zulässt und akzeptiert, dass Kinder ihre Gefühle ausleben dürfen. Man kann das auch *Widerspiegeln, Ernstnehmen, Normalisieren* oder *reflexives Zuhören* nennen:

1) Identifizieren Sie die Emotion Ihres Kindes und fokussieren Sie sich auf sie statt auf den Inhalt oder Gegenstand der geäußerten Sorge.
2) Spiegeln Sie die Gefühle Ihrem Kind zurück.
3) Werden Sie neugierig.
4) Nehmen Sie die Gefühle Ihres Kindes ernst.
5) Lassen Sie Ihr Kind das Problem lösen – so vermitteln Sie Ihrem Kind Stärke und das Gefühl, sein Leben selbst meistern zu können.
6) Halten Sie Ihre eigenen Ansichten aus dem Problem Ihres Kindes heraus. Sie sollten sich nur einbringen in Form von Bestätigung und Anteilnahme: »So etwas frustriert mich auch.« Äußern Sie nur dann Ihre Meinung, wenn das Kind ausdrücklich fragt.»Mama, was denkst du?«

In den drei folgenden Beispielen versuchen die Mutter oder der Vater nicht, den Gedanken, die Emotion oder das Problem ihres Kindes zu verändern, zu entkräften oder zu entwerten. Wenn Eltern die emotionalen Äußerungen ihres Kindes durch ein »Du bist intelligent und schön« entkräften, fühlt sich das Kind nie besser, weil damit das zentrale Problem des Kindes übergangen wird. Gleichwohl können Eltern von verzerrten Gedanken weglenken, indem sie die dahinterliegenden Emotionen hervorheben und auf sie eingehen und damit den emotionalen Fluss des Kindes zum Strömen bringen. Dieser Prozess fördert zugleich die Problemlösungskompetenz und das Herstellen von Mokassins.

Beispiel 1

Sohn: Ich hasse mich.

Mutter (widerspiegelnd): Du klingst ganz schön wütend.

Sohn: Ich fühle mich grässlich.

Mutter (wird neugierig): Ist etwas passiert?

Sohn: Ich verwechsle ständig die Hausaufgaben, und jetzt habe ich eine falsche gemacht. Ich bin ein Idiot.

Mutter (geht auf die Emotion ein): Das klingt frustrierend.

Sohn: Das ist es auch!

Mutter: Willst du darüber sprechen?

Sohn: Nicht wirklich.

Mutter (die Problemlösung ihrem Sohn überlassend): Und was willst du jetzt tun?

Sohn: Ich weiß nicht. Wahrscheinlich muss ich die Hausaufgabe noch mal machen.

Mutter (nimmt das Problem ernst und bringt eigene Emotionen ein): So was ärgert mich auch immer maßlos.

Sohn: Das kannst du laut sagen.

Die Mutter hat sich weder in das Problem eingemischt noch ihrem Sohn widersprochen und ist folglich auf seiner Seite geblieben.

Beispiel 2

Tochter: Ich bin so dumm.

Vater (widerspiegelnd): Du klingst bedrückt.

Tochter: Das bin ich auch.

Vater (wird neugierig): Was ist denn los?

Tochter: Ich werde Mathe nie verstehen.

Vater (bestätigend): Das kann einen auch wirklich aufregen.

Tochter: Und ob.

Vater hält sich zurück.

Tochter: Meinst du, du kannst mir heute Abend vielleicht helfen?

Vater (die Problemlösung seiner Tochter überlassend): Okay, das hört sich gut an. Wobei brauchst du denn Hilfe?

Tochter: Bei den ersten paar Aufgaben; die verwirren mich immer.

Vater: Okay, sag mir, wenn du so weit bist.

Tochter: Danke, Papa.

Der Vater umging ihre Selbstkritik und überließ ihr die Verantwortung, was sehr viel unterstützender und bestätigender ist, als ihr zu sagen, sie sei intelligent.

Beispiel 3

Tochter: Ich bin so hässlich.

Mutter (widerspiegelnd): Schatz, du bist ja ganz außer dir.

Tochter: Das bin ich, ich bin abstoßend.

Mutter (wird neugierig): Ist etwas passiert?

Tochter: Nein, doch, eigentlich schon. Jenny geht jetzt mit Eric. Und ich fühle mich wie der letzte Dreck. Ich sehe nicht so aus wie *sie*.

Mutter (nimmt die Sache ernst und fragt weiter): Das klingt nicht gut ... Warst du denn verknallt in Eric?

Tochter: Irgendwie schon.

Mutter: Wie ist er denn?

Tochter (zögernd): Ich denke, er ist einfach ziemlich beliebt. Ich kenne ihn eigentlich nicht, aber er ist süß.

Mutter: O. k. – ist Jenny denn deine Freundin?

Tochter: Nein, sie geht mir auf den Nerv.

Mutter (überlässt ihrer Tochter die Verantwortung): Und was willst du jetzt tun?

Tochter: Nix, aber können wir uns heute Abend einen Film ansehen?

Mutter: Ja klar, das hört sich doch gut an.

Die Mutter hörte zu, aber sie mischte sich nicht ein. Sie ließ ihrer Tochter die eigenen Gefühle und ließ sie auch entscheiden, was nun zu tun sei. Ein gemeinsamer Filmabend wird ihr helfen, sich ein bisschen zu entspannen; der Film kann Gefühle nicht reparieren, doch er kann ein Mittel sein, Mutter und Tochter einen schönen gemeinsamen Abend zu bereiten.

Wenn Eltern fürchten, dass ihr Kind ein Defizit oder ein Problem hat – sei es, dass ihr Kind nicht intelligent genug, nicht hübsch, sportlich oder musikalisch genug ist –, neigen sie manchmal dazu, ihre Furcht ständig mit Komplimenten und Lob zu kompensieren, so wie man Wasser in ein Glas füllt. Doch keine noch so häufige Versicherung kann helfen, wenn im Glas des Kindes ein Sprung ist. Statt Komplimente, Zeit, Geld oder Energie aufzuwenden, um unsere Kinder glücklich zu machen, sollten wir ihre Gefühle ernst nehmen und anerkennen, dass Schwierigkeiten ein normaler Teil des Lebens sind. Schwierigkeiten sind nichts, was man zukleistern oder einfach über Bord werfen kann.

Wenn Kinder sich wahrgenommen und angehört fühlen, bewegen sie sich weiter; Emotionen und Gefühle vergehen. Eltern sollten darauf vertrauen, dass Kinder sich von selbst berappeln, wenn sie so weit sind. Ähnlich wie bei Gewitterwolken, die den Himmel verdüstern und sich wieder verziehen, gibt es keinen Grund, alarmiert zu sein. Diese Herangehensweise ermöglicht es, dass sich negative emotionale Erfahrungen auf eine vom Kind erfahrene Negativität beschränken und sich nicht in eine doppelte, dreifache oder gar vierfache Negativität hinaufschrauben. Wenn Eltern glauben, »einschreiten« zu müssen, beginnt die Aufschichtung der Negativitäten.

Wie oft haben Sie versucht, Ihr Kind glücklich zu machen, und es ging nach hinten los? Oder wie oft haben Sie – wie in Sophies Beispiel – versucht, Ihrem Kind zu geben, was es will, und zugleich festgestellt, dass es nie zufrieden ist und immer mehr will?

Die Arbeit mit Sophie

Ich könnte mir vorstellen, dass manche Aspekte von Sophies Geschichte allen Eltern vertraut sind. Oft geben wir unseren Kindern entweder das, was sie haben möchten, und sind frustriert, weil sie es nicht würdigen, oder wir ärgern uns, dass wir unser Wort nicht halten, oder wir bleiben standhaft und unser Kind steigert sich weiter hinein, und dann werden wir wütend auf unser Kind oder uns selbst. Wir Eltern müssen lernen, auf unsere eigenen Gefühle zu hören und mit unseren Kindern achtungsvoll zu kommunizieren.

Sophies Vater wollte Balu nicht mit in den Park nehmen. Er hatte eine Reihe von Gründen, und als Vater darf er für seine fünfjährige Tochter Regeln aufstellen und Grenzen setzen. Sophie darf natürlich traurig und enttäuscht sein, wenn sie nicht bekommt, was sie will. Diese Erfahrung – dass man nicht bekommt, was man will – widerfährt wahrscheinlich jedem Menschen auf diesem Planeten mindestens einmal am Tag.

Wir können unseren Kindern nicht vermitteln, dass sie immer bekommen, was sie wollen, denn am Ende werden wir immer auf etwas stoßen, das wir ihnen nicht geben können.

Stattdessen können wir spiegeln, uns einfühlen, sie ernst nehmen und als Eltern präsent sein, wenn sie sich schlecht fühlen.

Auch wenn der Vater seine Tochter Sophie aus ganzem Herzen liebt und sie ihm alles andere als gleichgültig ist, glaube ich, dass solche Eltern-Kind-Muster, wenn sie nicht auf den Prüfstand kommen, die Fähigkeit eines Kindes untergraben, Emotionen zu verarbeiten und Probleme zu lösen. In diesem Fall unterdrückt der Vater Sophies Fähigkeit, sich aufzuregen, dieses Gefühl zu verarbeiten und aus eigener Kraft weiterzukommen.

Wenn Kinder ihre Gefühle vor ihren Eltern ablegen und sie bitten, diese für sie in Ordnung zu bringen, führt das zu verschmolzenen Eltern-Kind-Mustern. Wenn Beziehungen verschmelzen, ist weder der Elternteil noch das Kind für seine Gefühle verantwortlich. Das kann bei Kindern und Jugendlichen dazu führen, dass sie sich hilflos und wütend fühlen, weil sie glauben, dass es die Aufgabe von jemand anderem ist, ihr Problem zu lösen. Sie sind davon abhängig, dass ihre Eltern Leder auslegen, wo immer sie hingehen.

Am allerwichtigsten für Kinder ist es, die eigenen Gefühle auf natürliche Weise zu verarbeiten – ohne sich selbst oder andere zu verletzen. Das ist etwas, an dem wir zu Hause arbeiten können. Schauen wir uns an, auf welche Weise Ben, der Vater von Sophie, dazu hätte beitragen können, dass seine Tochter ihre Gefühle spürt.

»Schatz, bist du jetzt traurig, weil ich gesagt habe, dass du Balu nicht mitnehmen kannst?«, fragt er, als er nach draußen kommt und Sophie weinend auf der Wiese sitzen sieht.

»Du bist gemein, Papa«, klagt Sophie.

»Sophie, du kannst sagen: ›Ich bin wütend auf dich, Papa‹, oder: ›Ich bin enttäuscht von dir, Papa‹, aber du darfst mich nicht gemein nennen.«

»Ich bin aber wütend auf dich, Papa«, schmollt Sophie weiter.

»Ja, ich höre, dass du wütend auf mich bist. Ich akzeptiere dein Gefühl. Danke, dass du mir gesagt hast, was du fühlst. Wir müssen ja nicht zum Park gehen. Das musst du entscheiden, ob du noch hingehen willst.« Ben hört seine Tochter an und bietet ihr dann eine Wahl, ohne die Grenze, die er gesetzt hat, aufzugeben.

Sophie sagt, sie wolle immer noch zum Park gehen. Nachdem sie ein bisschen gelaufen sind, beginnt Sophie zu hüpfen. Sie spürt, dass ihr Vater ihre Gefühle angehört hat; sie hat sie verarbeitet und macht nun den nächsten Schritt. *Kinder wollen vor allem angehört und akzeptiert werden, nicht immer nur ihren Willen durchsetzen.*

Im Park beginnt Sophie, ihre Schuhe auszuziehen. Ben erinnert sie daran, dass sie dann nach Hause gehen müssten, weil es ihr verboten ist, barfuß auf dem Spielplatz umherzulaufen. Sophie gehorcht und behält die Schuhe an. Sie rennt weiter umher und spielt mit ihm; sie wirft jetzt keinen Sand aus dem Sandkasten auf ihn. Der Vater nimmt seine eigenen Emotionen ernst und strahlt dadurch eine natürliche Autorität aus. Kinder sind von sich aus respektvoller gegenüber Eltern, die ihre Autorität authentisch artikulieren, als gegenüber Eltern, die sich uneindeutig oder emotional reaktiv verhalten.

Wenn wir unseren Kindern gestatten, etwas zu fühlen, dann lassen wir sie ihre Emotionen erleben, zu denen Traurigkeit und Glück gehören. Als Zuhörer lassen Sie Ihr Kind so lange wie nötig bei seinem Gefühl, statt es davon wegzudrängen, das Gefühl zu verändern oder »in Ordnung« zu bringen. Das vermittelt Akzeptanz. Das ist Empathie. Höchstwahrscheinlich wird Ihr Kind, wenn es gehört worden ist, den nächsten Schritt gehen; dies fördert die Fähigkeit des Kindes, sich emotional zu regulieren. Dieser Prozess fördert auch gesunde Eltern-Kind-Grenzen sowie Nähe in der Eltern-Kind-Beziehung, weil die Gefühle beider Beteiligter ernst genommen wurden. Der/die Erziehende gibt nicht der Laune eines Kindes nach oder verleugnet seine oder ihre Autorität. Die Fähigkeit des Kindes, sich emotional zu regulieren, ist ein wesentlicher Bestandteil bei der Herstellung von Mokassins.

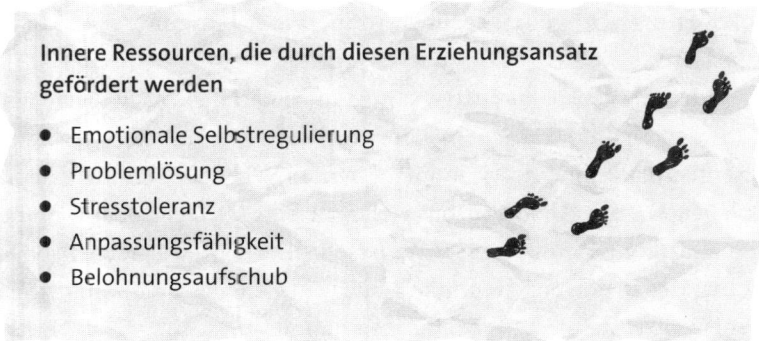

Innere Ressourcen, die durch diesen Erziehungsansatz gefördert werden

- Emotionale Selbstregulierung
- Problemlösung
- Stresstoleranz
- Anpassungsfähigkeit
- Belohnungsaufschub

Kapitel 2

Den gestauten Fluss befreien

Die Wiederherstellung des Gleichgewichts

Heute war ein schrecklicher, scheußlicher, unguter, sehr
schlechter Tag. Meine Mutter sagt, manche Tage sind so.

Judith Viorst: Alexander and the Terrible,
Horrible, No Good, Very Bad Day

Unser emotionales Leben ist wie ein Fluss, der uns durchströmt:
Gefühle, Gedanken und Stimmungen kommen und gehen unauf-
hörlich. Das ist natürlich. Manchmal hängt eine Emotion in einem
Strudel fest, zum Beispiel Trauer oder Negativität – sie beherrscht
uns eine Weile, bis ein Stück Treibholz vorbeikommt und sie wieder in die Strömung zurückschiebt. Dann setzt ein neuer Gedanke,
eine neue Perspektive, ein neues Gefühl ein. Emotionen sind in
Bewegung und gehen vorüber, wenn wir ihnen zuhören und sie
zulassen.

Gefühle geben uns auch wichtige Informationen, nach denen wir
unser Verhalten ausrichten können. Wenn wir uns zum Beispiel
Sorgen machen, weil wir am nächsten Tag zu viele Termine haben,
planen wir am Abend vorher vielleicht besser; Ärger oder Enttäuschung können uns dazu veranlassen, Klartext zu sprechen oder
Grenzen zu setzen; Traurigkeit über eine kranke Freundin bringt
uns vielleicht auf die Idee, für ihre Familie zu kochen. Manchmal
können wir nichts anderes tun, als unsere Gefühle zu akzeptieren:
die Frustration, wenn ein Flug gestrichen wurde, die Enttäuschung,

wenn das Kind einen Trotzanfall hat und man deswegen zu einer wichtigen Besprechung zu spät kommt, oder das Gefühl der Ohnmacht, wenn man durch einen chaotischen Tag hetzt.

Doch manchmal lassen wir uns nicht von unserem Gefühl leiten, sondern kämpfen dagegen an. Wir halten den Fluss auf und versuchen, das Gefühl zu kontrollieren, weil es unangenehm ist. So entstehen dann Staudämme in unserem emotionalen Fluss. Wenn wir uns gegen Gefühle wehren, bleiben sie stecken, und das führt nur zu mehr Spannung, Unruhe und Stress in unserem Leben.

Schlaflosigkeit

Als meine Kinder drei Jahre und sieben Monate alt waren, litt ich eine Weile an akuter Schlaflosigkeit und machte ausführlich Erfahrungen damit, Emotionen zu bekämpfen und aufzustauen. Ich war hundemüde und hatte zugleich solche Angst vor Übermüdung, dass ich nicht schlafen konnte. Mutter von zwei kleinen Kindern zu sein verstärkte mein Schlafbedürfnis, aber auch meine Verzweiflung, keinen Schlaf zu bekommen. Das wiederum verstärkte die Selbstzweifel an meinen Mutterqualitäten. Ich erinnere mich, dass sich mein Leben damals anfühlte, als hätten sich Baumstämme in einem Fluss verkeilt – es bewegte sich kein Wasser und ich hing flussaufwärts fest, leider wach.

Nachdem ich schon ein paar Monate unter Schlafstörungen gelitten hatte, brachte mein Mann eines Abends die Kinder zu Bett, und ich besuchte das buddhistische Meditationszentrum in unserer Stadt, um endlich wieder Ruhe zu finden. Als ich mir die Schuhe auszog und in den Meditationsraum ging, entdeckte ich ein Plakat an der Wand, auf dem stand: »Chaos tut unserem Leben gut.« Dieser Satz traf mich wie ein Schlag. Ich strengte mich gerade mächtig an, Ordnung in mein Leben zurückzubringen, um wieder schlafen zu können, und da fand ich den Spruch reichlich blödsinnig.

Zu meiner Überraschung war der Leiter der Meditationsgruppe mein Nachbar. Später erfuhr ich, dass er Buddhist mit dreißig Jahren Meditationserfahrung ist – das erklärte, warum er immer so offen und präsent wirkte. Er schien ebenfalls überrascht und erfreut, mich in der Gruppe zu sehen, führte mich in einen Nebenraum und gab mir ein paar einfache Instruktionen zur Sitzmeditation. Er erklärte: »Es geht nur darum, den Atem wahrzunehmen, wie er kommt und geht, ein und aus. Wenn du dich in Gedanken verlierst, bemerke es und lenke deine Konzentration wieder auf das Atmen.« Ich hatte früher schon einmal, als ich Mitte zwanzig war, meditiert, aber da war es um das Rezitieren von Mantras gegangen, nicht allein um die Konzentration aufs Atmen. Empfindlich und reizbar vom Schlafmangel, wie ich war, fragte ich: »Und was soll ich, bitte schön, mit meinen Gedanken machen?« (Ich wollte eigentlich »meinen blöden, ängstlichen Gedanken« sagen, ließ es aber bleiben.) Er antwortete: »Nun, man nennt es *friedliches Ertragen*. Du erlaubst deinen Gedanken, da zu sein, lenkst aber deine Aufmerksamkeit sanft wieder auf dein Atmen zurück, vor allem auf dein Ausatmen.« Obgleich ich immer noch skeptisch war und herausfinden wollte, was *Ertragen* genau bedeutete, war ich bereit, es zu versuchen.

Bis zu diesem Punkt hatte ich Medikamente ausprobiert, Kräuterkuren, Yoga, Lavendelkissen und blaues Licht neben meinem Bett, aber es war das Studium dieser buddhistischen Ideen, was mich tatsächlich von meinen Schlafstörungen heilte.

Ich hatte verzweifelt versucht, Boden unter die Füße zu bekommen, und verzehrte mich förmlich nach Schlaf. Die Definition von *ertragen* ist »tolerieren oder aushalten«, »bleiben oder verharren« und schließlich auch »verweilen«. Ich hielt das Chaos meines Lebens mit kleinen Kindern nicht aus, sondern ich floh davor. Ich floh vor allen Unwägbarkeiten und Ungewissheiten in meinem Versuch, Ordnung zu finden, und ich war hauptsächlich damit beschäftigt, meine ängstlichen Gedanken und Müdigkeitszustände zu bekämpfen – kein Wunder, dass ich nicht schlafen konnte.

Kurzum, ich staute den Fluss auf. Während ich mich anstrengte, meine Angst und Erschöpfung unter Kontrolle und mein Leben »im Griff« zu behalten, schuf ich im gleichen Atemzug Spannungen und Chaos in meinem Leben. Erst als ich aufhörte, mich um Schlaf zu *bemühen*, und bei meinen Ängsten ausharrte, kehrte ich zu einem normalen Schlafverhalten zurück. Als ich die Hoffnung auf Schlaf und die Angst vor dem Nichtschlafen fahren ließ, als ich der meinem Körper angeborenen Fähigkeit zum Ausruhen vertraute, als ich den Strömungen meines Körpers vertraute, brach ich den Damm auf. Durch tiefes Akzeptieren, Verharren und Ertragen kam der Schlaf.

Obwohl ich niemandem Schlafstörungen wünsche, kann ich sagen, dass sie eigentlich ein Geschenk waren. Ich lernte, dass wir unsere Lebenssituationen annehmen können, statt sie zu fürchten oder sie zu kontrollieren. Wenn wir den Fluss unserer Emotionen von den Dämmen befreien, können wir die Harmonie in unserem emotionalen Leben wiederherstellen. *Harmonie* ist nicht identisch mit Glück; sie bedeutet, nicht gegen die Strömung anzugehen, sondern sie zu ertragen und zu akzeptieren. Wie können wir aber unsere Lebensbedingungen akzeptieren und bei unseren Emotionen bleiben – so unangenehm sie auch sein mögen –, sodass sie nachlassen, statt zu eskalieren? Wie können wir zudem die Emotionen unserer Kinder und ihre Probleme akzeptieren, ohne reparieren oder kontrollieren zu wollen?

Noah

Noah war ein intelligenter vierzehnjähriger Junge. Er konnte komplexe Sachverhalte analytisch durchdringen. Ein Test hatte bei ihm eine sehr hohe Intelligenz ermittelt. Er schien eine vielversprechende Zukunft zu haben, doch seine Fähigkeit, Dinge zu durchdenken, konnte auch rasende Gedanken und lähmende Angst in ihm auslösen. Er zeigte leichte Symptome einer Zwangsstörung, zum Beispiel räumte er vor dem Zubettgehen sein Zimmer immer penibel auf und befolgte eine festgelegte Folge von Ritualen. Noahs Mütter waren beide leistungsstarke, ehrgeizige und auf Erfolg fixierte Personen.

Als Noah sich dem Übergang auf eine weiterführende Schule näherte, merkte er, dass seine Mütter vermehrt seine Hausaufgaben kontrollierten und immer größeres Gewicht auf seine Schulnoten legten. Sie wiesen auch immer wieder darauf hin, dass er unbedingt auf ein Gymnasium wechseln müsse, um später im Leben Erfolg zu haben. Noch bevor er die weiterführende Schule besuchte, hatte er Magen- und Kopfschmerzen, die ihn oft vom Schulbesuch abhielten, sowie andere ungeklärte körperliche Beschwerden.

Nach einiger Zeit kamen die Ärzte zu dem Schluss, dass seine Leiden psychischer Natur waren, doch Noah lehnte es ab, zum Therapeuten zu gehen. Um seine Unruhe und ständige Bedrückung zu vergessen, suchte er Trost in Computerspielen, die zwar seinen Gedankenstrom kanalisierten, ihn aber zugleich von seinen tiefer liegenden Ängsten vor dem Leben oder der Schule ablenkten. Dieses Ventil verschaffte Noah so große Erleichterung, dass er jede freie Minute am Computer saß und Beziehungen zu Hause und in der Schule um jeden Preis aus dem Wege ging.

Noahs Mütter waren ratlos. Sie wussten, dass er Hausaufgaben und Lernaufgaben zu erledigen hatte, die den Einsatz eines Computers durchaus rechtfertigten, aber es ließ sich nur schwer kontrollieren, für was er den Computer benutzte, insbesondere wenn er sagte, er mache schließlich seine Hausaufgaben. Sie wussten, dass er Angstprobleme hatte, und wollten deshalb keine Machtkämpfe über Regeln führen – also brauchte er im Haushalt nichts zu tun und durfte Trost am Computer finden.

Beide Elternteile von Noah arbeiteten, doch bald wurde Noahs Beaufsichtigung für seine Mutter Sarah zum Vollzeitjob. Als Noahs Ängste immer kräfteraubender wurden, ließ sie sich von ihrem Arbeitsplatz beurlauben. Sie musste ständig verfolgen, was er als Nächstes vorhatte, und konnte nie voraussagen, wann er eine Aufgabe zu Ende bringen würde oder wann er stecken blieb. Das lief auf eine Rundumaufsicht hinaus.

Außerdem nahmen Noahs Eltern ständig auf seine Launen Rücksicht, um seine Zwangsstörung und seine Angstrituale nicht noch mehr herauszufordern. Sie wussten nicht, wie sie das häusliche Leben steuern und ihn zur Verantwortung ziehen sollten. Schließlich fielen Noahs Leistungen so stark ab, dass er nur noch schlechte Noten nach Hause brachte: Vierer, Fünfer und sogar eine Sechs. Ihr intelligenter Sohn schaffte die neunte Klasse nicht. Er war der Schule erfolgreich ausgewichen und hatte sie abgeschrieben. In gewisser Weise fühlten sich seine Eltern ebenfalls als Versager.

Kinder, die in ihrer Entwicklung stecken bleiben, aus voller Seele akzeptieren

Wenn unsere Kinder Verhaltensstörungen, Lernstörungen oder emotionale Probleme zeigen, dann neigen wir oft dazu, nicht sehen zu wollen, was offen vor uns liegt. Tatsächlich stellen wir alles Mögliche an, um eine Wahrheit zu verdrängen, die zu unangenehm ist, um ihr ins Auge zu sehen. Viele Eltern strengen sich dann immer nur noch mehr an, um ihr Kind in der Spur zu halten. Doch wenn wir klar sehen, was tatsächlich geschieht, und es auch für uns akzeptieren – dann geschieht eine wirkliche Veränderung.

Manchmal haben Eltern zum ersten Mal eines dieser Aha-Erlebnisse, wenn ihr Kind eine Verhaltensgrenze total überschreitet, eine psychiatrische Diagnose gestellt wird oder sich seine Schulnoten plötzlich extrem verschlechtern. Vielleicht beginnt das Erwachen, wenn ihrem Kind die Einnahme von Psychopharmaka empfohlen wird. Solch tief greifende Erschütterungen kann man begrüßen (weil damit endlich ein hartnäckiges Verhaltensproblem zu Hause oder in der Schule angegangen wird), oder man kann sie fürchten. Aber viele dieser Interventionen beleuchten ein Verhalten oder Verhaltensmuster, welches das Kind schon seit Jahren zeigt – vielleicht schon sein ganzes Leben. Es ist nicht ungewöhnlich, dass Eltern solche schmerzhaften Wahrheiten ausblenden – und es ist bemerkenswert, in welchem Ausmaß Eltern eine Art magisches Denken praktizieren.

Wenn ein Kind mit einer Therapie oder einem Behandlungsprogramm begonnen hat, kann das bei den Eltern zum Beispiel einen linearen Denkprozess in Gang setzen: Behandlung = Erfolg in der Schule = Abitur = Studium = Beruf = erfolgreiches Leben. Sie wollen so schnell wie möglich auf den alten, scheinbar vorgezeichneten Pfad zurück. Das ist verständlich. Doch mit diesen Scheuklappen versuchen Eltern, den Schmerz von sich fernzuhalten, indem sie Dämme errichten und sich gegen die Strömungen, die in ihrem Innern fließen, wehren. Eltern *dürfen* weiterhin Träume und Wünsche für ihr Kind haben, aber es ist am besten, diese Ziele erst einmal weit aus dem Blickfeld zu schieben und in der Gegenwart zu bleiben – wie unsicher sie auch sein mag.

Viele Eltern haben das Gefühl, nichts im Leben ihres Kindes sei einem folgerichtigen oder logischen Weg gefolgt. Das mag so stimmen. Es gehört aber zur Gesundung (sowohl beim Kind wie bei den Eltern), sich dem Problem zu stellen, indem man es ungeschönt betrachtet – auch dann, wenn es einem das Herz bricht. Vergessen wir nicht: Wir müssen den Fluss der Gefühle, die nun einmal da sind, akzeptieren – und zulassen, dass diese Emotionen ihren natürlichen Lauf nehmen. Eltern können traurig sein, verängstigt und überwältigt – es ist das Beste, sich diesen Gefühlen zu stellen und sie zu empfinden. Wenn Eltern ihren Kindern vorleben, dass sie sich vor Gefühlen fürchten und ängstlich versuchen, etwas so schnell wie möglich »in Ordnung bringen«, öffnen sie sich nicht und können aus der Krise nichts lernen; stattdessen laufen sie vor ihr davon.

Es ist durchaus in Ordnung, verzweifelt zu sein – es bedeutet, dass Sie Ihr Kind lieben. Wenn Eltern über den Verlust des Lebens trauern, das sie sich für ihr Kind wünschten, können sie ihr Kind akzeptieren und ihm dort begegnen, wo es heute steht. Für manche bedeutet das, keine Fußballmama oder kein Hockeypapa mehr zu sein, den Traum vom Abiball oder von der Eliteuniversität aufzugeben oder auch einfach auf manches zu verzichten, von dem man glaubt, dass es zum »normalen« Gang der Kindheit gehört.

Wenn sich Eltern fortgesetzt an das klammern, was hätte sein können (bewusst oder unbewusst), ist immer ihre Enttäuschung zu spüren, die das Kind registriert.

Wenn Eltern jedoch den Verlust tief empfinden, können sie ihr Kind tief akzeptieren und erkennen, welche Geschenke ein ungewöhnlicher Weg durch die Kindheit mit sich bringt.

Die vom tibetischen Buddhismus geprägte Autorin Pema Chödrön schreibt in *When Things Fall Apart* [Wenn sich alles auflöst], dass das Fahrenlassen der Hoffnung »der Beginn allen Beginns (sei). Wenn wir die Hoffnung nicht aufgeben – dass es irgendwo schöner sein könnte, dass wir bessere Menschen sein könnten –, werden wir uns nie damit abfinden, wo wir sind und wer wir sind.« Abgesehen davon ist Hoffnung immer mit Angst verbunden; wir hoffen, dass unser Problemkind wieder auf die Erfolgspur zurückkehrt, aber wir fürchten, dass es das nicht schafft. Pema schreibt: »Das tibetische Wort für Hoffnung ist *Rewa*; das Wort für Furcht ist *Dokpa*. Häufiger wird das Wort *Re-Dok* gebraucht, das die beiden verbindet. Hoffnung und Furcht sind ein Gefühl mit zwei Seiten. Solange das eine da ist, ist auch das andere da. Dieses *Re-Dok* ist die Wurzel unseres Leids.«

Das ist der Kern der Achtsamkeit: in der Gegenwart bleiben und den Moment erleben – egal, wie schmerzhaft er sein mag. Wenn Sie das fertigbringen, dann werden Sie vermutlich auch erleben, wie der Schmerz nachlässt und eine neue Emotion zum Vorschein kommt. Mark Epstein, ein buddhistischer Psychotherapeut, schreibt: »Nach meiner Erfahrung wirken Emotionen, egal wie stark sie sind, nicht überwältigend, wenn man ihnen Raum zum Atmen lässt.«

Wenn Eltern die Hoffnung fahren lassen, dann gestatten sie sich – so seltsam das klingt –, diesen einen Augenblick, dieses besondere Ereignis zu fühlen. Statt die Emotionen in ihrer Brust oder Kehle einzusperren, gefroren in der Zeit, können Eltern den Strom der Gefühle wieder fließen lassen – vielleicht wieder schlafen, lächeln oder sogar lachen –, egal in welcher Verhaltensproblematik sich ihr Kind befindet. Das heißt Akzeptanz. Mark Epstein schreibt: »Glück kommt vom Loslassen.«

Wenn man auf ein Ergebnis hofft, bei dem eines auf das andere folgt – Abschluss einer Behandlung, Abschluss der Schule, Abschluss des Studiums, erfolgreicher Einstieg ins Erwachsenenleben –, ist damit immer auch eine Menge Erwartungsdruck verbunden. Gleichgültig, ob diese Erwartungen formuliert oder verschwiegen werden, Kinder spüren in jedem Fall den Druck. Wenn Eltern große Hoffnungen auf eine Veränderung oder gute Ergebnisse setzen, werden Kinder immer das Gefühl haben, dass etwas mit ihrem gegenwärtigen »Sosein« nicht stimmt, dass sie »kaputt« sind und »repariert« werden müssen. Ihrerseits reagieren viele Kinder auf diesen Druck mit passivem oder unbewusstem Widerstand dagegen, dass ihre Eltern sie nicht akzeptieren, wie sie sind. Leider kann das auch eine Zunahme von selbstdestruktiven Verhaltensweisen bedeuten.

Ich weiß, dass es sich hier um ein verwirrendes und kompliziertes Terrain handelt, aber das Ziel ist, festgefahrene Muster in der Eltern-Kind-Beziehung aufzubrechen. Eltern können ihre Kinder zur Therapie schicken, sodass sie lernen, effektiver mit ihren Gedanken, Emotionen oder mit ihrem Leben umzugehen – aber solche Techniken können Eltern genauso lernen. Dazu gehört auch, den Schmerz und Verlust zu akzeptieren, der mit den Schwierigkeiten ihres Kindes verbunden ist.

Akzeptanz hängt allerdings mit einer anspruchsvollen Grundannahme zusammen. Viele Eltern glauben, dass »gute« Elternschaft schlicht bedeutet, sich mehr anzustrengen. Eltern verbinden Loslassen mit mangelnder Fürsorge oder sogar mit erzieherischem Versagen. Gleichwohl geht es eigentlich um etwas anderes – wenn Eltern wirklich loslassen, kann etwas Neues entstehen. Nach wie vor können Hoffnungen und Träume für die Zukunft bestehen. Die Eltern müssen nur den Mut aufbringen, sich dem Unbekannten im Hier und Jetzt zu öffnen.

Wir kennen die Geschichten von Paaren, die alles daransetzen, ein Kind zu bekommen, die sich Fertilitätsbehandlungen unterziehen und vielleicht schon anfangen, Adoptionsformulare auszufüllen, und schließlich den Punkt zu erreichen, wo sie aufgeben. Und die Frau wird schwanger … Aufzugeben heißt hier nicht, dass man kein Kind mehr haben will – es heißt nur, dass man akzeptiert, was ist. Man befreit sich vom magischen Denken, von Verleugnung und Verzerrung und verankert sich neu in der Wirklichkeit.

Ein Vater, mit dem ich kürzlich gearbeitet habe, fragte: »Sind wir nicht dazu verpflichtet, unserem Kind ein Gefühl der Hoffnung zu vermitteln?« Nun, das ist nicht so einfach. Wie oft sagen Eltern eine Menge hoffnungsvolle oder ermutigende Dinge, wenn sie ihren Autopilot anschalten:

»Das wird schon.«

»Mach dir keine Sorgen.«

»Du gehst doch gern zur Schule, oder?«

»Du hast es bald hinter dir; alles wird gut.«

»So schlimm ist es nicht.«

»Sieh doch mal das Positive.«

Diese Äußerungen klingen wie die entwertenden vorprogrammierten Botschaften, die wir im vorangegangenen Kapitel besprochen haben. Das Kind fühlt sich traurig, frustriert und unglücklich, und statt zuzuhören und die authentischen Gefühle des Kindes ernst zu nehmen, versuchen die Eltern, ihm Hoffnung zu machen. Das ist ein aussichtsloses Unterfangen; wir alle wissen, wie schnell Kinder

Löcher in unsere Hoffnungsballons piksen können. Und gleich unter der Hoffnung lauert die Furcht.

Kinder müssen die Hoffnung in ihrem eigenen Inneren fühlen; wir können sie ihnen nicht von außen zuteilen. Ein Kind wird erst dann zu hoffen beginnen, wenn es dazu bereit ist. Von den Eltern aufgezwungene Hoffnung bewirkt oft das Gegenteil.

Wenn Kinder sich nicht wahrgenommen fühlen, steigern sie sich nicht selten in Vorwürfe gegen ihre Eltern: »Es ist *wohl* schlimm, und es ist deine/eure Schuld.« Schnell führt der gut gemeinte Versuch, Hoffnung zu geben, zu einem neuen Streit oder zu einer Belastung der Eltern-Kind-Beziehung.

Wenn Eltern sich an die Hoffnung klammern, bekommen sie nicht mit, wo sich ihr Kind gegenwärtig befindet. Stattdessen sollten Eltern ihren eigenen Wachstumsprozess vorantreiben. Das ist eine Veränderung, die sie tatsächlich kontrollieren können. Wir wissen nicht, was die Zukunft für unsere Kinder bereithält – oder für sonst jemanden –, aber Eltern können wissen, wie sie ihren Teil beitragen. Lösen Sie sich vom Planen und streben Sie zur Unsicherheit des gegenwärtigen Augenblicks. Das kann Erleichterung bringen.

Paradoxe Herangehensweisen

Für viele von uns scheint das Akzeptieren von Schmerz, Verwirrung, Chaos, Enttäuschung oder Angst äußerst paradox. Viele Menschen meinen, man müsse sich wehren. In manchen Fällen mag das zutreffen, wenn man sich zum Beispiel für etwas einsetzt, an das man glaubt. Doch bei unseren eigenen Gefühlen richten wir eher Schaden an, wenn wir uns gegen sie wehren. Stellen Sie sich kurz irgendein Gefühl oder einen emotionalen Konflikt vor, in dem Sie sich gerade befinden. Zunächst widersetzen Sie sich ihm mit aller

Macht – dann lassen Sie das Gefühl zu, empfinden und akzeptieren es. Sehr wahrscheinlich bringt Letzteres die größere Erleichterung.

Doch vielleicht gehören Sie zu den Eltern, die denken: »Mein Kind wird trotzdem wütend, traurig, ängstlich oder hoffnungslos sein, auch wenn ich ihm brav zuhöre, seine Gefühle spiegle und ernst nehme.« Vergessen Sie nicht, dass unsere Kinder durchaus wütend bleiben können; unsere Aufgabe ist es nur, ihre Gefühle zuzulassen. Aber es ist natürlich immer gut, noch ein paar andere Pfeile im Köcher zu haben, wenn Kinder das Leben vermeiden. Einer dieser Pfeile ist die paradoxe Herangehensweise.

Die Forschung hat gezeigt, dass sich mit paradoxen Methoden – insbesondere in Bezug auf Angst – Symptome recht effektiv reduzieren lassen. Wenn beispielsweise jemand Höhenangst hat, kann man der betreffenden Person sagen: »Es ist vollkommen in Ordnung, Höhenangst zu haben«, statt sie dazu aufzufordern, sich mal ein bisschen zusammenzureißen, was nur den Stresspegel erhöht. Wenn jemand sagt: »Warum hast du solche Höhenangst?«, kommt das vielleicht eher an als: »Was stimmt mit dir nicht?« Wenn man die Angst ernst nimmt oder akzeptiert, verringert dies den Druck und erlaubt der angsterfüllten Person, ein bisschen auszuatmen und sogar zu entspannen. Eine paradoxe Herangehensweise geht einen Schritt näher auf die Angst zu statt von ihr weg. Versuchen Sie zu sagen: »Deine Angst ist eine wichtige Nachricht deines Körpers. Was meinst du, was sie dir sagt?«

Wenn ein Kind zum Beispiel Schulangst hat, könnte sein Vater zu ihm sagen: »Es ist vollkommen normal und in Ordnung, wenn man in der Schule Angst hat. Du kannst versuchen, dagegen anzukämpfen, aber ich glaube, sie wird dann immer noch da sein. Es ist besser, das Gefühl zu akzeptieren. Wie wäre es, wenn du deine Angst einfach zulässt oder sie sogar begrüßt? Jeden Tag, an dem du zur Schule gehst, erweiterst du deine Welt – wenn du Angst hast, dann heißt das, dass du wächst und deinen Wirkungskreis erweiterst. Angst zu haben kann eine gute Sache sein.« Es ist zwar paradox und auf den ersten Blick auch nicht verständlich, aber es funktioniert tatsächlich.

Wenn die Tochter tief bedrückt ist und nicht aus dem Bett aufstehen will, kann eine Mutter sagen: »Deine Situation klingt echt nicht gut. Ich verstehe, warum du so traurig bist. Vielleicht solltest du erst aufstehen, wenn du dich bereit dazu fühlst.« Das stellt die Situation auf den Kopf und verhindert einen Machtkampf in der Eltern-Kind-Beziehung; es unterbindet auch jede Genugtuung, die ein Kind aus Trotzverhalten beziehen könnte. Die Tochter in diesem Beispiel wird schneller aufstehen, weil sie nichts gewinnt, wenn sie im Bett bleibt, außer mehr Traurigkeit. Außerdem beginnt sie, wenn sie von ihrer Mutter gehört und ernst genommen wird, die Emotion zu verarbeiten, und spürt den Impuls, weiterzukommen. Die Mutter widersetzt sich der Emotion des Kindes nicht, und das Kind widersetzt sich der eigenen Emotion nicht, also ist der Fluss in Bewegung.

Paradoxe Herangehensweisen eignen sich gut zum Experimentieren – sie gehen im Akzeptieren von Gefühlen einen Schritt weiter, indem sie die negative Emotion ins Positive wenden. Die negative Emotion wird zu etwas, das man akzeptieren und entdecken kann, statt sie mit einer Tablette, einem Becher Eiscreme oder einem Videospiel zu bekämpfen. Paradoxe Herangehensweisen senden weiterhin die Botschaft aus, dass Gefühle wünschenswert sind.

Das Gleichgewicht wiederherstellen

Wir alle haben unsere eigenen emotionalen Strömungen. Wir haben vielleicht keine Kontrolle darüber, was wir fühlen, aber ich bin überzeugt, wir haben es unter Kontrolle, wie wir auf die Gefühle reagieren und uns dazu verhalten. Das Gleiche gilt für unsere Kinder – wir können ihre Gefühle nicht ändern, aber wir können ihnen beibringen, ihre Gefühle zu ertragen, zu akzeptieren und ernst zu nehmen. Bei kleinen Kindern versuchen die meisten Menschen, ihren

Gefühlsfluss zu lenken und zu kontrollieren, indem sie die Strömung eindämmen oder umlenken. Das erfordert große Anstrengung und funktioniert nur kurzfristig; es lässt sich nicht über einen längeren Zeitraum aufrechterhalten. Wasser ist ein ziemlich kräftiges Element, und obgleich es uns bei kleinen Kindern zunächst möglich erscheint, Durchlässe und Abflüsse anzulegen, um sie aufzuheitern und ihre Enttäuschungen zu lindern, kann die Strömung mit der Zeit sehr viel stärker werden, als wir selbst es sind. Die klinische Psychologin Wendy Mogel schreibt in ihrem Buch *Blessings of a Skinned Knee* [Segnungen eines aufgeschürften Knies], dass Kinder oft gesagt bekommen, sie seien etwas ganz »Besonderes« – aber viele das aus dem Gleichgewicht bringe. Mogel schreibt: »Wenn der Druck, etwas Besonderes zu sein, zu intensiv wird, landen die Kinder schließlich beim Therapeuten: mit Schlaf- und Essstörungen, chronischen Magenschmerzen, zwanghaftem Haare-Ausreißen, Depression und anderen Beschwerden.«

Was würde geschehen, wenn wir die Strömungen ihrer Emotionen einfach fließen ließen, wenn wir sie fühlen und so sein ließen, wie sie sind, ohne sie zu etikettieren als »gut«, »böse«, »besonders« oder »intelligent«? Wenn wir ihre Gefühle ernst nehmen und ihnen zuhören, akzeptieren wir die Kinder so, wie sie sind. *Verhaltensweisen* können wir umlenken, aber nicht ihr Temperament oder den Fluss ihrer Emotionen.

Auf Noah eingehen

Noahs Familie war buchstäblich gefangen in der Hoffnung (auf Größe) und in der Angst (vor Versagen). Die Eltern stauten auch ihre eigenen Gefühle auf, indem sie versuchten, ihre Ängste um die Zukunft ihres Sohnes in Schach zu halten und ihn zu »reparieren«. Als Noah in Reaktion auf seine Angstgefühle den Fluss seiner Emotionen aufstaute, bekam er gesundheitliche Probleme; er schottete sich emotional ab, vermied das Leben und begann, eine Computersucht zu entwickeln.

Noahs Mütter können das Gleichgewicht wiederherstellen, wenn sie sich gestatten, ihre eigenen Emotionen zu fühlen und ihre Lebenssituation zu akzeptieren. Statt wegen seiner Angststörung ständig auf leisen Sohlen zu gehen, um ihn in der Spur zu halten, können sie aufhören, seine Gefühle zu beeinflussen, und ihn schlicht für sein Verhalten zur Verantwortung ziehen. Hier ist ein Beispiel: »Noah, wir sehen, dass du unter Angst leidest. Ich kenne das, weil ich selbst Angst habe. Ich kann mir vorstellen, dass es wirklich unangenehm ist. Ich kann mir ebenso vorstellen, dass das Aufräumen deines Zimmers oder Computerspiele dir zeitweise Erleichterung verschaffen. Aber wir wissen auch, dass Computerspiele ungesund sind, wenn man sie bis zum Exzess spielt. Wir werden ein Limit von zwei Stunden Computerzeit pro Abend setzen, damit du genug Zeit für deine Hausaufgaben hast. Ich bestehe auch darauf, dass wir Mittel und Techniken suchen, die beim Umgang mit der Angst helfen können. Wir können mit dir zu einem Verhaltenstherapeuten gehen oder zu einem Meditations- oder Entspannungskurs. Oder vielleicht hast du noch eine andere Idee. Jedenfalls wollen wir, dass du dir irgendeine Therapie für deine Angst suchst. Wir werden als Eltern auch an unserer eigenen Angst arbeiten. Ich weiß, dass wir uns eine Menge Sorgen um dich gemacht haben und dass wir versucht haben, deine Probleme zu lösen. Jetzt wollen wir, dass du deine Probleme selber löst, aber wir sind da, um dir zu helfen. Du kannst immer mit uns reden.«

Noahs Eltern können darauf vertrauen, dass seine natürliche Intelligenz und seine Begabungen aufblühen werden, wenn er lernt, mit seiner Angststörung umzugehen. Sie können auch Noahs Gefühle und Sorgen anhören, ohne sie ändern zu wollen.

Zwar können Eltern nicht die Emotionen ihrer Kinder lenken, aber sie können das Verhalten ihres Kindes lenken. Sie können Grenzen mit angekündigten Konsequenzen setzen: für Computerspielen, Respektlosigkeit, Selbstisolierung im Zimmer und Vermeiden des Familienlebens – selbst bei einem Kind mit Angststörung –, weil solche Verhaltensweisen dem Problem nur neue Schichten hinzufügen. Eltern können Kindern dabei helfen, eine Therapie anzufangen und effektive Bewältigungsstrategien zu benutzen. Wenn Noah nicht kooperiert, hat er Konsequenzen sowohl von seinen Eltern wie von seiner Schule zu gewärtigen. Es besteht keine Notwendigkeit für seine Eltern, sich hier einzumischen.

Ich bin überzeugt, dass die meisten Kinder ihr Verhalten nicht ändern, ehe ihre Eltern ihre eigenen Erwartungen zurücknehmen und ihre Kinder so akzeptieren und ernst nehmen, wie sie wirklich sind und wie sie wirklich fühlen.

Wichtiger als hervorragende Noten ist für ein Kind, fähig zu sein, Mokassins herzustellen und das Leben selbst in die Hand zu nehmen.

Wenn Kinder das Gefühl haben, für ihr Leben selbst verantwortlich zu sein, dann werden sie fähig, ihre Intelligenz und Begabung einzusetzen.

Die Zukunft

Wenn Eltern diese Vorgehensweisen anwenden, können sie damit familiäre Entwicklungen anstoßen; ich habe viele Familien gesehen, deren Leben sich auf diese Weise verändert hat. Wenn Eltern sich ihren eigenen Gefühlen stellen, dann sind sie langfristig in der Lage, die Gefühle ihrer Kinder zu würdigen und ernst zu nehmen. Ich nehme an, dass die meisten Familien kurzfristig viele Höhen und Tiefen durchleben; gerade deswegen ist es so wichtig für Eltern, den Planungswahn für die Entwicklung ihres Kindes aufzugeben. In ein, zwei oder fünf Jahren findet eine enorme Bewegung statt, und ein

Kind hat die Möglichkeit, erwachsen zu werden, die emotionale Entwicklung fortzusetzen und den Gewinn aus diesen elterlichen Vorgehensweisen erfolgreich ins eigene Leben zu integrieren. Wenn Eltern mit jedem Schulzeugnis, jeder äußeren Beurteilung ihres Kindes Hoffnung und Angst verbinden, wird dies ihren Leidensdruck erhöhen. Doch mit Geduld und Vertrauen können Eltern verlässlich bleiben, zu ihren Gefühlen stehen, Überfürsorglichkeit vermeiden, und ihre Kinder werden Mokassins herstellen.

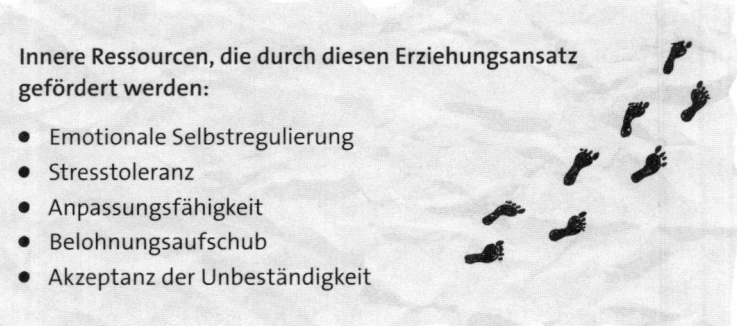

Innere Ressourcen, die durch diesen Erziehungsansatz gefördert werden:

- Emotionale Selbstregulierung
- Stresstoleranz
- Anpassungsfähigkeit
- Belohnungsaufschub
- Akzeptanz der Unbeständigkeit

Kapitel 3

Wie wir den Fluss unserer Kinder ungehindert fließen lassen

Wenn wir zuhören, wie ein anderer Mensch seine Träume erzählt, dann ist es entscheidend, ihn Erklärungen finden und nachdenken zu lassen, statt uns selbst in eine Position zu versetzen, in der wir auf alles eine Antwort haben müssen.

Thomas Bien, Mindful Therapy

Was tun wir, wenn unser Kind leidet? Was unterscheidet emotionalen Gleichklang von emotionalen Rettungsversuchen? Entstehen Ihre Reaktionen auf Ihr Kind aus Mitgefühl oder aus Furcht? Das sind entscheidende Fragen. Wenn Ihre unterschwellige Motivation ist, Ihr Kind aus Schwierigkeiten zu retten, weil *Sie* sich ängstigen, wenn es leidet, besteht die Wahrscheinlichkeit, dass Sie Leder auslegen und den Strom seiner Gefühle aufstauen. (Und sehr wahrscheinlich auch Ihre eigenen.)

Wenn wir die Emotionalität unserer Kinder fließen lassen, dann können sie die ganze Bandbreite ihrer Gefühle erleben, die Teil der normalen menschlichen Lebenserfahrung sind. Wir sollten unangemessenem Verhalten Grenzen setzen oder es ignorieren (statt es mit Aufmerksamkeit zu belohnen) – exzessives Heulen, Schreien, unangemessene Wutausbrüche, Mobbing, Schikanieren, in eine Opferrolle schlüpfen, emotionales Manipulieren, Sichabschotten und

Isolieren sowie Trotz –, aber wir sollten nicht versuchen, die Emotionen unserer Kinder zu verändern. Kinder müssen einen schlechten Tag haben dürfen. Wir müssen uns fragen, warum *wir* für das Glück unserer Kinder zuständig sein sollen.

Vieles von dem scheinbar empathiebasierten Erziehungsverhalten, das sich in unserer Kultur eingebürgert hat, erweist sich im Grunde als angstbasiert – wenn man nur ein bisschen an der Oberfläche kratzt. Wovor fürchten wir uns so?

Angstbasierte Erziehung

Nennen wir die Sache beim Namen. Wenn Eltern bei sich zu Hause wie auf Eiern gehen, um auf die Launen und Empfindlichkeiten ihres Kindes Rücksicht zu nehmen, wenn sie sich Sorgen machen, etwas Falsches zu tun und ihr Kind aufzuregen – dann ist dieses Verhalten von Angst getrieben. Wenn Eltern Nacht für Nacht bei ihren Kindern schlafen, selbst wenn sie damit aufhören wollen und spüren, dass es ihr Leben, ihre Ehe und ihre Arbeitskraft belastet – ist wiederum Angst die Grundströmung der Familie. Angst, dass das Kind zu empfindlich ist, um alleine zu schlafen, Angst, dass das Kind wütend oder traurig werden könnte. Wenn Eltern alle möglichen Entschuldigungen dafür finden, dass ihr Kind sich unangemessen verhält, Respektlosigkeit übersehen und sogar verbale und emotionale Übergriffe dulden, sind sie von Angst motiviert. Wenn sie jede Hausaufgabe verbessern und überwachen, beruht dies auf ihren eigenen Ängsten. Kein Wunder, dass unsere Kinder dann selbst Angststörungen entwickeln.

Leider glauben viele Eltern, ihre extremen Anstrengungen seien ein Beweis hingebungsvoller Liebe. Doch wir müssen uns fragen, ob wir unseren Kindern das Herstellen von Mokassins mit Hingabe beibringen oder ob wir lebenslang Leder für sie auslegen wollen.

Beide Arten von Eltern – Mokassinhersteller und Lederausleger – lieben ihre Kinder. Es geht hier nicht um Liebe, sondern um Angst.

Helikopter-Eltern haben Angst, dass ihr Kind Schmerz erfahren könnte – weil sie sich selbst vor Schmerz fürchten.

Wir helfen unseren Kindern nicht, wenn wir uns für ihr Wohlergehen zerreißen; das macht sie nur abhängig von uns. Wir müssen ihnen beibringen, unabhängig zu werden, indem wir ihnen schrittweise die Zügel übergeben.

Wenn wir sagen, Eltern seien zu 100 Prozent verantwortlich für das Wohlbefinden eines Kleinkindes, und vielleicht hoffen, null Prozent Verantwortung für das Wohlbefinden eines Fünfundzwanzigjährigen zu tragen, dann müssen die Eltern schrittweise die Verantwortung ihren Kindern übergeben. Wenn wir dieser Logik folgen, sollten die Eltern etwa zu 50 Prozent für das Wohlergehen eines Zwölfeinhalbjährigen verantwortlich sein. Das bedeutet, dass ein Kind in diesem Alter für die Hälfte seines Wohlergehens selbst zuständig ist. Dazu gehören: selbstständig aufstehen; sich selbst ankleiden; sich waschen; sich das Frühstück und die Pausenbrote machen; das Zimmer ordentlich halten und den Schulranzen packen; zur Haushaltsarbeit beitragen (kochen, sich um die Wäsche kümmern, den Hund ausführen); die Schulaufgaben erledigen; sich gegenüber der Familie verantwortlich zeigen, indem man an störenden Verhaltensweisen arbeitet, sich an die Regeln des familiären Zusammenlebens hält und Erwartungen erfüllt; abends zur rechten Zeit ins Bett gehen und so weiter. Die Eltern übernehmen immer noch den Einkauf und den größten Teil des Kochens und Saubermachens, bezahlen die Rechnungen und ziehen ihre Kinder zur Rechenschaft, wenn sie sich ungebührlich benehmen – aber die Eltern sollten nicht in das Terrain ihres Kindes eindringen.

Gleichwohl haben heutzutage die meisten Jugendlichen, deren Eltern der Mittelschicht angehören, Helikopter-Eltern, die 75 bis 90

Prozent der Verantwortung für das Wohlbefinden ihrer Kinder und für ihre Schulerziehung übernehmen. Bei Kindern mit Problemen oder besonderen Bedürfnissen steigt diese Zahl leicht auf 90 bis 99 Prozent. Bei dieser Familiendynamik zeigen die Kinder häufig Passivität und Züge von Hilflosigkeit, während die Eltern ihr Leben und ihre Persönlichkeit ganz und gar der Kindererziehung unterordnen. Man muss aber Kinder für ihr eigenes Leben, für ihre eigene Zukunft fit machen und dafür, die Verantwortung für die Folgen ihrer eigenen Entscheidungen zu tragen. Das ist auch bei Kindern mit Lernbeeinträchtigungen oder emotionalen Störungen möglich. Wie lösen sich Eltern aber von angstbasiertem Erziehungsverhalten? Indem sie langsam die Dämme und die ganze Extraarbeit hinter den Kulissen wegräumen und einfach zulassen, dass ihre Kinder ihre eigenen Gefühle durchleben. Das kann bedeuten, dass das Kind für eine Weile wütend auf die Eltern ist, weil sie für das Kind nicht mehr so viel tun. Das ist vollkommen in Ordnung. Wir müssen den Kindern die Verantwortung für ihre Gefühle überlassen – und für ihr eigenes Leben.

Die Fähigkeit, zuzuhören

Das nächste Mal, wenn Ihr Kind traurig oder sauer zu Ihnen kommt oder Sie verärgert anruft, können Sie – statt zu versuchen, das Problem sofort zu lösen oder Ihr Kind wieder aufzuheitern (oder sich frustriert zu fühlen, dass das schon wieder Ihr »Elternjob« ist) – einfach loslassen und erst einmal zuhören. Unten folgen ein paar Beispiele für emotionalen Gleichklang – also nicht für emotionales »Retten« –, bei denen wir den in Kapitel 1 skizzierten Schritten folgen.

Diese Reaktionsformen erlauben Ihnen, den Gefühlen Ihres Kindes zuzuhören. Mit diesen Reaktionen lassen Sie zu, dass die

Emotionen Ihres Kindes fließen können. Sie lassen zu, dass die Emotionen Ihres Kindes bei ihm bleiben. Sie vermitteln die Botschaft, dass Sie an die Fähigkeit Ihres Kindes glauben, sein Problem *selbst* zu lösen.

Als Zuhörer vermitteln Sie Akzeptanz. Mit großer Wahrscheinlichkeit wird Ihr Kind, nachdem Sie ihm zugehört haben, emotional einen Schritt weitergehen. Kinder schalten selbst um, wenn sie bereit dazu sind. Ihnen ihre Gefühle zuzugestehen und zu lassen ist eine Anerkennung der Textur des Lebens.

1) **Achten Sie auf die Emotion Ihres Kindes und nicht so sehr auf den Inhalt des Problems (Schule, Freunde, Essen, Hausaufgaben etc.). Zum Beispiel: Wenn Ihr Kind etwas wie das Folgende sagt, was fühlt es dann wirklich?**

»Ich mache immer alles falsch.«

»Du machst mich echt wütend.«

»Das ist so ungerecht.«

»Von mir aus.«

»Du hast mich überhaupt nicht lieb.«

»Das ist alles Bennos Schuld.«

2) **Spiegeln Sie die Gefühle Ihrem Kind zurück.**

»Du klingst frustriert.«

»Ich sehe, dass du wütend bist.«

»Du siehst ziemlich erschöpft aus, Schatz.«

»Du klingst echt enttäuscht.«

»Du klingst traurig.«

3) **Werden Sie neugierig.**

»Was ist passiert?«

»Ist etwas zwischen dir und Julia geschehen?«

»Kannst du mir darüber erzählen?«

»Weißt du, dass du so traurig bist, bedeutet doch etwas; was glaubst du, was da los ist?«

»Ich habe gemerkt, dass du in dein Zimmer gegangen bist, aber ich weiß nicht, was in dir vorgeht. Magst du darüber reden, was du denkst oder fühlst?«

»Ich kann versuchen, mir vorzustellen, warum du im Bett bist, aber wissen tu ich's nicht. Kannst du mir sagen, was für Gefühle dich umtreiben?«

4) **Wenn Ihr Kind antwortet, nehmen Sie seine Gefühle ernst.**

»Puh, das würde mir auch Angst machen!«

»Was für eine Enttäuschung!«

»Das ist echt frustrierend.«

»Das klingt heftig.«

»Das ist schwierig.«

»Das muss man sich erst mal trauen.«

5) **Überlassen Sie es Ihrem Kind, sein Problem zu lösen.**

»Was, denkst du, wirst du jetzt tun?«

»Wie wirst du jetzt damit fertig?«

»Gibt es für dich eine Möglichkeit, das Problem zu lösen?«

»Was willst du dagegen unternehmen?«

6) **Versuchen Sie nicht, koste es, was es wolle, das Problem zu lösen oder die Situation zu retten. Bieten Sie nur dann Ihren Rat an, wenn Ihr Kind danach fragt.**

»Ich bin da, wenn du noch reden willst.«

»Bei solchen Sachen bist du doch richtig gut.«

»Du kannst das.«

Ich-fühle-mich-Aussagen

Eine lange Wanderung, Meditation, Tagebuch führen – das sind einige der vielen Möglichkeiten, wie Erwachsene sich ihren eigenen Gefühlen annähern können.

Seiner eigenen Gefühle gewahr werden hat nichts mit Esoterik zu tun, es ist vielmehr unerlässlich zum Herstellen von Mokassins.

Eltern werden auf ihre Gefühle aufmerksamer, wenn sie selbstreflexive Praktiken entwickeln. Denn häufig reagieren Eltern auf bestimmte Vorgaben hin, greifen nach schnellen Lösungen, statt sich zunächst ihrer eigenen Wahrheiten oder Intuitionen innezuwerden. Eltern müssen sich Klarheit darüber verschaffen, was sie fühlen. In verschmolzenen Eltern-Kind-Beziehungen kann es undeutlich werden, wer was fühlt, weil die Eltern sich um die Gefühle ihrer Kinder sorgen – sie antizipieren, was ihr Kind vielleicht fühlen wird, sie gehen davon aus, dass es traurig oder wütend ist, und legen ein dieser Annahme entsprechendes Verhalten an den Tag. Eltern sind aber nur für ihre eigenen Gefühle und ihr eigenes Verhalten verantwortlich, und ebenso sind Kinder nur für ihre Gefühle und ihr Verhalten verantwortlich. Eltern können keinen echten Dialog mit ihren Kindern führen oder sich emotional auf sie einstellen, wenn sie ihre eigenen Emotionen nicht kennen.

Ein wichtiger Weg, um herauszufinden, was Eltern fühlen und was ein Kind fühlt, sind »Ich-fühle-mich-Aussagen«. Sie teilen den Kindern mit, dass Eltern »dreidimensionale« Menschen sind – mit eigenen Gedanken und Gefühlen. Wenn Kinder sich respektlos gebärden oder lügen, haben Eltern ihre eigenen Gedanken und Gefühle aufgrund eines solchen Verhaltens. Eltern können sich traurig, besorgt, wütend oder ohnmächtig fühlen – und Kinder müssen wissen, was sie bei anderen auslösen.

Wenn Eltern aufhören, ihre Kinder zu managen, und erkennen,

dass ihre Aufgabe vor allem ist, mit ihren eigenen Gedanken und Gefühle klarzukommen, kann sie dies befreien und zu neuer Durchsetzungskraft und Klarheit führen. Wenn Eltern in ihrer emotionalen Selbstwahrnehmung, in ihrem Denken und in ihrer Kommunikation Klarheit gewinnen, dann werden sie auch in ihrem Erziehungsstil deutlich klarer. Bei meinen Klienten benutze ich gerne die Metapher: Eltern müssen »auf ihrer Seite der Straße kehren«. Wenn Eltern ihr eigenes emotionales Haus in Ordnung bringen, ihren eigenen Unrat wegräumen und in einer Weise kommunizieren, die klar und fokussiert ist, können sie ihre Autorität zurückgewinnen.

So wenig, wie wir sagen können, dass die Gefühle eines Kindes richtig oder falsch sind, können wir das bei uns selber tun. Wenn ein Kind sich traurig fühlt, geängstigt, beschämt oder erregt, dann ist das schlicht *seine* Erfahrung. Wenn Eltern Klarheit über ihre eigenen Gefühle haben und sich ihrer bewusst sind, dann gibt es kein Richtig oder Falsch; es gibt schlicht nur *ihre* Gefühlserfahrung. Es ist für Eltern wichtig, Gefühlsbegriffe zu identifizieren: *wütend, traurig, besorgt* und *überwältigt*. Wenn Eltern sich klar darüber sind, was sie fühlen, werden sie klarer kommunizieren und reagieren.

Die »Ich-fühle-mich-Aussage« ist das wirkungsvollste Mittel, um sich klar mitzuteilen. Sie ist sogar für den inneren Dialog wertvoll; wenn wir unsere Gedanken und Emotionen in dieses Format bringen, müssen wir uns entschleunigen und unsere innere Landschaft sortieren. Dieses Format erlaubt uns, zu unseren Gefühlen zu stehen und Verantwortung dafür zu übernehmen. Am wichtigsten ist, dass »Ich-fühle-mich-Aussagen« das »Du« außen vor lassen. Wenn wir keine »Du-Aussagen« mehr treffen, dann lösen wir uns von Vorwürfen und nähern uns dem echten Dialog. Das geht wie folgt:

Ich fühle mich . . . . (Emotion)
Ich fühle mich so, wenn . . . . (Ereignis)
Ich fühle das, weil ich glaube . . . . (Gedanke, Glaube)
Meine Hoffnung/mein Plan/meine Frage ist . . . . . (Aktion)

Wenn Eltern auf ihrer Seite der Straße kehren und auf Vorwürfe verzichten, wird der Unrat auf der Straßenseite des Kindes sichtbar. Eltern leben Verantwortlichkeit vor. Sie lassen sich auf keine Machtkämpfe mehr ein, sondern suchen klare Dialoge und fördern die Eltern-Kind-Entflechtung.

Wir müssen aufhören, die Probleme unserer Kinder zu managen; Kinder bringen ihr Durcheinander erst in Ordnung, wenn sie merken, dass es sonst keiner tut, wenn sie erkennen, dass es um ihre eigene Verantwortung, ihr eigenes Leben geht.

Die eigenen Probleme in Ordnung zu bringen steigert übrigens das Selbstwertgefühl beträchtlich.

Ein klares Beispiel

Ich fühle mich traurig.

Ich fühle mich so, wenn du in einem respektlosen Ton mit mir sprichst.

Ich fühle mich so, weil ich überzeugt bin, dass wir respektvoll mit Menschen reden müssen, die wir lieben.

Ich hoffe, du kannst mir sagen, was du fühlst, statt in aggressivem Ton zu reden. Ich hoffe, du sagst mir, wenn ich selbst in respektlosem Ton mit dir rede.

Ein unkompliziertes Beispiel

Es macht mir Kummer, wenn ich sehe, dass du deinen Bruder ärgerst. Ich frage mich, was in dir vorgeht, wenn du dich so verhältst. Kannst du mir sagen, was du fühlst?

Ein Gesprächsbeispiel

Mutter: Es macht mich wütend und traurig, wenn ich erfahre, dass du mich darüber angelogen hast, wo du nach der Schule hingegangen bist. Kannst du mir sagen, was geschehen ist?

Tochter: Ich wollte dich ja anrufen, aber Jenny hatte plötzlich was anderes vor und hat mir Süßigkeiten gegeben, und ich musste versprechen, dass ich dich nicht anrufe.

Mutter: Und wie hast du dich dabei gefühlt?

Tochter: Nicht gut.

Mutter: Was kannst du das nächste Mal anders machen?

Tochter: Ich weiß nicht. Sie hat immer Süßigkeiten dabei, und ich musste es versprechen.

Mutter: Schatz, du bist nur für dich und deine Entscheidungen verantwortlich. Was fällt dir denn noch ein?

Tochter: Na ja, ich kann ihr sagen, dass sie nicht über mich zu bestimmen hat.

Mutter: Okay, das klingt gut. Denn es ist nun mal so im Leben, dass du die Konsequenzen zu tragen hast, wenn du lügst, und nicht Jenny.

Tochter: Ich weiß.

Eine »Ich-fühle-mich«-Aussage mit Grenzsetzung

Ich fühle mich machtlos und verwirrt.

Ich fühle mich so, wenn du im Bett bleibst und nicht zur Schule gehst und mir gegenüber respektlos bist und dann aufstehst, um deine Freunde zu treffen.

Ich fühle mich so, weil ich nicht weiß, was ich tun soll, wenn du dich abschottest.

Ich kann nicht jeden Tag kontrollieren, ob du zur Schule gehst. Aber wenn du sagst, nicht zur Schule gehen zu können, weil es dir schlecht geht, finde ich es nicht gut, dass du ständig deine Freunde anrufst oder triffst. Wir werden es dir nicht so leicht machen, einerseits nicht zur Schule zu gehen und andererseits deine Freunde zu sehen. Sich mit Freunden zu treffen bedeutet, voll am Leben teilzuhaben, wozu auch die Schule gehört.

Fragen, was die Kinder fühlen – und eine Lücke zulassen

Wenn wir unsere Kinder fragen, was sie fühlen, dann verlangen wir von ihnen, sich selbst wahrzunehmen, sich auf uns einzulassen, sich mitzuteilen und am Familienleben teilzunehmen. Natürlich wissen wir nicht, ob sie sich mitteilen werden, wodurch eine Lücke oder Leerstelle entsteht, in der sich leicht Unsicherheit breit machen kann. Wenn nun Eltern ihr Kind aus einer von ihnen als unangenehm wahrgenommenen Situation »zu retten« versuchen, wollen sie damit im Grunde nur diese Unsicherheit kontrollieren; sie greifen in den inneren Lebensbereich ihres Kindes ein und fördern Abhängigkeit statt Partizipation.

Wenn Ihr Kind in sein Zimmer geht, die Tür hinter sich zuschlägt und sich weigert, mit Ihnen zu sprechen, kann es unzählige Gründe dafür geben, warum sich Ihr Kind so verhält. Viele Eltern versuchen dann sofort, den Grund herauszufinden, und stellen Mutmaßungen an, was los ist. Ich nenne das »Auffüllen der Lücke«. Beispielsweise kann eine Mutter annehmen, ihr Kind sei wütend auf sie oder es sei von anderen schikaniert worden. Wenn Eltern nicht wirklich wissen, was ihr Kind denkt oder fühlt, und nur aufgrund einer Mutmaßung zu handeln beginnen, ist das der Versuch, die Lücke, in der sich die Unsicherheit eingenistet hat, schließen zu wollen. Wenn Eltern solche Lücken auffüllen, dann fordern sie ihr Kind nicht auf, für seinen Teil in der Eltern-Kind-Beziehung Verantwortung zu übernehmen. Stattdessen können die Eltern aber innehalten und zu dem Kind gehen und fragen, was es denkt und fühlt – dadurch können sie die innere Welt ihres Kindes besser verstehen.

Bei gegenseitiger emotionaler Akzeptanz spiegeln Eltern nur das, was sie sehen; sie arbeiten nicht unermüdlich hinter den Kulissen, um die Lücken zu schließen. So können Eltern sagen:»Ich sehe, dass du wütend bist, ich sehe, dass du deine Tür zugeschlagen hast, ich sehe, dass du dich in dein Zimmer zurückgezogen hast. Aber das sagt mir noch nicht, was du denkst oder fühlst. Ich bin hier und höre dir zu, wenn du darüber reden möchtest.« Damit belassen die Eltern das Problem im Verantwortungsbereich des Kindes. Sie lassen zu, dass eine Lücke besteht – was durchaus beunruhigend sein kann. Denn in der Regel können Eltern fabelhaft voreilige Schlüsse ziehen und glauben, sie wüssten, was los ist. Häufig verärgert dies das Kind noch mehr.

In der folgenden Szene dringt der Vater nicht in das Terrain des Kindes ein. Vielmehr respektiert er die Grenze des Kindes, doch zugleich öffnet er die Tür für ein Gespräch, indem er sich auf die emotionale Situation des Kindes einlässt und sagt:»Ich sehe dich und bin hier.« In diesem Sinne geht es um Gefühle und nicht ums Reparieren.

~~~~~~

Schließlich reagiert der Sohn auf seinen Vater und öffnet seine Zimmertür:

Sohn (antwortet auf das Angebot seines Vaters mit einer Gefühlsaussage):»Ich bin einfach wütend, weil Maxi heute so gemein zu mir war.«

Vater (nimmt das Gefühl seines Sohnes ernst, zeigt Mitgefühl und

Interesse): »Oh, das klingt nicht so gut, ist denn irgendetwas passiert?«

Sohn: »Ja, er lässt mich in der Pause einfach nicht in seiner Clique mitspielen.«

Vater (nimmt die Situation ernst und regt zur Problemlösung an): »Das tut weh. Kinder können ganz schön grausam sein. Weißt du schon, was du tun willst?«

Sohn: »Na ja, Achim und Benno spielen immer Fußball in der Pause, und vielleicht kann ich bei ihnen mitspielen.«

Vater (neugierig): »Magst du die beiden?«

Sohn: »Ja, es sind Freunde von mir.«

Vater: »Na, das klingt doch nach einer guten Lösung. Danke, dass du mir gesagt hast, wie du dich fühlst. Gibt es noch etwas?«

Sohn: »Ich muss heute Abend noch an einem großen Projekt arbeiten.«

Vater: »Okay, lass mich wissen, wenn du Hilfe brauchst.«

~~~~~~

Wenn Eltern sich emotional einstimmen, ohne rettend einzugreifen, führt es dazu, dass Gefühle geteilt werden. Wenn Eltern es vermeiden, die Lücken zwischen sich und dem Denken und Fühlen ihrer Kinder zu füllen, dann kommen Kinder ihnen sogar entgegen und füllen sie selbst.

In vielen meiner Workshops habe ich beobachtet, wie unangenehm den Eltern diese Lücke ist, von der ich gerade spreche. Sie wollen ständig eine Brücke hinüber in das Terrain des Kindes bauen, damit sich das Kind nicht so alleine, traurig, wütend oder verwirrt fühlt. Sie glauben, dass das Belassen einer Lücke eine Art Vernachlässigung darstellt. Zwar kann es beunruhigend sein, in der Eltern-

Kind-Beziehung etwas Neues auszuprobieren, aber diese Lücke schafft Raum für die Entwicklung von etwas Neuem: einen verletzlichen Raum.

Hier ein Beispiel: Meine ältere Tochter musste eine Silvesterparty verlassen, weil ihre jüngere Schwester krank war. Auf der Heimfahrt führte sich meine ältere, aber erst acht Jahre alte Tochter wie ein verzweifelter Teenager auf und warf ihrem Vater vor, er zerstöre ihr Leben. Mein Mann spielte alle möglichen Szenarien in seinem Kopf durch. Zuerst wollte er ihren Kummer besänftigen, indem er zurückfuhr – obwohl unsere jüngere Tochter im Auto ohnmächtig geworden war. Dann wollte er zurückschreien, um sie zum Schweigen zu bringen, denn ihr Gekreisch ging ihm auf die Nerven. Dann wollte er mit ihr darüber verhandeln, was wir ihr anbieten könnten, wenn sie sich beruhigen würde. Schließlich tat er, was wir immer zu tun versuchen, nämlich die Gefühle der Kinder ernst nehmen. Er sagte: »Ich merke, wie traurig und frustriert und wütend du dich fühlst.« Da sich mein Mann nicht hineinziehen ließ, blieb die gesamte Emotion bei ihr. Das hinterließ eine Lücke. Es besserte nichts – manchmal werden Kinder eben krank und man muss umplanen. Doch am nächsten Morgen überbrückte unsere Tochter die Lücke selbst; sie kam zu meinem Mann und entschuldigte sich für ihr Benehmen, und sie entschuldigte sich auch bei ihrer Schwester.

Nach meiner Erfahrung werden Lücken oft dadurch gefüllt, dass die Kinder uns entgegenkommen und mehr von sich mitteilen – und das bereichert natürlich die Eltern-Kind-Beziehung. Das geschieht vielleicht nicht über Nacht, und die Eltern müssen eine Weile mit der Unsicherheit leben, die diese Lücke, die sie nicht spontan ausfüllen können, in ihrem Leben ausmacht, aber die Dynamik kann sich verändern. Statt dass die Eltern das Kind verfolgen und das Kind sich distanziert, können beide in gleichem Maße an der Beziehung teilhaben und in sie investieren.

Das ist echte Vertrautheit und Nähe in der Eltern-Kind-Beziehung.

Eltern haben eine Wahl: Will ich mit meinem Kind eine Beziehung haben, in der ich repariere und rette, oder eine, in der wir uns mitteilen?

Belassen der Emotionen auf beiden Seiten und entsprechende Gefühlsaussagen sind ein wichtiger Weg für Kinder, ihre Emotionen zu verarbeiten und zu regulieren und Stress zu tolerieren – alles entscheidende Zutaten für Mokassins.

Aufgabe: Schreiben Sie in Ihr Tagebuch

1) Was müssen Sie tun, um Ihr Kind und seine Probleme vollständiger akzeptieren zu können?

2) Was hindert Sie daran, Ihre gegenwärtigen Gefühle/Ihre gegenwärtige Situation zu akzeptieren?

3) Was passiert, wenn Sie mit dem Schmerz und der Angst, die Ihrem Verhalten zugrunde liegen, in Berührung kommen?

4) Können Sie sich von Hoffnungen und Ängsten loslösen und den gegenwärtigen Entwicklungsstand Ihres Kindes akzeptieren?

5) Können Sie mit Gefühlsaussagen (»Ich fühle mich ...«) kommunizieren?

2

Natur
Ursache und Wirkung von Verhaltensweisen

Kapitel 4

Dem Verhalten unserer Kinder einen Spiegel vorhalten

Wenn wir hinfallen, tut uns der harte Boden weh;
aber wir brauchen ihn gleichzeitig,
um wieder aufstehen zu können.

Kathleen McDonald, How to Meditate

Man erkennt das Auslegen von Leder häufig daran, dass Eltern krampfhaft bemüht sind, »den Tag zu überstehen«, statt ihren Kindern die notwendigen Grenzen zu setzen, an denen sie sich abarbeiten können, um Fertigkeiten für die Zukunft zu entwickeln. Ich habe in meiner Arbeit vor allem mit Eltern von Teenagern zu tun, und viele dieser Kinder sind bereits achtzehn. Sie wirken aber emotional viel jünger, als ihr Alter vermuten ließe, weil ihre Eltern sich permanent darum kümmern, sie durch die Schule zu lotsen, durch die Freizeit, durch die Ferien und so weiter. Die Eltern übernehmen alles, was »Mühe« macht, und das führt dazu, dass sie ihre Kinder an der Übernahme von Verantwortung und am Reifungsprozess hindern.

Warum strengen sich Eltern so an? Dass wir unseren Kindern eher ungern Grenzen auferlegen und diese durchsetzen, liegt daran, dass wir sie nicht verärgern wollen. Viele Eltern glauben, es sei ihre Hauptaufgabe, ihre Kinder zu trösten und aufzumuntern, und ringen dafür mit Überlegungen wie: »Wie kann ich mein Kind für sein ungezogenes Betragen bestrafen, wenn es vielleicht weint oder wütend wird – bin ich nicht auch dazu da, es zu beruhigen?«< Dann pendeln viele Eltern zwischen Strenge und Nachgeben hin und her, setzen Grenzen, um sie dann wieder zurückzunehmen und ihr Kind zu besänftigen. Diese Uneindeutigkeit ist für das Herstellen eigener Mokassins überaus schädlich, weil die Kinder davor bewahrt werden, sich gefühlsmäßig zu erfahren, und davor, Konsequenzen zu erfahren. Konsequenzen – ob natürlich oder folgerichtig – wirken auf unsere Kinder wie ein Spiegel und sind ein guter Freund der Eltern.

In zahlreichen Büchern und Reden spricht der Dalai-Lama über Selbstdisziplin. Er sagt, Disziplin sei immer nur Selbstdisziplin. Wenn die Disziplin von außen herangetragen wird, handelt es sich um Herrschaft. Natürlich werden Kinder nicht mit Selbstdisziplin geboren – man muss sie lernen. Der Dalai-Lama legt in *Advice on Dying* [»Der Weg zum sinnvollen Leben. Das Buch vom Leben und Sterben«] dar, dass Selbstdisziplin nur entsteht, wenn wir Konsequenzen erwarten oder erfahren. Konsequenzen sind in Wirklichkeit Geschenke, die unser Verhalten steuern und leiten. Als Beispiel erzählt er von einer Magen-Darm-Grippe. Obgleich er gern scharfes und saures Essen isst, musste er während der Krankheit darauf verzichten, um seinen Magen zu schonen. Er verhielt sich also diszipliniert. Diese Art natürlicher Konsequenz gab ein sofortiges Feedback über seine Nahrungswahl. Der buddhistische Meditationsmeister Chögyam Trungpa Rinpoche schreibt in *Smile at Fear* [Über die Furcht lächeln], dass die Welt uns ein ständiges Feedback gibt; jede Wahl, die wir treffen, positiv oder negativ, löst ein korrespondierendes Feedback über unser Tun oder Nichttun aus. Wir können sicher sein, dass wir immer eine Reaktion der Welt erhalten.

Wenn man die Hausaufgaben nicht macht, schafft man vielleicht die Klasse nicht. Wenn wir nicht zur Arbeit gehen, können wir unseren Job verlieren. Wenn man mit seinem Lebenspartner schlecht umgeht, wird er oder sie vielleicht die Beziehung beenden. Wir alle haben tagtäglich Wahlmöglichkeiten, und die natürlichen Konsequenzen beeinflussen unsere Entscheidungen. Es gibt immer Ursache und Wirkung, es gibt immer diesen Spiegel unserer Handlungen. Das Gleiche gilt für positive Entscheidungen: Wenn ich hart arbeite, komme ich vielleicht in meiner Karriere voran; wenn ich in der Schule hart arbeite, lerne ich etwas und bekommen vielleicht gute Noten; wenn ich meine Partnerin oder meinen Partner gut behandle, führe ich vielleicht eine glückliche Ehe. Natürlich führen gute Entscheidungen nicht automatisch zum Glück, dazu ist das Leben zu unvorhersehbar, aber Achtsamkeit gegenüber positiven und negativen Konsequenzen hilft uns, in unserem Leben erfolgreicher zurechtzukommen.

Darauf – auf Ursache und Wirkung – können Eltern bauen, denn es bedeutet, dass wir nicht eingreifen und lenken müssen. Wir können den natürlichen Lauf der Dinge geschehen lassen. Wenn Ihr Kind zum Beispiel sein Pausenbrot vergisst, wird es hungrig bleiben; wenn es seine Mütze und Handschuhe vergisst, wird es frieren; wenn Ihr Kind ein Loch in seine Zimmertür tritt, dann wird dieses Loch da sein und Ihr Kind an seinen Wutausbruch erinnern. Keine dieser Konsequenzen birgt Gefahren, also brauchen wir keine neuen Schichten von Negativität darauf zu packen oder uns um eine Lösung zu bemühen. Doch wie viele Eltern geben sich alle Mühe, dass ihre Kinder solche Konsequenzen nicht spüren müssen, und sind zugleich frustriert, weil ihre Kinder sich nicht verantwortungsvoll verhalten.

Wir haben alle die Fähigkeit, uns aufgrund der natürlichen Konsequenzen unserer Entscheidungen selbst zu regulieren. In der Erwachsenenwelt scheinen an jeder Ecke natürliche Konsequenzen zu lauern. Wenn man vergisst, die Parkuhr zu füttern, gibt es wahrscheinlich einen Strafzettel; wenn man seine Rechnungen zu spät stellt, wird man erst spät bezahlt; wenn man nicht genug Lebensmittel einkauft, gibt es vielleicht nichts zum Abendessen – Erwachsene werden ständig an die Konsequenzen ihres Tuns oder Nichttuns erinnert. Doch wenn Kinder häusliche Pflichten nicht erledigen, ihre Eltern anschreien, endlos Videospiele spielen oder ihre Schulaufgaben nicht machen, zieht das nicht unbedingt bemerkbare, wenn man so will, »natürliche« Konsequenzen nach sich. Gleichwohl glaube ich, dass solches Verhalten dennoch – wenn auch nicht sogleich offenkundig – Konsequenzen zur Folge hat: Zum Beispiel leidet die Selbstachtung eines Kindes, wenn es mit seinen Eltern unangemessen umgeht; ein Kind spürt, dass es nicht genug zum Familienleben beiträgt, wenn es seinen Haushaltspflichten nicht nachkommt, und es wird in der Schule zurückfallen, wenn es seine Hausaufgaben schleifen lässt.

Doch da diese natürlichen unterschwelligen Konsequenzen eher implizit als explizit sind, müssen Eltern dem Kind einen Spiegel vorhalten und eine zusätzliche vorab verabredete, also gewissermaßen *folgerichtige* Konsequenz für das Kind setzen.

Kürzlich habe ich im Radio einen Bericht über ein Gewichtsabnahmeprogramm gehört, das eine Firma ihren Angestellten als Teil eines Gesundheitsplans anbot. Eine Gruppe, die daran teilnahm, verpflichtete sich, jeden Tag einen Fitnesskurs zu besuchen. Jede Woche trafen sich die Mitglieder der Gruppe, um sich gegenseitig zu motivieren und zu überprüfen, wie weit sie ihrem Ziel näher kamen. Die Gruppenmitglieder einigten sich darauf, eine Sanktion einzuführen, um die Mitglieder bei der Stange zu halten – und sie entschieden sich für eine folgerichtige, man könnte auch sagen, logische Konsequenz. Es wurde eine Teilnahmeliste verabredet – und wenn ein Mitglied bei einer Fitnesseinheit fehlte, musste er oder sie beim nächsten Gruppentreffen in Badehose oder Badeanzug erscheinen. Wie man sich vorstellen kann, verpasste niemand eine Fitnessstunde, und die Gruppe hatte Erfolg.

Wenn wir uns Konsequenzen vergegenwärtigen, erhöht dies die Wahrscheinlichkeit, dass wir eine Aufgabe zu Ende führen. Damit Kinder Selbstdisziplin entwickeln, müssen sie für das, was sie tun oder nicht tun, natürliche Konsequenzen erfahren – es darf keine demütigende Strafe sein, sondern es genügt der Verlust eines Privilegs. Kinder müssen etwas zu verlieren haben – einen Einsatz im

Spiel –, damit sie erkennen, dass ihr Verhalten real ist und reale Konsequenzen hat. Zum Beispiel muss das Kind eine Party vorzeitig verlassen, weil es ein anderes Kind absichtlich geschubst hat; eine abendliche Unternehmung wird gestrichen, weil es zu spät nach Hause gekommen ist; es gibt Computerverbot für ellenlanges Computerspiel; oder die mütterliche Zuwendung wird wegen respektlosen Verhaltens kurzfristig entzogen. Wir können nach wie vor mit ihnen fühlen, aber wir können ihnen Konsequenzen nicht ersparen, weil unsere Kinder sonst nie die wertvolle Fähigkeit der Selbstregulierung erlernen. Wir tun den Kindern keinerlei Gefallen, wenn wir Konsequenzen zurücknehmen oder abschwächen.

Der Spiegel, den wir Kindern mit unserem konsequenten Handeln entgegenhalten, ermöglicht ihnen, zu erkennen, was sie tun – das hilft ihnen, sich Mokassins herzustellen.

Viele Eltern halten es für »gemein«, eine logisch zwingende Sanktion zu verhängen, weil Kinder sich aufregen, wenn sie ein Privileg verlieren. Zudem versuchen viele Eltern, andere natürliche Konsequenzen im Leben ihres Kindes zu minimieren: sie bitten die Lehrerin, eine schlechte Note nach oben zu korrigieren; sie überreden den Trainer, ihr Kind öfter bei Wettkämpfen einzusetzen; sie bezahlen enorme Handyrechnungen für ihr Kind oder engagieren einen teuren Rechtsanwalt, wenn ihr Kind mit dem Gesetz in Konflikt gerät. Eltern geben sich die größte Mühe, die Probleme ihrer Kinder zu entschärfen. All diese Reaktionen sind vielleicht verständlich, aber wenn wir das Leben als eine Wanderung über einen steinigen Pfad ansehen, dann hilft das Wegräumen eines Steins nichts, um ein Kind auf den größeren Felsen vorzubereiten, der hinter der Kurve liegt. Bevor Kinder überhaupt mit dem Gesetz in Konflikt kommen, ist es besser, dass sie sich im sicheren Zuhause an selbst geschaffenen Konsequenzen abarbeiten.

Man sollte für kleine Konflikte dankbar sein

Kleine, begrenzte Konflikte sind etwas Gutes. Wenn auch für die Eltern unangenehm, sind Konflikte um Haushaltsarbeit, Zimmeraufräumen oder andere Aufgaben genau das, woran unsere Kinder lernen können, sich Mokassins herzustellen. Dies ist der fruchtbare Boden, auf dem Fähigkeiten wachsen können. Ich würde es jederzeit vorziehen, dass meine Töchter täglich zu Hause ihre kleinen Kämpfe haben und Haushaltspflichten, Hausaufgaben und respektvolle Kommunikation erlernen, statt außerhalb von zu Hause erwachsenere Kämpfe zu bestehen, für die ihnen noch das Werkzeug fehlt. Eltern können all diese kleinen Kämpfe und Konflikte positiv sehen und sogar dankbar dafür sein. Wenn Ihr Kind zum Beispiel in der vierten Klasse einmal erfährt, was Ablehnung bedeutet, kann das auch ein großer Segen sein. Doch viele Eltern schalten sofort auf Angriff, wenn ihr Kind irgendeine negative Erfahrung in der Schule macht.

Wenn Eltern erkennen, dass das Zuhause ein fruchtbarer Boden ist, wo täglich unendlich viele Dinge gelernt werden können – in Bezug auf Entscheidungen, Verhaltensweisen, Konsequenzen und das Durchstehen unangenehmer Situationen –, dann bedarf es auch keines negativen Tons mehr, um das Verhalten der Kinder zu kritisieren. Wenn Eltern ihrem Kind sagen, es solle aufhören, sein jüngeres Geschwister zu drangsalieren, muss das nicht im Ton von »Ich bin so enttäuscht von dir!« geschehen. Wenn wir unsere Kinder beschämen und sie ausschimpfen, errichten sie nur eine Mauer um sich herum und verpassen höchstwahrscheinlich die Lehre aus der Konsequenz. Wenn wir stattdessen sagen: »Es macht mich traurig, wenn du in einem so drohenden Ton sprichst«, oder: »Es macht mir Kummer, wenn du deinen Bruder schubst«, dann kommunizieren wir auf eine Art und Weise, die das Kind darüber informiert, welche Wirkung sein Verhalten auf andere hat. Danach können Eltern eine folgerichtige Sanktion verhängen.

Dieses Feedback, das durch Gefühlsaussagen (»Ich fühle mich . . «) und folgerichtige Konsequenzen kommuniziert wird, ist darauf gerichtet, das Verhalten des Kindes zu verändern – statt ein Kind als »gut« oder »böse« zu etikettieren. Man muss zwischen Person und Verhalten unterscheiden. Kinder können ihr Verhalten immer verändern und anpassen, wenn sie in den Spiegel schauen oder eine Konsequenz erfahren. Merken wir uns: Konsequenzen und Konflikte sind gut; dies ist der Prozess, der zur Herstellung von Mokassins führt.

Julia

Obgleich Julia gerade fünfzehn geworden war, glich ihr Reifegrad eher einer Zwölfjährigen. Sie war hübsch und beliebt, jedoch in allen Lebensfeldern extrem gehemmt, außer was die Wahl ihrer Kleidung betraf. Sie sah in jeder Art von Kleidung oder Mode gut aus, und da sie wusste, welche Knöpfe sie bei ihren Eltern drücken musste, bekam sie neue Kleider, wann immer sie wollte. Doch bei näherem Hinsehen konnte Julia nur wenig selbstständig tun.

Sie hatte zwei jüngere Zwillingsbrüder und es bedrückte ihre Mutter ständig, dass sich Julia damals so abrupt auf die beiden neuen Babys in der Familie hatte einstellen müssen. Dreieinhalb Jahre war Julia Einzelkind gewesen mit einer sehr engen Beziehung zu ihrer Mutter. Als die Zwillinge zur Welt kamen, legte sich ihre Mutter krumm, damit sich Julias Leben nicht allzu sehr änderte und sie immer noch genug Zeit alleine miteinander hatten. Wie man sich vorstellen kann, war Julias Mutter Anne irgendwann am Ende ihrer Kräfte. Annes Mann war beruflich erfolgreich, sodass die Familie über genügend finanzielle Mittel verfügte; als Anne die Lücke in Julias Leben nicht mehr mit ihrer Zuwendung ausfüllen konnte, füllte sie sie mit Geschenken.

Jedes Mal, wenn es ein Problem in Julias Leben gab, strengte sich

Anne an, sie wieder aufzuheitern, das Problem zu lösen oder sie von ihrem Kampf zu befreien. Tatsächlich wurde dies die Grundlage ihrer Bindung, das Drehbuch und die Schablone für ihre Mutter-Kind-Beziehung. Julia trug nie Verantwortung für ihre eigenen Probleme und Emotionen, weil diese in die Zuständigkeit ihrer Mutter fielen. Wenig überraschend beschwerte sich Julia bei ihrer Mutter, sobald etwas schieflief, und wurde sogar wütend auf sie. Was bedeutete, dass Julia ihre Mutter häufig respektlos behandelte, frech wurde, mit den Augen rollte, wenn sie etwas nicht bekam, sie anschrie – und die Mutter ihrerseits sich immer noch mehr bemühte, alles für Julia zu richten.

Julia liebte ihre Brüder etwa 20 Prozent am Tag abgöttisch, aber die restliche Zeit fühlte sie sich von ihnen belästigt und verhielt sich ihnen gegenüber kalt. Sie gab ihnen die Schuld, wenn sie sich unglücklich und frustriert fühlte, sodass in der Familie eine ständige Spannung herrschte. Doch Anne legte sich weiter ins Zeug, um möglichst keine Missstimmungen aufkommen zu lassen. Um Julia bei Laune zu halten, verlangte Anne von ihr kaum Mitarbeit im Haushalt und stellte sogar eine Nachhilfelehrerin an, die ihr allabendlich bei den Hausaufgaben half – Anne machte sich Sorgen wegen der weiterführenden Schule und wollte, dass Julia eine gute Lerndisziplin erwarb.

In der achten Klasse besaß Julia nur wenige Stärken, auf die sie setzen konnte. Sie hatte immer Fußball gespielt, aber eher nur halbherzig; es war mehr ein soziales Ventil als echtes Interesse. Sie konnte ihren Zweier-Notenschnitt aufrechterhalten, aber sie las lieber SMS-Botschaften als Bücher. In fast allen Lebensbereichen fehlte es ihr an zielgerichteter Energie. Ihre Eltern richteten für sie immer noch das Essen, wenn sie abends ausgingen, organisierten ihren Tagesplan, putzten ihr Zimmer und unternahmen alles, um Julias Leben so angenehm wie möglich zu machen. Und trotzdem hatten sie eine reizbare, launische junge Dame am Hals.

Als Julia in die neunte Klasse kam, schottete sie sich noch mehr vor ihren Eltern ab. Sie sprach nur mit ihnen, wenn sie etwas wollte, und die Eltern schätzten diesen schmalen Verbindungskorridor zu ihr – was zu einer übertriebenen Nachgiebigkeit in materiellen Dingen führte. Julia begann sich immer erwachsener zu kleiden und erregte die Aufmerksamkeit älterer Jungen. Schließlich ging sie mit einem Elftklässler namens Chris eine Beziehung ein, was sie aber geheim hielt. Ihre Eltern machten sich weiterhin Sorgen wegen der Schule und der Noten und gönnten Julia immer mehr private Freiheiten, wenn sie dafür ihre Hausaufgaben erledigte. Chris unterdessen verhielt sich nicht besonders nett zu Julia, mal behandelte er sie schlecht, mal wie eine Prinzessin.

Da Julia emotional noch ganz unreif war, ließ sie sich zwar auf keinen regelrechten Geschlechtsverkehr ein, aber sie war bereit, andere Dinge mit Chris auszuprobieren. Er überredete sie, für anzügliche Fotos zu posieren, und brachte ihr Oralsex bei. Obgleich sie sich mit ihrer Sexualität unbehaglich fühlte, berauschte es sie, Risiken einzugehen. Ihr Selbstwertgefühl wurde weder in noch außerhalb der Schule gestärkt, und so wurde sie nach Chris' Wertschätzung und Aufmerksamkeit geradezu süchtig. Hinzu kam, dass Julia gerne Geheimnisse vor ihrer Mutter hatte; das gab ihr das Gefühl, etwas für sich zu haben, denn über alles andere wachte ihre Mutter. Ihre neu gefundene Unabhängigkeit war wie ein süßes Gift.

Als sie sich jedoch weiterhin gegen Geschlechtsverkehr wehrte, wendete sich Chris einem Mädchen in seinem eigenen Alter zu. Julia hatte keinerlei Mittel, um mit dieser Zurückweisung fertig zu werden, und versank in eine tiefe Depression. Sie hatte sich immer darauf verlassen, dass ihre Mutter sie auffing und ihre Emotionen kanalisierte, aber jetzt wusste sie nicht, wie sie ihrer Mutter von allem erzählen sollte. Sie weigerte sich eine Woche lang, das Bett zu verlassen, und hatte sogar Selbstmordgedanken.

Schließlich kam Julia in meine Praxis. Als ich ihre Eltern nach Mustern und Dynamiken im Familiensystem fragte, meinte Anne, Julia sei als erstes Kind ihr Versuchskaninchen gewesen. Sie hätten nie gewusst, wann das »richtige« Alter sei, um sie Dinge selbstständig tun zu lassen. Sie wussten, dass Hausaufgaben wichtig waren, aber sie glaubten, es sei Aufgabe der Eltern, ihrer Tochter zu helfen und ihre Probleme zu lösen. Auf die Frage nach Regeln und Grenzen gestand Anne, dass die Regeln in ständigem Fluss seien, je nach Situation. Es wurde offenbar, dass Julia über keinerlei Selbstmanagementfähigkeiten verfügte und nicht nur emotional unreif war, sondern auch zutiefst abhängig von ihrer Mutter, sowohl emotional wie in sonstiger Hinsicht.

Ohne Mokassins hatte sie sich an den Füßen böse Schnittwunden zugezogen. Als sie außerhalb ihrer Familie mit erwachseneren Problemen konfrontiert wurde – Liebesbeziehung und Sexualität –, verfügte Julia über keine Mittel, sie zu meistern, da sie zu Hause in der Familie keine entsprechenden Fähigkeiten oder Werkzeuge entwickelt hatte.

Erziehung, Regeln und Grenzen

In den vielen Jahren meiner Arbeit als Therapeutin für Jugendliche und Adoleszente und als Coach für Eltern habe ich immer nachgefragt, ob es in den Familiensystemen meiner Klienten Grenzen und Regeln gibt. Obgleich die meisten Familien beteuerten, sie hätten Regeln, interessierte mich vor allem, ob ein »Nein« tatsächlich »Nein« bedeutete oder lediglich ein »Nein, vielleicht«. Ich sollte an dieser Stelle festhalten, dass kaum je ein Kind zu mir in die Therapie kam, das gesunde Regeln und Grenzen kannte, innerhalb deren es sich behaupten musste.

Meine persönlichen Erfahrungen über die Jahre lassen sich in vier Gruppen unterteilen: (1) Eltern, die Regeln und Grenzen von einem Augenblick zum anderen aufstellten, sodass sich das Kind mühelos herausargumentieren konnte; (2) Eltern, die Grenzen sinnlos fanden, weil ihre Kinder von Konsequenzen bzw. Sanktionen unbeeindruckt waren – zum Beispiel wollten sie in ihrem Zimmer bleiben, und es machte ihnen nichts aus, nicht nach draußen zu dürfen; (3) Eltern, die keine Regeln mehr aufstellten, weil ihre Kinder zu trotzig reagierten; (4) Eltern, die schlicht so bedürftig und emotional von ihren Kindern abhängig waren, dass sie alle Regeln fallen ließen. Natürlich traf ich gelegentlich auch einmal ein Kind in einer seltenen fünften Kategorie: eines mit starken funktionalen Fähigkeiten, das im Organisieren und in der Selbstfürsorge überkompetent war. Ich entdeckte, dass dies hochkompetente Kinder waren, die familiär eher vernachlässigt wurden; sie hatten erkannt, dass sie, wenn sie etwas erledigt haben wollten, es selber tun mussten. Doch grob geschätzt würde ich sagen, dass 90 bis 95 Prozent der Kinder, die ich in therapeutischen Programmen erlebte, Eltern hatten, die kaum oder wenig Grenzen setzten; das heißt, sie achteten nicht auf die Einhaltung von Regeln und zogen ihre Kinder nicht zur Verantwortung.

Die Soziologin Margaret Nelson hat sich in ihrem Buch *Parenting out of Control* [Erziehung außer Kontrolle] mit diesem Thema beschäftigt. Sie konnte in ihrer Forschung zwei stark voneinander unterschiedene Gruppen ausmachen: Eltern, die Grenzen setzen, und Eltern, die keine Grenzen setzen. Interessanterweise korrespondiert solches Verhalten mit Bildungs- und Klassenunterschieden. Sie teilt Eltern nicht nur nach Einkommen ein, sondern auch nach ihrer sozialen Schicht, wozu materielle, bildungsspezifische und kulturelle Elemente zählen. Die Eltern, die Akademiker sind, haben im Großen und Ganzen die »Erziehung außer Kontrolle« für sich übernommen. Nelson schreibt:

Eltern, die Akademiker sind, wollen ihre Kinder einerseits davor behüten, zu schnell erwachsen zu werden, und andererseits wollen sie sie in frühem Alter zu Höchstleistungen bringen. Letzteres führt oft dazu, dass die Kinder als Gleichaltrige behandelt werden, die in der Lage sind, eigene Entscheidungen zu treffen; Ersteres dagegen führt häufig zu überfürsorglichem Verhalten.

Eltern aus der Arbeiter- und unteren Mittelschicht gehören zur Kategorie »Eltern, die Grenzen setzen«. Nelson stellt fest, dass es diesen Eltern »eher um Fähigkeiten geht, die Selbstständigkeit gewährleisten sollen, als um Leidenschaft und Spaß«. Manche der Grenzen, die von diesen Eltern gesetzt werden, sind rein finanziell; andere haben damit zu tun, dass die Eltern in ihrem eigenen Leben selbst viele Begrenzungen erfahren haben.

Eltern aus der gehobenen Mittel- und Oberschicht empfinden weniger Grenzen im Leben – daher gibt es auch weniger Grenzen in der Erziehung. Das liegt nicht allein an ihrem höheren Einkommen, sondern an ihrer Bildung, die ihnen vielleicht vermittelt hat, dass alles möglich ist. Zwar ist das Gefühl unbegrenzter Möglichkeiten eine wundervolle Sache, aber es kann dazu führen, dass Grenzen und Regeln übersprungen und Konflikte mit den Kindern vermieden werden. Das löst den Zusammenhang von Ursache und Wirkung auf und steht der Entwicklung innerer Organisation und innerer Ressourcen bei jungen Menschen im Weg.

Es sollte hier auch festgestellt werden, dass die Mehrheit der Eltern aus der gehobenen Mittelschicht deutlich andere Erziehungsmethoden anwendet als ihre eigenen Eltern, die klare Grenzen setzten. Das Pendel hat sich vom eher autoritären Erziehungsstil der vorangegangenen Generation zur gegenwärtigen »kindzentrierten« Erziehung hinbewegt, zu den nichttraditionellen Erziehungsmethoden von heute. Die Hauptmerkmale dieses Trends sind eine übergroße Fokussierung auf das Kindesglück (im Gegensatz zu emotionaler Gesundheit), emotionale und materielle Nachgiebigkeit, schul- und freizeitorientierte Erfolge, um das Selbstbewusstsein der Kinder zu stärken, sowie verhandelbare Regeln und elterliches Überbehüten, was die Kinder weniger unabhängig und weniger resilient macht.

Interessanterweise aber erreichen viele Eltern aus der gehobenen Mittelschicht Kontrolle über ihre Kinder nicht durch klare, sanktionsbewehrte Grenzen, sondern durch Überwachung. *Überwachung* heißt nicht nur die Beaufsichtigung des Kindes zu Hause, sondern auch durch die neuen Technologien – durch SMS, Handys, Facebook, GPS-Lokalisierung des Kindes mittels seines Handys – und sogar durch Hinterherspionieren. Diese Eltern scheuen Grenzen und Regeln, weil sie glauben, auf diese Weise eine größere Bindung und Nähe zu ihren Kindern herstellen zu können, um dann durch überfürsorgliches Verhalten Kontrolle über sie zu gewinnen.

Die Psychologieprofessorin Barbara Hofer am Middlebury College in Vermont nennt dies »die elektronische Fußfessel«. Was zunächst als Kuriosität begann – immer mehr junge Leute liefen mit Handys in der Schule herum und telefonierten mit ihren Eltern –, entwickelte sich zu einem interessanten Forschungsgebiet, das aufzeigte, dass sich die Anteilnahme der Eltern am Schulleben ihrer Kinder dramatisch verändert hatte. Eine gründliche Studie unter Studierenden ergab, dass Eltern und Kinder im Durchschnitt 13,4-Mal pro Woche miteinander kommunizierten (per Telefon, SMS, E-Mail etc.). Dieses Ergebnis zeigt eine gewaltige Veränderung – von dem obligatorischen wöchentlichen Anruf, den vergangene Studentengenerationen mit ihrer Familie zu absolvieren hatten, hin zur elektronischen Fußfessel, die Hofer in unseren Tagen konstatiert. Ebenso auffallend ist die damit einhergehende emotionale Unreife der Achtzehn- bis Zweiundzwanzigjährigen. Hofer schreibt in ihrem Buch *The iConnected Parent:*

Auf der Grundlage unserer extensiven Studien mit Studenten aus Middlebury und Michigan lautet das Fazit, dass Studenten, die am häufigsten Kontakt zu ihren Eltern haben, weniger selbstständig sind als andere Studenten. Die psychologischen Richtwerte für Unabhängigkeit, die früher für dieses Alter typisch waren, werden – nach den psychologischen Standardtests, die in dieser Studie angewendet wurden – von ihnen am wenigsten erreicht.

Ob Kinder nun auf der Schule mit mentalen Störungen zu kämpfen haben oder einen eher »normalen« Weg zum Studium gehen: Wenn

Eltern sich zu sehr einmischen und überfürsorglich behüten, behindert dies den Individuations- und Reifungsprozess ihres Kindes. Diese »Nähe« geht auf Kosten des Kindes.

Die Seiten wurden gewechselt

Als ich als Wildnistherapeutin mit Anfang zwanzig zu arbeiten begann, fielen mir diese überfürsorglichen und heiklen Eltern-Kind-Dynamiken auf, die ich ebenso verstörend wie seltsam fand. Während ich aufwuchs, wollte ich meine Eltern immer erfreuen und positiv beeindrucken, das will ich selbst heute noch – ohne natürlich meine Unabhängigkeit dadurch aufzugeben. Häufig habe ich im therapeutischen Rahmen aber *das Gegenteil* beobachtet: Eltern, die ihre Kinder beeindrucken und erfreuen wollten. Statt dass ein Kind sich vor einem wütenden Elternteil fürchtete oder Angst hatte, eine Regel zu brechen oder das Vertrauen seiner Eltern zu verlieren, fürchteten sich vielmehr die Eltern vor ihren Kindern. Sie hatten Angst, ihre Kinder zu verärgern, wenn sie nicht genau das taten, was diese wünschten.

Zunächst dachte ich, das sei nur ein kleiner Teil der Gesamtbevölkerung. Und ich dachte, ich hätte den Grund dafür gefunden, warum das Kind in der Wildnistherapie gelandet war und seine Eltern nicht mehr weiterwussten. Doch als ich selbst Mutter wurde, entdeckte ich dieses Muster überall, insbesondere in der sozioökonomischen Schicht, der ich selbst angehöre: der akademischen Mittelschicht. Mir fiel auch auf, dass ein Wandel in der Mentalität der jüngeren Jugendbetreuer stattfand. Manche von ihnen identifizierten sich stark damit, wie fordernd die Kinder in den Programmen auftraten. Ein Betreuer sagte zu mir: »Ich gab meinen Eltern für alles die Schuld. Sie hatten mich zur Welt gebracht, jetzt sollten sie auch meine Probleme lösen.«

An einem bestimmten Punkt haben sich in der Erziehung die

Prämissen geändert. Früher waren Kinder den Eltern dankbar dafür, dass sie ihnen das Leben geschenkt hatten (worin natürlich einige Vorbehalte mitschwangen), heute machen sie ihnen Vorwürfe für alles, was ihnen im Leben an Unangenehmem widerfährt. Inzwischen schleudern manche Kinder Wut und Enttäuschungen ihren Eltern direkt ins Gesicht, und meistens werden die Eltern dann aktiv. Ich glaube, die Frage, die wir stellen müssen, lautet:»Um wessen Leben geht es?« Wer ist verantwortlich für das Missbehagen des Kindes – die Eltern oder das Kind?

Vermischte Grenzen

Verstrickungen oder verschmolzene Eltern-Kind-Grenzen, wie wir sie bei Julia und Anne gesehen haben, sind ein Phänomen, dem wir heute sowohl in der Therapie als auch in normalen Lebensumgebungen begegnen. Wenn Kinder das Gefühl haben, dass ihr Ich mit ihren Eltern verschmolzen ist, dann spüren sie ihre eigenen Erfolge und Misserfolge nicht. Eigenes Versagen wird abgeschwächt oder entschärft, und Erfolge werden gelenkt. Der daraus resultierende Mangel an Unabhängigkeit der Kinder legt sich schwer auf ihr entstehendes Selbstbewusstsein. Es kann für Kinder bequem sein, den Eltern Vorwürfe zu machen, wenn sie wütend oder traurig sind; doch wenn der Job der Eltern nur noch darin besteht, negative Gefühle zu beseitigen, bekommt das Kind das Gefühl, sein Leben nicht mehr selbst bestimmen zu können.

Ich gebe Eltern oft das folgende Beispiel: Wenn Ihr Kind einen Weg entlanggeht und stolpert, haben Sie vielleicht das Gefühl, es sei Ihre Verantwortung als Eltern, ihm wieder aufzuhelfen, aber dies fördert ein Gefühl der Hilflosigkeit im Kind, das darauf warten muss, dass ihm aufgeholfen wird. In dieser Dynamik empfindet das Kind den Sturz nicht als seinen Fehler und das Aufstehen nicht als seine eigene Verantwortung. Dieses Kind hat nicht das Gefühl, sein Leben selbst zu bestimmen. Es ist kein Wunder, dass ein Kind in einer verschmolzenen Beziehung eher Depression und Angst erfährt, die mit dem Mangel an Tüchtigkeit und Selbstständigkeit einhergehen. Doch wie viele Eltern eilen überbesorgt ihrem gestolperten Kind zu Hilfe? Wenn ein Kind sich für sein eigenes Leben verantwortlich fühlt, dann muss es sich vielleicht etwas mehr anstrengen, auf Stolpersteine zu achten, die auf seinem Lebensweg herumliegen, aber wenn es fällt, kann es sogleich wieder aufstehen. Das fördert Autonomie, Selbststeuerung, Problemlösungskompetenz und ein Gefühl der Unabhängigkeit.

Bei einer Erziehung, die keine Grenzen zieht, fehlt das »Ich«-Gefühl des Kindes. Grenzen und Regeln ermöglichen es Kindern, zu spüren, dass ihr Leben ihnen gehört – das gibt ihnen Stärke. Wenn Kinder für ihre Erfolge oder für ihr Versagen positive oder negative Konsequenzen erfahren, dann übernehmen sie eher Verantwortung für ihr eigenes Leben. Wenn Kinder wissen, dass eine Änderung ihres Verhaltens ein neues Ergebnis zur Folge haben kann, beginnen sie, Selbstkontrolle und Selbststeuerung zu entwickeln.

Diese Grenze zwischen Eltern und Kind ist natürlich bei Neugeborenen und Kleinkindern noch unscharf, doch schon eine Minute nach der Geburt hat ein Säugling seine eigene, unabhängige Wahrnehmung der Welt. Selbst die aufmerksamste Mutter, die sich perfekt ums Füttern und Schlafen des Babys kümmert, muss erkennen, dass sie die Probleme des Kindes nicht immer lösen kann. Manche Babys schreien dennoch. Wenn sie alt genug werden, können die Eltern ihnen allmählich beibringen, sich mit eigenen Unlustgefühlen abzufinden, indem die Eltern sie ernstnehmen – selbst wenn das Unlustgefühl von der Mutter oder vom Vater ausgelöst wurde, weil sie zum Beispiel ein neues Baby in die Familie bringen, in eine fremde Stadt ziehen, einen Job außerhalb von zu Hause annehmen und so weiter.

Um Unabhängigkeit und Selbstständigkeit in jungen Menschen zu kultivieren, müssen wir ihnen erlauben, eigene Gedanken und Gefühle zu haben und auch die Konsequenzen ihres eigenen Tuns zu erfahren – das durchbricht ihre Verstrickung mit uns Eltern.

Indem wir so viele Konsequenzen wie möglich aus dem Leben unserer Kinder verbannt haben, haben wir den Spiegel einfach weggehängt, in dem sich unsere Kinder erfahren können. Gleichzeitig glauben wir, ihnen über beständige Kontrolle ein möglichst schmerzfreies und reibungsloses Leben bieten zu können. Doch wie wir bei Julia gesehen haben, entsprach dem Mangel an Streit und Anstrengung niemals ein ebenso großes Glücksempfinden. Es verwundert nicht, dass viele Kinder heute einen Mangel an Selbstdisziplin zeigen. Doch ohne die Fähigkeit, sich Ziele zu setzen und Fortschritte im eigenen Leben zu machen, geraten Kinder oft in die noch fatalere Spirale von Depression, Angst, Hilflosigkeit und Verzweiflung. Mehr noch, Erziehung ist eine Knochenarbeit geworden, da fast alle Dinge, die mit Kindern zu tun haben, in die Verantwortung der Eltern fallen. Das ist nicht tragbar für uns, und es hilft unseren Kindern ebenso wenig. Ich glaube, wir können das Gleichgewicht wiederherstellen, wenn wir den Gesetzen der Natur vertrauen und unseren Kindern erlauben, Konsequenzen zu erfahren.

Innere Ressourcen, die durch diesen Erziehungsansatz gefördert werden:

- Problemlösungskompetenz
- Stresstoleranz
- Emotionale Selbstregulierung
- Anpassungsfähigkeit
- Belohnungsaufschub

» Kapitel 5 «

Die befreiende Wirkung
der Natur

Loslassen bedeutet nicht, dass man sich auf eine
weiche Landung vorbereitet: Es bedeutet vielmehr,
dass man auf gewöhnlichem, hartem Boden auf-
kommt, in felsiger, wilder Landschaft. Wenn wir uns
öffnen, landen wir auf dem, was ist.

Chogyam Trungpa,
Cutting through Spiritual Materialism

Die Natur zeigt uns eine Welt, die den Zusammenhang von Ursache und Wirkung deutlich macht. Wenn es regnet, ist es draußen nass. Wenn ein Berghang stetigem Wind ausgesetzt ist, erodiert er. Es gibt in der Natur keine Abkürzungen, Schlupflöcher oder Sonderbehandlungen. Man kann nicht auf »Escape« oder »Löschen« drücken. Wenn sich die Kinder bei Kälte keine Jacke anziehen, dann wird es für sie ungemütlich. Wenn sie Durst haben, müssen sie zur nächsten Wasserquelle wandern. Wenn sie, um Zeit zu sparen, ihr Zelt nicht richtig befestigen, können sie eine ungemütliche Nacht erleben. Wenn sie den ganzen Morgen vertrödeln, bis sie ihre Sachen gepackt haben, müssen sie vielleicht bis in die Nacht wandern, bis sie ihren nächsten Lagerplatz erreichen. Diese zeitweisen Unannehmlichkeiten beeinflussen ihre Entscheidungen. Die Kinder müssen sich mit den Kräften der Natur auseinandersetzen, weil sie sie nicht umgehen können. Eigentlich empfinden sie das als Entlastung.

In den Wildnisprogrammen gibt es keine überfürsorglichen Eltern; daher müssen die Kinder einfallsreich sein, Probleme selber lösen, sich ihre Zeit einteilen und mit den Ergebnissen leben, wenn sie es nicht tun. Sie finden heraus, dass sie tüchtig sind und Auswahlmöglichkeiten haben.

Das unmittelbare Feedback, das die Natur gibt, ist erfrischend in unserer Welt der schnellen Lösungen und der Bequemlichkeit. Es gibt nur wenig unmittelbare Belohnung – was belohnt wird, ist der gesamte Handlungsprozess.

Die Kinder müssen den Berg lange hinaufwandern, bevor sie die Aussicht vom Gipfel genießen können. Die Aussicht ist längst nicht so befriedigend und bedeutsam, wenn einen der Hubschrauber hinaufgebracht hat – die eigene Anstrengung verbindet uns mit der wirklichen Welt und mit uns selbst. Grenzen, Regeln und Konsequenzen sind in der Wildnis allgegenwärtig. Kinder profitieren von diesen Grenzen, manchmal auf ganz einfache Weise. Viele Kinder essen klaglos Gerichte wie Bohnen- und Linseneintopf, die sie normalerweise nie anrühren würden, weil es kein anderes Essen gibt, denn schließlich tragen sie den ganzen Proviant in ihren Rucksäcken. Die Kinder sind dankbar für dieses Essen und froh, abends am Feuer zu sitzen und sich auszuruhen. Die Grenzen fordern und fördern Charakter, Demut, Bereitschaft zu harter Arbeit, Kreativität und Einfallsreichtum, und die Kinder erfahren ein tiefes Glücksgefühl. Erstaunlicherweise lieben viele trotzige, angsterfüllte oder unorganisierte Kinder die Wildnis. Es gibt eine vorgegebene Tagesstruktur – der Tag beginnt mit dem Sonnenaufgang, Mahlzeiten finden zu festen Zeiten statt, es gibt täglich Wanderungen und Sport, vor Sonnenuntergang werden die »Haushaltsarbeiten« im Camp erledigt, und dann führt das Zusammensitzen am Lagerfeuer zu Entspannung und ungezwungenen Gesprächen. Bei allen Unannehmlichkeiten fühlt sich das Leben einfach an, und die Kinder leben vollkommen im gegenwärtigen Augenblick.

Eine Ursache, die ohne Wirkung bleibt, wie wir es aus Familien ohne angemessene Grenzen kennen, entspricht nicht dem, was Kinder in der Wirklichkeit jeden Tag erleben.

Außerdem werden Kinder, die jeden Tag ihre Eltern anschreien, ohne dass das Konsequenzen oder eine Wirkung hat, in der Regel ihr Verhalten nicht korrigieren; sie machen am nächsten Tag einfach so weiter. Manche Eltern unterstützen negatives Verhalten sogar durch ihre starke emotionale Reaktion – die in gewisser Weise eine Belohnung darstellt, weil sie sich wie Verbundenheit anfühlen kann. Schließlich reagieren wir Fremden gegenüber nicht mit starken Emotionen, sondern nur denen gegenüber, die wir lieben. Unsere Reaktionen auf die Wutanfälle unserer Kinder bieten ihnen auf jeden Fall jede Menge Aufmerksamkeit. Wenn Kinder etwas tun, was von ihnen erwartet wird – wie zur Schule zu gehen –, passiert paradoxerweise nichts. Erst wenn Kinder nicht tun, was von ihnen erwartet wird – wenn sie sich weigern, zur Schule zu gehen –, nimmt die elterliche Aufmerksamkeit zu.

Wenn wir unsere emotionalen Reaktionen herunterschrauben und kein Publikum mehr für das Fehlverhalten unserer Kinder sind, wenn wir stattdessen den Kindern Konsequenzen auferlegen, vermitteln wir ihnen das Gefühl, für das, was sie tun, auch verantwortlich zu sein. Wenn ein Kind nicht zur Schule geht, können Eltern schlicht eine Konsequenz festsetzen – kein Fernsehen, Computer oder Besuch von Freunden zum Beispiel. Statt Aufmerksamkeit zu gewinnen, büßt das Kind einfach etwas ein, das es möchte. Wenn Kinder zu Hause keinen Spiegel für ihr Verhalten und keine Grenzen haben, treiben sie es nach meiner Erfahrung immer weiter, bis sie etwas Sicheres finden.

Wie können wir unsere Erziehung an den Gesetzen der Natur und an Konzepten wie Ursache und Wirkung ausrichten, damit die Kinder wissen, wie sie ihr Verhalten korrigieren können?

Maxi

Maxi war ein spindeldürrer Schlaks von dreizehn Jahren, der zwar wusste, wie man Erwachsene manipuliert, sich selbst dagegen kaum kontrollieren konnte. Als er in das Wildnistherapieprogramm aufgenommen wurde, hatte er scheinbar keine spezifische Diagnose. Maxi war jahrelang für Therapeuten, Schulpsychologen und Lernspezialisten ein Rätsel gewesen; sie konnten nicht herausfinden, was nicht stimmte und was man tun konnte. Er nahm weder Drogen, noch trank er Alkohol. Er liebte seine Eltern. Zwar war er manchmal übellaunig und fühlte sich sozial unsicher, aber zugleich war er ein fröhlicher Junge, der gerne zu Hause mit seinem Hund spielte. Er war intelligent, sogar sehr. Er hatte ein paar Freunde, die ähnlich unbeholfen waren wie er selbst. Zugleich betrachtete er das Leben als eine Art Tauziehen, wo alles verhandelbar war.

Die unaufhörlichen Machtkämpfe mit seinen Eltern schienen jeden Aspekt seines Lebens zu durchtränken. Er begann, gegen seine Eltern verbal und sogar körperlich ausfällig zu werden. Er war so willensstark und trotzig, dass er jedes Ansinnen, das seine Eltern an ihn herantrugen, ablehnte, sogar zur Schule zu gehen. Er sah keine Grenze für wirklich an. Es war deutlich, dass Maxi trotz seines hohen IQs über keine inneren Ressourcen verfügte, um aus seiner Intelligenz für sein Leben einen Nutzen zu ziehen.

In der Wildnis war er lustig und ausgelassen, bis er auf irgendeine Grenze oder Erwartung stieß. Seine kleinen Weigerungen, am Therapieprogramm teilzunehmen, führten zu einem immer festeren Muster der Selbstabschottung. Er nahm eine Haltung ein, die wir schließlich als »Fels« bezeichneten: Er rollte sich zusammen, das Gesicht auf den Knien und die Arme verschränkt. Häufig machte er das in seinem Schlafsack, sodass er eine doppelte Schutzschicht hatte – auf diese Weise blendete er die ganze Welt aus. Wann immer eine Wanderung oder Arbeiten im Camp drohten, begab er sich in diese Position und verharrte dann für die meiste Zeit des Tages darin. Am Abend kam er dann hervor und riss Witze. Außerdem achtete er wenig auf Sauberkeit und Körperhygiene. Zwar machen sich die meisten Kinder in der Wildnis schmutzig, aber Maxi sah wirklich aus wie ein Schwein. Er hatte einen Schmutzrand um den Hals, Asche im Haar, schwarze Hände, er wechselte nie die Kleidung, und seine Habseligkeiten waren in heilloser Unordnung. Für seine Kameraden und das Therapeutenteam war sein Verhalten extrem frustrierend.

Ich fragte mich manchmal, wie Maxi sich verhalten würde, wenn er sich allein in der Wüste von Utah verlaufen hätte. Was wäre, wenn er es mit einer realen Konsequenz zu tun bekäme? Würde er in seiner Felshaltung verharren und sich abschotten – oder würde er eine Wasserstelle suchen, Holz sammeln, aufräumen und lernen, wie man ein Feuer macht? Würde er gute Entscheidungen treffen? Würde er der Aufgabe gerecht werden?

Ich war fest davon überzeugt, dass sich Maxi so verhielt, weil stets für all seine Bedürfnisse gesorgt war, er aber zugleich nicht wusste, wie er sein eigenes Leben in den Griff bekommen sollte. Er empfand ein gewisses Machtgefühl, wenn er sich anderen widersetzte, aber er hatte keine Ahnung, wie man die gleiche Macht spüren kann, indem man sich mit anderen zusammen für irgendetwas einbringt. Außerdem genoss er es offenbar über die Maßen, ein Publikum zu haben. Ich war mir ziemlich sicher, dass sich Maxi, sobald der Rest der Gruppe fortgegangen war, aus seiner Erstarrung lösen und im Camp umherstreifen würde.

In der Wildnis funktioniert die Gruppe als Einheit. Wenn sich Maxi also weigerte, seine Sachen zu packen und zum nächsten Lagerplatz zu wandern, dann saß die ganze Gruppe fest. Die Entscheidungen von Maxi betrafen alle – genau wie in einer Familie. Als Gegenmaßnahme ließen wir die Gruppe um ihn kreisen – die anderen Kinder sollten ihm mit Gefühlsaussagen (»Ich fühle/finde ...« etc.) deutlich zu verstehen geben, wie sie durch sein Verhalten in Mitleidenschaft gezogen wurden. »Ich fühle mich frustriert, wenn wir wegen dir nichts unternehmen können.« »Ich finde es unfair, wenn ich deine Arbeiten erledigen muss.« »Es macht mich traurig, dass wir heute Nacht wieder in diesem Camp bleiben müssen.« Mit dieser Vorgehensweise wollten wir einen Machtkampf umgehen. »Ich-fühle-mich-Aussagen« – im Gegensatz zu »Du hast/bist-Aussagen« – arbeiten nicht mit Schuldvorwürfen und gaben Maxis Kameraden die Möglichkeit, sich selbstbewusst und stark zu fühlen. Die Gruppe war nicht verletzend, aber auch nicht bereit, sich zu seiner Geisel zu machen –, die Gruppe war einfach nur geduldig und ehrlich. Seine Kameraden informierten ihn darüber, dass sie von seinen Entscheidungen betroffen waren.

Diese Äußerungen kamen bisweilen bei ihm an, weil sie die einzige Aufmerksamkeit waren, die die Gruppe ihm schenkte. Zu allen anderen Zeiten wurde er ignoriert. Wenn Maxi wieder seine »Fels«-Haltung einnahm, ging die Gruppe ihren üblichen Tagesbeschäftigungen nach: Tagebuch schreiben, Spiele, Tageswanderungen und so weiter. Sie entwickelten sich persönlich weiter, und die gruppendynamischen Prozesse verliefen ohne Maxi. Folglich blieb für ihn die tägliche Dosis Machtgefühl aus, an die er sich gewöhnt hatte. Nach den Äußerungen der Gruppe war er hin und wieder bereit, zu wandern und für einen Tag mitzumachen, aber er war nicht bereit, seine tief sitzende Strategie des Widerstands aufzugeben. Nach wie vor wollte er ständig über Regeln verhandeln.

Eines Tages, als das Team mal nicht hinschaute, schlug er sich plötzlich in die Wacholderbüsche hinter seinem Zelt, ohne auch nur in seine Schuhe zu schlüpfen, und verschwand im Canyon. Maxi musste in seinem Erproben der Grenzen noch eins draufsetzen – er suchte nach etwas mit einer sicheren Wirkung, etwas Wirklichem. Es verging eine Weile, bis das Team seine Abwesenheit bemerkte.

Viele widerspenstige Kinder versuchen auszureißen, daher gibt es für solche Vorfälle einen festen Aktionsplan. Nachdem wir das Camp durchsucht und die anderen Jungen befragt hatten, wurde das

Reserveteam gerufen, und zwei Teammitglieder und ich zogen los, um nach Maxi zu suchen. Das Reserveteam traf ziemlich bald ein, und als nach einer Stunde immer noch keine heiße Spur gefunden war, machten wir uns allmählich ernsthafte Sorgen.

In meiner Unruhe begann ich, das trockene Bachbett zu untersuchen, verzweifelt auf der Suche nach einem Hinweis. Zwar fanden sich dort viele Schuhspuren, doch konnte ich auch den Abdruck eines großen, nackten Fußes erkennen, der ohne Zweifel von Maxi stammte. Er war groß und schlaksig, und seine Füße waren riesig. Ich wusste, dass wir Maxi rasch finden mussten, denn die Sonne ging langsam unter, und es würde nachts in der Wüste empfindlich kalt werden, vor allem ohne Strümpfe, Schuhe oder Feuer. Ich wollte aber das Suchteam noch nicht alarmieren, da ich fürchtete, sie würden im ganzen Bachbett umherlaufen und meine Spur zertrampeln. Also ging ich vorsichtig das ausgetrocknete Bachbett entlang, wobei ich nur auf Steine trat, denn vor mir waren tatsächlich ein paar weitere Fußspuren von Maxi zu erkennen. Ich wusste, dass ich auf der richtigen Fährte war.

Ich informierte das Team über Funk und ging weiter das Bachbett hinauf. Sie folgten bald nach. Das sandige Bachbett führte in einen kleinen Canyon mit glatten, roten Felswänden und schönen bunten Steinen. Büschel von Flussgras, Tamarisken, Pappeln, Salbei und Wacholder wuchsen auf dem Sand. Während ich wanderte, pochte mir das Herz. Ein Therapieleiter war nah hinter mir. Nach fast einer Stunde sah ich, dass sich der Canyon vor mir zu einer großen Aussichtsfläche öffnete. Wir waren auf einem Hochplateau im Red Rock Country, und ich wusste, dass ringsum steile Abstürze waren. Ich folgte den Fußspuren, bis der Sand in Sandstein überging. Auf dem festen Untergrund hatte ich keine Anhaltspunkte mehr. Dennoch war mir klar, dass es für Maxi nur eine Richtung gab: vorwärts.

Ich ging weiter, bis ich an die Kante des Hochplateaus kam. Ich schaute nach links, und etwa zehn Meter von mir entfernt saß Maxi auf einem Felsen und weinte bitterlich. Ich ging zu ihm, umarmte ihn und gab dem Team ein Zeichen, dass ich einen Moment lang mit ihm allein sprechen wollte. Maxi betrachtete den Sonnenuntergang, eine Explosion roter und oranger Farben. Er saß bereits seit etwa zwei Stunden hier.

»Ich habe mir überlegt, hinunterzuspringen«, sagte Maxi mit zitternder Stimme unter Tränen.

Ich nickte teilnahmsvoll. Ich hatte in den Jahren gelernt, Kindern in solchen Momenten einfach nur zuzuhören und nicht zu reden. Nach langem Schweigen fuhr er fort. »Aber dann habe ich erkannt, dass ich eigentlich ziemlich glücklich bin. Warum sollte ich mich umbringen? Ich meine, ich habe ein gutes Leben. Ich habe Eltern, die mich lieben. Ich weiß, dass ich ziemlich intelligent bin. Ich tue einfach nur nie irgendwas – ich renne bloß immer weg. Als wäre ich so gut im Wegrennen, dass ich damit immer weitermache. Ich renne nur vor dem Leben davon. Und dann saß ich hier und habe gedacht, wow! Ich werd's ihnen zeigen und hinunterspringen – aber was zeige ich ihnen? Eigentlich glaube ich, dass ich ziemlich gut beim Feuermachen wäre und die Gruppe führen könnte. Ich denke, ich werde es jetzt mal versuchen.«

»Klingt so, als hättest du ein paar wichtige Entdeckungen gemacht. Warum gehen wir nicht zurück zur Gruppe, bevor es dunkel wird, und essen etwas Warmes, dann kannst heute Abend bei der Gruppensitzung mehr erzählen – ich weiß, dass die anderen sich Sorgen um dich machen.«

Maxi übernahm tatsächlich die Verantwortung für das, was er getan hatte, und drückte an diesem Abend sein Bedauern gegenüber seinen Kameraden aus. Er bekannte, dass er sich ändern wolle, dass sein Leben für ihn nicht funktioniere und dass er das Leben in der Wildnis eigentlich cool finde. Am nächsten Morgen stand Maxi als Erster auf und machte das Frühstücksfeuer, packte seinen Rucksack und führte die Morgenwanderung. Er wurde ein guter Anführer der Jungengruppe und gelobte, nie wieder die »Fels«-Haltung einzunehmen, was er einhielt. Er wandelte sich so vollständig, dass er recht schnell ein normales Leben führen konnte.

Man könnte in Maxi das Paradebeispiel einer Metamorphose sehen, doch bei näherem Hinsehen fehlten ihm lediglich Grenzen, die ihm ermöglicht hätten, sich einzubringen, Probleme zu lösen und innere Ressourcen zu entwickeln. Er bekam zu viel Aufmerksamkeit und Belohnung für sein Aufmerksamkeit heischendes Verhalten und wurde nie mit echten Konsequenzen konfrontiert. Er dümpelte auf seine überempfindliche Weise vor sich hin und tat, wozu er Lust hatte. Zwar trug er eine gewisse Angst mit sich herum, seine Macht könnte nicht ganz real sein, aber er war nicht depressiv deswegen. Maxi investierte einfach seine Energie und Intelligenz in sein Projekt der Lebensvermeidung. Es war alles ein Spiel; nichts fühlte sich real an.

Doch litt er unter seiner Einstellung zum Leben. Es mochte als Experiment begonnen haben, aber als er fortfuhr, seinen »Lebensvermeidungsmuskel« zu trainieren, verlor er den Zugang zu seiner übrigen Muskulatur. Maxi steckte in einem Verhaltensmuster fest. Es war sein Geschwindigkeitsregler, und der war immer angeschaltet. Ich glaube nicht, dass Maxi irgendetwas davon dämmerte, bis er sich dem Abgrund gegenübersah, auf dem Zenit seines Verhaltensmusters. Er entfernte sich von jeglichen Erwartungen, Regeln, Grenzen und Pflichten, und während dieses Prozesses entfernte er sich von seinen Freunden, seiner Familie, der Schule, vom Sport, von seinem Hund, von den Annehmlichkeiten seines Zuhauses und den Dingen, die ihm eigentlich Spaß machten. Als er aus dem Camp ausriss, wollte er ursprünglich vielleicht Aufmerksamkeit erregen, wie er es üblicherweise tat, aber als Maxi den Abgrund erreichte, hätte eine Fortsetzung seines Weges Selbstmord bedeutet.

Dass er diese Grenze erreichte, war hilfreich für Maxi. Tatsächlich reifen manche Jugendlichen nur, wenn sie mit echten Grenzen konfrontiert werden, weil sie den künstlichen Grenzen zu Hause misstrauen, die so leicht manipuliert werden können. Maxi erwachte aus seiner Verweigerungshaltung und sah, was ihn an diesen Punkt gebracht hatte; und erst aufgrund dieser Erkenntnis kam er zu dem Entschluss, sich zu ändern.

Wie können Eltern wirkungsvolle Grenzen in der sicheren Umgebung ihres eigenen Heims setzen? Viele Kinder, die die Erfahrung der Wildnistherapie machen, erinnern sich oft und gerne daran – wie aber können wir diese konkreten Wirkkräfte der Natur in unserer alltäglichen Erziehung nutzbar machen?

Sichere Grenzen verringern Angst

Heutzutage treffen Eltern ihre Erziehungsmaßnahmen oft in einer *Ad-hoc*-Manier, Regeln und Grenzen werden von Augenblick zu Augenblick ausgehandelt. Gleichzeitig sind immer mehr Jugendliche mit achtzehn Jahren emotional unreif und von ihren Eltern über Gebühr abhängig. Es gibt einen exponentiellen Anstieg an Angststörungen bei Teenagern, laut dem *National Institute of Mental Health* leidet *jeder zwölfte Teenager unter Angstzuständen.*

Es stellt sich die Frage: Wenn es eine solche Zunahme an Angststörungen unter Kindern gibt, hat dies möglicherweise etwas mit den neuen Erziehungspraktiken zu tun? Als Eltern, die keine Grenzen setzen, von Margaret Nelson für ihre Studie befragt wurden, berichteten sie, dass Verfügbarkeit, Nähe, Vertrauen, Flexibilität und der Glaube an das kindliche Potenzial für sie wichtig seien und ihnen »große Befriedigung« in der Eltern-Kind-Beziehung bereitete. Gleichzeitig berichteten dieselben Eltern über fortwährende Konflikte und Spannungen zu Hause und dass sie »fürchten, *zu sehr* ins Leben ihrer Kinder hineingezogen zu werden, dass sie Schwierigkeiten hätten, bei Disziplinfragen angemessene Grenzen zu setzen und Vertrauen aufzubauen, wenn die Hürden so hoch seien«.

Ich habe in Familiensystemen beobachtet, dass diese »Flexibilität« und die Fähigkeit, Dinge in der Eltern-Kind-Beziehung auszuhandeln, die Kinder eher beunruhigt. Die klinische Psychologin Wendy Mogel schreibt in ihrem Buch *Blessings of a Skinned Knee* [Segnungen eines aufgeschürften Knies], dass Eltern heute so damit beschäftigt sind, »Demokratie« in ihrem Haushalt zu praktizieren, dass sie dem Selbstausdruck eines Kindes sein Bedürfnis nach Sicherheit unterordnen. Sie erklärt: »Durch die Ablehnung ihrer Autoritätsfunktion stärken sie ihre Kinder nicht, sondern verunsichern sie.« Wenn Erwachsene nicht die Führungsrolle übernehmen, fühlen die Kinder sich unwohl.

Im Schuleintrittsalter denken Kinder ihrer Entwicklung gemäß vor allem noch sehr gegenständlich. Laut dem Entwicklungspsychologen Jean Piaget setzt die Fähigkeit zu abstraktem Denken etwa mit dem zwölften Lebensjahr ein. Die kognitive Entwicklung ist ein schrittweiser Prozess: Bei Kindern im Alter zwischen zwei und sieben herrscht »magisches Denken« vor, während Kinder im Alter zwischen sieben und elf sehr logisch und konkret denken. Erst nach dem elften Lebensjahr beginnen Kinder, abstrakt zu denken, wozu der Gebrauch von Analogien und Metaphern ebenso gehört wie die Fähigkeit, zu analysieren, Ideen und Gedankenkonstrukte zu bewerten; dies sind dezidiert erwachsene Fähigkeiten, über die Kinder noch nicht verfügen. Gleichwohl argumentieren Eltern mit ihren Kindern oft wie mit »Mini-Erwachsenen«, weil sie annehmen, ihre Kinder könnten all die Gründe und unterschiedlichen Situationen verstehen, warum Regeln nicht immer starr gelten und sich auch mal ändern. Zum Beispiel gibt es an manchen Tagen eine feste Bettgehzeit, an anderen Tagen nicht. An manchen Tagen dürfen Kinder auf dem Gehsteig barfuß laufen, an anderen müssen sie Schuhe tragen. An manchen Tagen wird es nicht geahndet, wenn sie ihre Geschwister schubsen, an anderen schon.

Das ist für Kinder sehr verwirrend und erzeugt Unsicherheit. Eltern gehen davon aus, dass das Zuhause ein sicherer Ort ist, an dem die Kinder »einfach sie selber« sein können, während die Schule in jedem Fall anstrengend zu sein hat. Ich würde hingegen argumentieren, dass Kinder es als Erleichterung empfinden, wenn Ordnung, Vorhersehbarkeit und klare Regeln herrschen, während sie Stress empfinden in einer Familie, in der es eher chaotisch zugeht und die Regeln ständig im Fluss sind. Viele Eltern sagen mir, dass ihre Kinder in der Schule gut zurechtkommen und erst zu Hause Probleme haben.

Wenn die Erwachsenen sich auf die Entwicklungsstufe ihres Kindes einstellen und für eine verlässliche, konkrete Umwelt sorgen, dann schafft dies ein Gefühl der Vorhersehbarkeit und Sicherheit und *verhindert* Angst und Unsicherheit. Das bedeutet, dass Sie Ihren Sohn jedes Mal, wenn er seine Schwester schubst, eine Konsequenz spüren lassen, sei sie auch noch so klein. Wenn Regeln sich ändern, bringen Kinder eine Menge Energie auf, die Regeln zu überprüfen und auszutesten, statt sie einfach zu akzeptieren. Das kann zu mehr Verwirrung und mehr Angst führen.

Laut der Entwicklungspsychologie können Eltern nach dem elften Lebensjahr mit mehr Erfolg über eine differenziertere Anwendung von Regeln sprechen, da dies der Entwicklungsstufe ihres Kindes entspricht. Doch heutzutage versuchen viele Eltern, solche Gespräche mit Drei-, Fünf- oder Achtjährigen zu führen. Außerdem ist es etwas völlig anderes, ob man mit einem Teenager spricht, der gelernt hat, Regeln zu befolgen, und nun seine neu gefundene Unabhängigkeit und Reife austestet, oder mit einem Kind, das nie Grenzen respektiert hat.

Normaler Narzissmus

Narzissmus ist normal und der Entwicklung kleiner Kinder angemessen. Wenn er sich jedoch in die Pubertät verlängert, kann er unglücklicherweise ein Teil der entstehenden Persönlichkeit des Jugendlichen werden. Der Psychologe Robert Bly schreibt in »The Long Bag We Drag Behind Us« [Der schwere Sack, den wir hinter uns herschleifen]: »Als wir ein oder zwei Jahre alt waren, hatten wir bildlich gesprochen eine 360-Grad-Persönlichkeit. Alle Teile unseres Körpers und unserer Seele strahlten vor Energie.« Das Kind sieht sich als Nabel der Welt – das ist natürlich.

Doch wenn Kinder das Kleinkindstadium verlassen, müssen wir diesen normalen Narzissmus unterbrechen. Grenzen sind Beschränkungen, die den Kindern erlauben, heranzuwachsen, andere wahrzunehmen, Empathie zu entwickeln, Enttäuschungen zu verarbeiten und eine größere Verbindung zur wirklichen Welt aufzubauen. Grenzen bringen uns zurück zur Wirklichkeit.

Neinsagen

Für manche Eltern hat das Neinsagen eine endgültige Qualität – fast wie der Tod –, und sie fühlen sich dabei ausgesprochen unwohl. Neinsagen fällt leichter, wenn Kinder etwas wollen, das jenseits der elterlichen Möglichkeiten liegt: beispielsweise ein neues Auto. Doch viele Eltern sagen selbst dann Ja, wenn es ihre Mittel übersteigt oder ihren Werten widerspricht, weil sie ihre Kinder nicht enttäuschen wollen. Mütter haben mir zum Beispiel erzählt, dass sie für ihre Töchter teure Haarverlängerungen bezahlt haben, Besuche im Sonnen- oder Nagelstudio, obgleich es ihrer Grundüberzeugung widersprach, dass Mädchen sich zu sehr auf ihr Äußeres fokussieren sollten – schlicht, weil sie nicht Nein sagen konnten. Andere Eltern haben mir gesagt, sie hätten ihren Kindern am Abend vor einem Schultag erlaubt, ein Konzert zu besuchen oder bis spätabends auszugehen, obwohl sie es für unklug hielten. Andere Eltern wiederum kochen jeden Abend drei verschiedene Essen, damit jeder in der Familie zufrieden ist.

Die erste große Wahrheit des Buddhismus ist, dass Leiden notwendig zum Leben gehört; ebenso ist die Traurigkeit oder Enttäuschung unserer Kinder, wenn wir Nein sagen, unvermeidlich. Wenn wir unseren Kindern geben, was sie wollen, wollen wir zwar verhindern, dass sie leiden, aber erreichen wir das auch? Bald wird das Kind etwas anderes »brauchen«. Kinder müssen lernen, ihre Wünsche mit der Lebenswirklichkeit in Einklang zu bringen – das ist Teil des Reifeprozesses, und es gehört zum Herstellen von Mokassins.

Kinder *wollen* mit der Wirklichkeit in Kontakt sein. Grenzen vermitteln Kindern das Gefühl der Sicherheit – so wie das Baby im Mutterleib ständig den Druck der Plazenta und des Uterus auf seiner neuen Haut spürt; dieser äußere Druck schafft eine sichere und fruchtbare Umgebung. Kleinkinder gedeihen besser in geschützten Räumen (die mit den Kindern wachsen).

Wenn Kinder eine Umwelt meistern können, sind sie bereit, einen größeren Radius zu erforschen, aber nach wie vor wollen sie wissen, wo der Zaun ist – das ist Sicherheit.

In dem Maße, wie sich die inneren Ressourcen entwickeln, kann dieser Zaun definiert sein durch den Garten, die Nachbarschaft, die Stadt, das Land, den Kontinent und die ganze Welt; mit Selbstbeherrschung und Mokassins ist das Kind gerüstet, umherzustreifen.

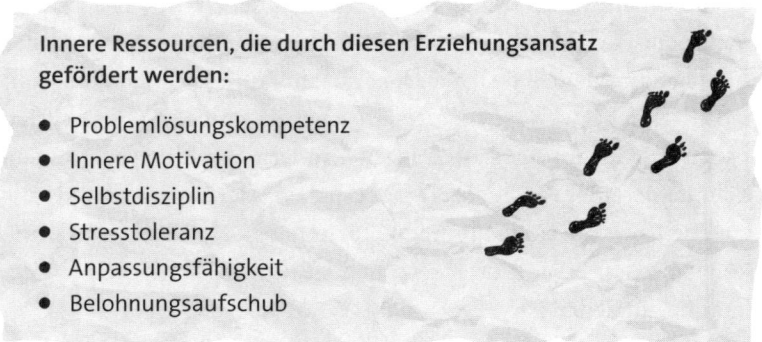

Innere Ressourcen, die durch diesen Erziehungsansatz gefördert werden:

- Problemlösungskompetenz
- Innere Motivation
- Selbstdisziplin
- Stresstoleranz
- Anpassungsfähigkeit
- Belohnungsaufschub

Kapitel 6

Erziehung durch Ursache und Wirkung

Wie wir eine Verbindung unserer Kinder mit der wirklichen Welt herstellen

Karma repräsentiert die Gesamtsumme von Ursache und
Wirkung in unserem Leben: die Ursachen, die uns zu dem
gemacht haben, was wir sind, die Wirkungen, die wir
ständig in Reaktion auf diese Ursachen erzeugen.

Barry Magid, Nothing Is Hidden

Es gibt viele Möglichkeiten, unseren Kindern einen Spiegel vorzu-
halten und das Gefühl für Ursache und Wirkung wieder in unsere
Erziehung zu integrieren. Im Folgenden beschreibe ich einige
Handlungsweisen, die dafür hilfreich sind.

1. Lassen wir unsere Kinder natürliche Konsequenzen spüren

Natürliche Konsequenzen passieren immerzu; wir brauchen sie nur
unseren Kindern widerfahren zu lassen. Wenn zum Beispiel im
Herbst die Blumen verwelken, kann dies zu einem Gespräch darüber
Anlass geben, dass für alle Lebewesen auf der Welt das Leben beginnt und endet. Manche Kinder erleben einen direkteren Verlust in
ihrem Leben – wie den Tod eines Haustiers, der Großeltern oder

eines anderen Familienangehörigen. Diese Geschehnisse sind traurig, aber sie zu ignorieren, zu leugnen oder sie sofort mit etwas reparieren zu wollen hilft den Kindern nicht. Es gibt viele kleine Kümmernisse, über die Eltern einfach hinweggehen. Ersetzen Sie nicht den toten Goldfisch Ihres Sohnes in der Hoffnung, dass er es nicht merkt – es ist für Ihr Kind viel besser, wenn es einen Fisch verliert und darüber kurz trauert, bevor es einen geliebten Menschen verliert.

Als meine Kinder allmählich begriffen, dass wir alle sterben werden, dass selbst ich, ihre Mutter, eines Tages sterben werde, löste das ein Gespräch darüber aus, wie man leben sollte. Ich sagte, wir würden zwar alle sterben, aber niemand wisse, wann das geschehen wird, also müssten wir jeden Tag genießen. Ich sagte nicht: »Es dauert noch sehr, sehr lange, bis ich sterbe«, denn das kann niemand wissen. Wir sprachen über den Tod nicht auf Furcht einflößende Weise, sondern eher so, dass wir uns den natürlichen Lebensprozess klarmachten. Meine Kinder, damals noch drei und fünf, begannen daraufhin, immer über den Tod zu sprechen, wenn sie fallende Blätter im Herbst sahen, einen verfaulten Kürbis oder die Stelle, wo wir die Asche unseres Hundes im Garten vergraben hatten – es wurden normale Beobachtungen des Lebens, nichts, was man geheim halten oder verbergen musste. Wir können schrittweise die Lederhäute vor ihren Füßen zurücknehmen und ihnen ermöglichen, die Umwelt auf eine sichere und fassbare Weise wahrzunehmen.

Das gilt für jede Art von Verlust, sei es eine Scheidung, ein Umzug oder der Verlust eines Arbeitsplatzes. Wir müssen auf die Emotionen unserer Kinder hören und sie mitfühlend fühlen lassen.

Im Alltagsleben stellen sich immer wieder Verlust und Enttäuschung ein – statt die Dinge zu richten, können die Eltern Mokassins herstellen.

Nicht nur Lebendiges stirbt, auch viele Spielsachen und menschengemachte Dinge gehen kaputt. Das ist ebenfalls ein Verlust. Zum

Beispiel fließen bei uns zu Hause Tränen, wenn Luftballons platzen. Doch statt loszurasen und einen neuen zu kaufen, nutze ich die Gelegenheit, um über vergängliche Freuden zu sprechen und darüber, wie oft auf Glück Traurigkeit folgt. Ein weiteres Beispiel sind Besuche bei der Bank: Manchmal schenken die Angestellten den Kindern Aufkleber und Lutscher und manchmal nicht. Ich habe den Kinder gesagt: »Ich werde nicht nach einem Lutscher oder Sticker fragen; wir müssen nur ›Danke‹ sagen, falls es etwas gibt.« Auch das hat schon Tränen ausgelöst, doch sobald ich ihre Gefühle ernst nehme, gehen die Kinder einen Schritt weiter und hoffen aufs nächste Mal.

Andere »natürliche Konsequenzen« können sein, dass man ein persönliches Besitztum verliert, sei es ein Buch, ein Handy oder einen Fußballschuh. Wir können die Dinge nicht immer »perfekt« machen, und wir müssen zulassen, dass unsere Kinder die Gefühle durchleben, die mit diesen Verlusten verbunden sind. Lassen sie ein Elektrospielzeug draußen im Regen liegen, funktioniert es wahrscheinlich nicht mehr; das ist eine natürliche Konsequenz. Wir müssen uns nicht aufregen, wenn unsere Kinder traurig sind oder einen Verlust erleiden.

Viele Eltern fragen, ab wann es Sinn macht, Kinder natürliche Konsequenzen spüren zu lassen, denn solange sie noch sehr klein sind, verstehen sie den Zusammenhang oft noch nicht. Meine Antwort ist, das Alter des Kindes zu berücksichtigen. Man kann durchaus die Wahrheit sagen und zugleich Verständnis dafür haben, dass ein Kind zwischen zwei und sieben Jahren noch in magischen Bezügen denkt, während ein sieben- bis elfjähriges Kind wahrscheinlich Konsequenzen auf eine konkretere, realistischere Weise versteht.

Der Versuch, Kinder vor natürlichen Konsequenzen zu schützen, entfernt sie nur von der Wirklichkeit und von einer auf Ursache und Wirkung basierenden Erziehung. Wenn Ihr Kind zu einer Geburtstagsparty nicht eingeladen wird, kann das verstörend sein, doch zugleich bietet es eine Gelegenheit, über Freundschaft und soziale

Beziehungen zu sprechen und die Gefühle Ihres Kindes anzuhören und ernst zu nehmen. Hier ist Empathie nötig und kein Reparaturversuch. Wenn Eltern sich einmischen und einen Weg finden, dass ihr Kind zu der Party eingeladen wird, kann das den vorübergehenden Schmerz lindern, aber es hilft nicht beim Herstellen von Mokassins, wenn die nächste Zurückweisung kommt.

───〜〜〜〜〜〜〜〜〜〜〜〜〜〜〜───

Fähigkeit: Schreiten Sie nicht gegen natürliche Konsequenzen ein und mildern Sie sie nicht; Ihre Kinder müssen die Konsequenz spüren und ihre Gefühle dazu durchleben. Das ist eine große Gelegenheit, dem Leben zuzuhören.

Versuchen Sie Folgendes: Das nächste Mal, wenn Ihr Kind wütend oder enttäuscht ist, hören Sie intensiv zu und nehmen Sie die Gefühle ernst (Sorge, Wut, Traurigkeit etc.). Wenn Ihr Kind sich wirklich verstanden und wahrgenommen fühlt, besteht eine gute Chance, dass es alsbald das Gefühl hinter sich lässt. Erlauben Sie Ihren Kindern, Gefühle selbst und für sich zu verarbeiten. Wenn dies geschieht, verarbeiten sie auf natürlichste Weise ihre Emotionen.

───〜〜〜〜〜〜〜〜〜〜〜〜〜〜〜───

2. Sorgen Sie für logische Konsequenzen

Nicht alles, was ein Kind tut, hat eindeutige natürliche Konsequenzen. In diesen Fällen ist es an den Eltern, sich ihre eigenen folgerichtigen Konsequenzen auszudenken. Für eine solche dem Anlass angemessene Konsequenz muss man sich etwas mehr anstrengen, als Kinder einfach nur natürliche Konsequenzen spüren zu lassen, aber es ist eine Gelegenheit, wo Eltern klar und bestimmt auftreten können, statt nur zu reagieren. In vielen Familien besteht die selbst gewählte Konsequenz einfach darin, dass man die Kinder auf ihr

Zimmer schickt, wenn sie sich respektlos oder trotzig verhalten. Doch nach Möglichkeit sollte man versuchen, die Verhaltensweisen folgerichtiger mit Konsequenzen zu verbinden. Schon das Reden über Konsequenzen hilft nach meiner Erfahrung, Verhaltensweisen zu steuern.

Zum Beispiel haben wir bei uns zu Hause eine Konsequenz für den Fall eingeführt, dass eine meiner Töchter sich aggressiv gegenüber der anderen verhält. Das aggressive Kind muss die Verletzung dadurch wiedergutmachen, dass sie ihrer Schwester eine Geschichte vorliest oder eine Karte für sie bastelt. Ich beobachte, dass sie, nachdem sie sich beruhigt haben, diese Dinge wirklich gerne tun und ihre Energie rasch vom Negativen ins Positive wechselt. Es geht nicht darum, negatives Verhalten anzuprangern, denn wir alle können aggressiv sein; das Ziel ist, Gefühle ernst zu nehmen und etwas Positives zu schaffen. Ein wichtiges Konzept beim Streitschlichten wird in dem Buch *The Anatomy of Peace* [Die Anatomie des Friedens] unter dem Begriff »Pyramide der Veränderung« beschrieben. Bei dieser Pyramide bezeichnet die Spitze des Dreiecks den »Umgang mit Aggression und Konflikten«. Doch der Großteil der Pyramide besteht daraus, Dinge »ins Lot zu bringen«. Bei Geschwistern stecken wir in der Regel sehr viel Energie in ihre Konflikte, statt in ihre gegenseitige Zuneigung, in Ausgleich und Schlichtung zu investieren. Wenn eine meiner Töchter zu mir kommt und über die andere klagt, frage ich meist: »Hast du ihr gesagt, wie sich das für dich anfühlt?« Ich höre dann, wie sie zu ihrer Schwester sagt: »Ich fühle mich verletzt und missachtet, wenn du über mich lachst.« Auch wenn die Sache nie ohne Reibungen abläuft, kommt es doch meist zu der Erkenntnis, dass ein Kind dem anderen wehgetan hat. Ich greife in diese Situationen nicht ein und repariere nichts, ich ermuntere meine Kinder stattdessen, offen und selbstbewusst miteinander umzugehen und die Fähigkeit zu entwickeln, ihre Beziehung selbst zu regeln. Das ist der fruchtbare Boden der Familie, wo es jeden Tag Konflikte gibt. Hierhin können wir unsere Energie lenken.

Wenn ein Kind lügt, kann das sowohl natürliche als auch folgerichtige Konsequenzen haben. Eine natürliche Konsequenz wäre, dass das Vertrauen der Eltern abnimmt. Oder umgekehrt: Wenn jemand immer die Wahrheit sagt, wächst unser Vertrauen, und wenn jemand häufiger nicht die Wahrheit sagt, nimmt unser Vertrauen ab. Ich vergleiche das Vertrauen manchmal mit einem Bankkonto. Jedes Mal, wenn das, was das Kind sagt, mit seinen Handlungen übereinstimmt, ist das wie eine Einzahlung auf das »Vertrauenskonto«, und jede Lüge oder Abweichung von den Tatsachen ist wie eine Abbuchung. Dies erlaubt uns, auch folgerichtige oder »logische« Konsequenzen zu verhängen, die den Kindern zeigen, dass Lügen ihnen selber schaden, nicht nur ihren Eltern. Wenn Eltern ihren Kindern vertrauen, dann lassen sie sie eher bei ihren Freunden übernachten oder geben ihnen eher den Autoschlüssel – Vertrauen macht sich unmittelbar im Leben der Kinder bemerkbar, und zwar positiv.

Gleichwohl habe ich viele Beispiele gebrochenen Vertrauens gesehen, die Eltern keineswegs daran hinderten, ihren Kindern weiterhin blind zu glauben. Viele Kinder nutzen dies sogar als Waffe: »Du hast noch nicht einmal Vertrauen zu deinem eigenen Kind!«, oder: »Vertraust du meiner Lehrerin mehr als mir?« Eltern fallen oft darauf herein, weil sie mit jeder Faser ihres Körpers ihren Kindern vertrauen *wollen* – dennoch muss man auf das Vertrauenskonto schauen. Ist es leer oder gefüllt? Eltern sollten das Vertrauen in ihre Kinder nicht auf einem Ideal, sondern auf der Realität gründen, ob ihre Kinder vertrauenswürdig sind. Blindes Vertrauen kann dazu führen, dass Kinder sich auf immer schädlicheres Verhalten einlassen, bis sie auf eine Konsequenz im wirklichen Leben stoßen, sei es ein Autounfall, eine Vorladung bei der Polizei oder eine Suspendierung. Das ist der Grund, warum wir vorab folgerichtige oder logische Konsequenzen zu Hause anwenden müssen, auch wenn sie unangenehm sind.

Doch Vorsicht: Die Konsequenzen müssen realistisch sein, sodass wir sie auch mühelos durchsetzen können. Manche Eltern drohen ihren Kindern eine Woche Hausarrest an, sind am Ende aber überhaupt nicht in der Lage, ihrem Plan treu zu bleiben. Logische Konsequenzen müssen ohne Abstriche erfolgen, wenn sie effektiv sein sollen. Einfache Konsequenzen wie die Wegnahme des Handys für einen Tag sind für ein Kind frustrierend genug – und für die Eltern machbar.

Die negative Rolle der Scham

Eine wie oben beschriebene Konsequenz unterscheidet sich von einer Strafe darin, dass sie das Kind nicht herabsetzt oder seine Würde verletzt – das Ziel ist vielmehr, den Zusammenhang von Ursache und Wirkung herzustellen. Kinder fühlen sich nicht von der Natur bestraft, wenn es dunkel und kalt wird, nachdem die Sonne untergegangen ist und sie ohne Licht ihre Siebensachen zusammenräumen müssen; sie sehen darin den natürlichen Ablauf der Dinge. Die Natur äußert keine Kritik oder Missbilligung. Doch häufig, wenn wir Konsequenzen ziehen, zeigen sich unsere emotionalen Reaktionen in unserem Gesicht oder in unserem Ton. Das mag an unserer Enttäuschung liegen oder daran, dass wir in diesem Augenblick echt sauer sind. Aus einer für das Kind spürbaren Konsequenz wird eine Strafe. Aber wie können wir Konsequenzen verhängen, die so natürlich wirken wie der Sonnenuntergang – also ohne jede emotionale Belastung für das Kind?

Noch immer schenkt die Psychologie den negativen Folgen von Beschimpfung, Herabsetzung oder Bloßstellung unserer Kinder große Aufmerksamkeit, doch nehmen subtilere Methoden der Beschämung zu. Der Psychologe Richard Weissbourd erklärt in seinem Buch *The Parents We Mean to Be* [Die Eltern, die wir sein wollen], dass der unaufhörliche Druck von Eltern auf ihre Kinder, dass es ihnen auch nur »gut« geht, dass sie immer fröhlich sind und ihr Leben perfekt ist, völlig unrealistische Erwartungen weckt. Wenn ihre Kinder sich nicht immerfort glücklich fühlen, glauben solche Eltern, etwas an ihnen sei nicht in Ordnung. Eltern strengen sich so sehr an, ihren Kindern eine perfekte Umgebung zu bieten und Enttäuschungen aus dem Weg zu räumen, dass sie frustriert sind, wenn ihre Kinder nicht glücklich sind, und die Kinder spüren das! Weissbourd schreibt: »Gefühle wie Ärger, Eifersucht und selbst Scham können dann Scham verursachen.«

Es ist wichtig, zwischen Schuld und Scham zu unterscheiden. Schuld hängt mit negativen Handlungen zusammen, die eigene Werte verletzen: Respektlosigkeit, Lügen, Schreien, Betrügen und Stehlen. Es ist in der Tat wichtig, sich wegen solcher Handlungen schuldig zu fühlen, weil es bedeutet, dass uns andere nicht gleichgültig sind. Scham hingegen heißt, dass wir uns um unserer selbst willen schlecht fühlen und nicht wegen unserer Handlungen. Menschen, die häufig Scham erleben müssen, kümmern sich oft nicht um andere, weil sie unsicher sind und ein negatives Selbstwertgefühl haben.

Heute dürfte öffentliche Beschämung eher ein Relikt vergangener Generationen sein, doch subtile Beschämung findet durchaus noch statt, sie ist nur schwieriger zu erkennen. Viele der jungen Erwachsenen, die heute Therapeuten aufsuchen, berichten nicht über Probleme mit ihren Eltern, wie sie in vergangenen Generationen bestanden haben. Sie sagen: »Ich hatte tolle Eltern, sehr engagiert, und wir sind uns immer noch sehr nah.« Stattdessen empfinden sie sich selbst als das Problem, sie sagen: »Irgendetwas stimmt mit mir nicht.«

Kinder sollen heute immer nur glücklich sein; wenn sie bedrückt sind, traurig, ängstlich oder frustriert, fühlen sie sich dann häufig schuldig oder schlecht.

Heutzutage fehlt vielen Kindern, dass ihnen das ganze Spektrum an positiven und negativen Emotionen von ihren Eltern zurückgespiegelt wird, dass sie sich darin angehört oder ernst genommen fühlen. Wenn jemand eine psychotherapeutische Praxis betritt, braucht sie oder er fast immer Unterstützung, um Zugang zu ihren Emotionen zu finden und sie einordnen zu können. Ob Eltern nun übermäßig kritisch oder hingebungsvoll sind, beide Verhaltensweisen können die Fähigkeit eines Kindes, zu fühlen, unterbinden.

Kürzlich unterrichtete ich einen Kurs am Middlebury College, bei dem ich dreißig Gefühlsbegriffe an die Tafel schrieb. Ich bat die Studenten, einen »Gefühls-Check« vorzunehmen und den Begriff auszuwählen, der ihrer emotionalen Verfassung in diesem Moment am nächsten kam. Die Studenten sagten, dies sei eine seltsame, doch erfrischende Übung, weil sie sich normalerweise nie Rechenschaft darüber gaben, was sie fühlten. Die Studenten erfuhren so, dass sie mit ihren Gefühlen gewöhnlich auf einer eher unbewussten Ebene umgingen. Dann bat ich sie, sich vorzustellen, die dreißig Begriffe seien Farben, und sich dann eine Farbe auszuwählen, die mit ihrem Gefühl korrespondierte. Gestattete ihnen die Farbe – Gelb, Grau, Blau, Lila –, ihr Gefühl – Beunruhigung, Widerstreben, Frustration, Zufriedenheit – anders wahrzunehmen? Gab es weniger Bewertungen, weniger Etiketten wie »gut« oder »schlecht«? Die meisten gestanden, eindeutig negativ gegenüber negativen Emotionen wie Traurigkeit, Beunruhigung, Frustration eingestellt zu sein. Die Gruppe war sich einig, nur positive Emotionen wahrnehmen zu wollen.

Für Eltern ist es wichtig, sich der subtilen Botschaften bewusst zu sein, die sie bei ihrer auf Ursache und Wirkung basierenden Erziehung aussenden. Jeder von uns kann schlechte Entscheidungen treffen, und unsere Kinder bilden da keine Ausnahme. Statt unsere Reaktionen emotional aufzuladen und über unsere Kinder zu urteilen, müssen wir unsere Kinder einfach nur zur Verantwortung ziehen. Wenn mein Kind ein abstoßendes Verhalten an den Tag legt und dann eine Konsequenz zu spüren bekommt, dann brauchen wir nicht ständig darauf herumzureiten und das Kind daran zu erinnern; wir können alle vorwärtsgehen. Wenn wir den Kindern die Verantwortung für schlechtes Verhalten oder schlechte Entscheidungen zubilligen, kann sie das tatsächlich befreien, statt ihr Schuldgefühl zu steigern.

Konsequenzen sollten gefühlsmäßig ausgeglichen gezogen werden. Ich habe gelernt, dass meine Töchter von meinem enttäuschten Ton mehr getroffen werden als von der Konsequenz selbst. Also versuche ich, Konsequenzen in sehr sachlicher Form zu vermitteln und sie daran zu erinnern, dass sie eine Wahl haben; damit kann ich mich aus dem Ergebnis herauslösen. Wenn meine Kinder zum Beispiel etwas auf ihrem Teller »hassen«, dann sage ich ihnen, dass sie keinen Nachtisch bekommen, wenn sie es nicht probieren – aber es ist ihre Entscheidung. Auf diese Weise geben logische Konsequenzen uns Eltern Freiheit.

Spielerischer Zugang

Logische oder folgerichtige Konsequenzen können auch kreativ sein und Spaß machen. In meiner therapeutischen Arbeit mit Teenagern können diese sich eher als Teil des Therapieprozesses fühlen, wenn sie sich an den Entscheidungen auch selbst beteiligen können. Erstaunlicherweise schlagen die Jugendlichen oft härtere Maßnahmen vor, als ich sie mir selbst vorgestellt hätte. Beispielsweise können sich die Jugendlichen bei manchen Wildnistherapie-Programmen einen Campingstuhl verdienen. Und dann schlägt einer etwa vor: »Ich verliere für eine Woche meinen Campingstuhl, wenn ich mich danebenbenehme, weil ich ein schlechtes Beispiel für meine Kameraden abgebe, und der Stuhl ist ein Symbol für gutes Betragen« – während ich den Stuhl nur für einen Tag weggenommen hätte.

Konsequenzen können einen Veränderungsprozess bei unseren Kindern einleiten, wenn wir sie an den Entscheidungen und Problemlösungen beteiligen. Manche Familien stellen sogar Konsequenzen für Erwachsene auf – das unterstützt die Erkenntnis, dass wir uns alle einander gegenüber zu verantworten haben. So müssen mein Mann und ich 20 Cent bezahlen, wenn wir geflucht haben. Das zeigt unseren Kindern, dass wir uns ebenfalls verantwortlich verhalten müssen. Ich selbst nehme oft Auszeiten, wenn ich mich zu sehr über sie ärgere und merke, dass ich für ein paar Minuten in mein Zimmer gehen muss.

Nicht nur Kinder müssen an ihrem Verhalten arbeiten; wenn Eltern an diesem Prozess teilnehmen, leben sie vor, dass alle Menschen die Möglichkeit haben, richtige oder falsche Entscheidungen zu treffen – niemand ist »schlecht«, weil er oder sie eine ungute Entscheidung getroffen hat. Wir alle arbeiten an unseren Mokassins.

~~~~~~

Fähigkeit: Seien Sie kreativ beim Entwickeln folgerichtiger oder logischer Konsequenzen, die den jeweiligen Situationen angemessen sind. Schätzen Sie diese kleinen Misshelligkeiten zu Hause, denn sie bereiten die Kinder auf ihr Gespür von Ursache und Wirkung in der wirklichen Welt vor.

Versuchen Sie Folgendes: Lassen Sie Ihr Kind selbst eine Konsequenz für sein problematisches Verhalten vorschlagen und sie in Eigenregie durchführen. Das schafft Vertrauen, Verantwortlichkeit und Integrität.

~~~~~~

3. Positive Konsequenzen oder Belohnungen

So, wie auf schlechte Entscheidungen negative Konsequenzen folgen sollten, zieht positives Verhalten oft positive Ergebnisse nach sich. Natürliche positive Konsequenzen ergeben sich, wenn ein Kind gute Verhaltensentscheidungen trifft, die mehr Vertrauen und Freiheitsgrade mit sich bringen. Doch wenn es um ärgerliches Verhalten geht, kann manchmal auch eine Belohnung steuernde Wirkung zum Besseren haben.

Es fördert den Reifungsprozess von Kindern, wenn man ihnen Anreize gibt, ihr eigenes Verhalten zu überprüfen. Hat ein Kind beispielsweise einen Wutanfall mit Gebrüll, Drohungen und Türenzuknallen, können die Eltern strategisch auf die Wut eingehen, indem sie ein Gefühlsstatement abgeben, das auf einen bestimmten Plan zuläuft. »Ich fühle mich machtlos, wenn du so wütend bist. Ich kann deine Wut nicht beenden, und ich kann dich nicht beherrschen. Nur du selbst kannst dich beherrschen. Wie wäre es mit einer Belohnung, wenn du lernst, deine Wutanfälle zu beherrschen? Du hast natürlich weiterhin ein Recht auf deine Wutgefühle, du kannst sie nur nicht auf so destruktive Weise äußern. Wenn du es schaffst, deine Wut eine ganze Woche lang konsequent und angemessen zu kontrollieren, gebe ich dir 5 € zu deinem Taschengeld dazu. Es ist nur so eine Idee; was meinst du? Wenn du vor Ende der Woche ausfällig wirst, fangen wir wieder von vorn an. Es liegt bei dir, ob du es versuchen willst.«

Auch wenn viele Eltern über diese Idee vielleicht zunächst die Nase rümpfen mögen, würden die meisten Kinder sie begeistert aufnehmen. Selbst wenn ein Kind seine Wut aus falschen Gründen zügelt (d.h. Geld), probiert es ein neues Verhalten aus: Selbstbeherrschung. Dieses neue Verhalten hilft, sein Gehirn neu zu vernetzen, da jetzt mit der Wut ein neues Signal verknüpft ist: sich beherrschen und beruhigen. Dies sind enorm positive Schritte für ein Kind mit Wutproblemen. In der Therapie sagen wir manchmal: »Tu so, als ob, bis du es wirklich tust.« Es spielt keine Rolle, ob ein Kind seine Wut aus lauteren Beweggründen oder wegen einer Belohnung kontrolliert; in jedem Fall arbeitet das Kind daran, ein eingeschliffenes Verhaltensmuster – wie zum Beispiel einen Wut- oder Trotzanfall – zu durchbrechen. Das wird dem Kind nur nützen.

Wenn ein Vater oder eine Mutter 5 € für angenehme Wochen ohne Wutanfälle bezahlt hat, ist das Geld gut investiert. Das muss nicht in alle Ewigkeit fortgeführt werden. Nach einer Weile können sie sagen: »Du hast mir wirklich gezeigt, dass du deine Wut kontrollieren kannst. Jetzt brauchen wir dich nicht mehr mit Geld zu belohnen, aber ich bin überzeugt, dass du dich auch so im Griff hast. Die Belohnung ist jetzt, dass du einen Reifeschritt nach vorne gemacht hast.«

Allerdings sollten die Eltern nicht übermäßig hinterher sein, dass das Kind das versprochene Geld verdient, denn es muss sich innerlich selbst dazu motiviert fühlen. Der ganze Prozess kann für alle in der Familie recht anstrengend sein, aber wir dürfen nicht vergessen, dass es sehr viel besser ist, wenn das Kind die Auseinandersetzung mit sich und seinen Gefühlen unter sicheren Bedingungen zu Hause austrägt, als draußen in der wirklichen Welt.

Fähigkeit: Drehen Sie den Gedanken der negativen Konsequenz herum und überlegen Sie positive Konsequenzen für Kinder, die lernen, eigenständig ihre Emotionen auf gesunde und produktive Weise zu beherrschen. Zum Beispiel geben wir Kindern häufig Süßigkeiten, wenn sie sich aufregen, um sie glücklich zu machen. Wie wäre es stattdessen, dem Kind eine Belohnung zu geben, das seinen Wutausbruch zähmt und sich beruhigt?

Versuchen Sie Folgendes: Fragen Sie Ihr Kind, was es gerne bekommen würde, wenn es eine Woche lang seine Wut beherrscht — oder seine Hausaufgaben ordentlicher macht. So funktioniert die Welt: emotionale Selbstbeherrschung und Ordnungsleistungen werden im Leben belohnt.

4. Gefühlsaussagen

Gefühlsaussagen sind eine weitere Möglichkeit, dem Verhalten unserer Kinder einen Spiegel vorzuhalten. Unsere Gefühle informieren unsere Kinder darüber, welche Wirkung sie auf uns haben. Diese Kommunikation findet nicht in Form von Vorwürfen statt, sondern sachlich und klar: »Ich bin traurig, dass du mich angelogen hast, wo du nach der Schule warst.« Beziehungen bestehen aus zwei Menschen, und wenn wir wollen, dass unsere Kinder auf die Gefühle von anderen Rücksicht nehmen, müssen wir unsere Gefühle in die Eltern-Kind-Beziehung einbringen. Diese Fähigkeit wurde ausführlich in Kapitel 1 beschrieben – wenn Sie Ihr Wissen noch einmal auffrischen wollen, schauen Sie dort nach.

Fähigkeit: Wenn Sie sich von Ihrem Kind geärgert fühlen, dann fühlen Sie in sich hinein und fragen sich, was genau Sie fühlen. Wiederholen Sie noch einmal die Gefühlsaussagen und erklären Sie Ihrem Kind nach diesem Modell genau, was Sie fühlen.

Versuchen Sie Folgendes: Bitten Sie Ihr Kind, einen »Ich-fühle-mich«-Satz zu sagen, wenn es sich abschottet oder vorwurfsvolle »Du-Aussagen« trifft. Nehmen Sie ernst, was Ihr Kind fühlt, selbst wenn es wütend auf Sie ist. Ich würde es immer vorziehen, dass meine Kinder mir sagen, sie seien wütend auf mich, statt vor mir die Tür zuzuknallen oder sich von mir zurückzuziehen.

Wenn wir im Alltag über Konsequenzen sprechen, werden die Kinder bald überall um sich herum Konsequenzen entdecken. Wenn die Polizei zum Beispiel ein Auto anhält, zeigt das Kindern die Konsequenz für zu schnelles Fahren; Bücher zu spät zur Bücherei zurückzubringen kostet eine Überziehungsgebühr; eine Diskussion über den Mangel an Jobangeboten für Menschen ohne Schulabschluss zeigt Kindern die Notwendigkeit einer guten Schulausbildung. Das sind Lebensrealitäten, und so können wir, statt überfürsorglich für unsere Kinder alles zu regeln, sie anhand dieser Realitäten erziehen und sie ihre eigenen Entscheidungen treffen lassen.

Wenn Kinder ihre eigenen Entscheidungen treffen, engagieren sie sich mit hoher Wahrscheinlichkeit bewusster für ihr Leben.

Viele Eltern sagen mir, dass Konsequenzen bei ihnen nicht funktionieren, weil es ihren Kindern gleichgültig ist, wenn sie Privilegien verlieren. Doch dieselben Kinder strengen sich in therapeutischen Programmen mächtig an, um Privilegien zu erwerben und zu behalten. Fast jedes Kind hat etwas, das ihm wichtig ist, sei es ein Computerspiel, ein Handy oder Zeit mit Freunden – wie gesagt, es kann sogar ein Campingstuhl sein. Kinder sind nur sehr gut darin, das Verhalten ihrer Eltern zu lesen, und wissen, wie sie reagieren müssen, um einen Machtkampf zu gewinnen. Vergessen Sie nicht: Wenn Kinder zu Hause Macht erwerben, sind sie weniger motiviert, persönliche Macht in der wirklichen Welt zu erwerben. Und es spielt nicht die geringste Rolle, ob Eltern glauben, dass eine Konsequenz »funktioniert« – was allein zählt, ist, dass das Kind die Lektion von Ursache und Wirkung auch wirklich lernt.

3

Stolpersteine auf dem Weg

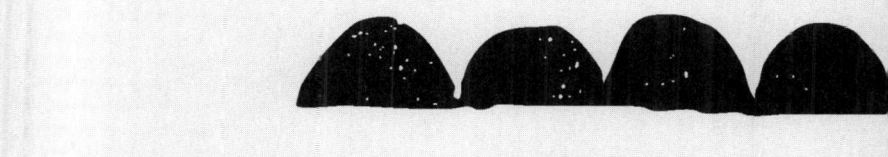

Kapitel 7

Der Weg der Eltern

Die Praxis der Achtsamkeit und
Entsagung ermöglicht uns, zu empfinden,
dass wir keinen Grund unter den Füßen
haben – indem wir erkennen, dass wir
dieses Gefühl zu meiden versuchen.

Pema Chödrön, Comfortable with Uncertainty

Daniel

Daniel verlor unter tragischen Umständen seine Mutter an Krebs, als er erst dreizehn Jahre alt war. Sein älterer Bruder war gerade von zu Hause fortgezogen und ging auf die Uni, sodass Daniel mit seinem trauernden und untröstlichen Vater alleine zurückblieb. Heute erinnert sich Daniel an die bedrückende Stille im Haus, das Knarren des Stuhls im Arbeitszimmer seines Vaters, seine Angewohnheit, leise durch das Haus zu schleichen und so zu tun, als wäre er unsichtbar. Sein Vater war emotional schon immer distanziert gewesen, sodass der Verlust der Mutter zugleich den Verlust von Wärme und Glück in seinem Leben bedeutete. Er erinnert sich, wie der Schmerz ihn überwältigte, ohne dass er sich an jemanden wenden konnte. Eines Tages und nach Monaten, in denen er sich wie »abgeschaltet« gefühlt hatte, nahm er seinen Mut zusammen, um mit seinem Vater darüber zu sprechen.

Daniel betrat leise das Arbeitszimmer und setzte sich auf das Sofa. Sein Vater las Zeitung, nahm sie kurz herunter, um seinen Sohn anzuschauen, und fuhr dann mit der Lektüre fort. Sie waren ja gewohnt, sich anzuschweigen. Schließlich fasste sich Daniel ein Herz, räusperte sich und sprach gegen die Rückseite der Zeitung: »Sie fehlt mir so sehr.«

Daniel erwartete eigentlich ein Gefühl der Erleichterung, aber stattdessen lief ihm der kalte Schweiß herunter. Bald hörte er, wie sein Vater die Zeitung zusammenknüllte und sie auf den Boden warf. »Du vermisst sie so sehr? Nun, zumindest hast du noch ein Leben vor dir; ich habe nichts mehr.« Voller Panik stand Daniel auf und verließ den Raum. Nach diesem Gespräch war ihm klar, dass er seine Mutter seinem Vater gegenüber nie mehr erwähnen würde.

Für Daniel war diese Erfahrung so prägend, dass er sich schwor, keines seiner Kinder jemals die Erfahrung machen zu lassen, sich alleingelassen zu fühlen – *niemals*. Er war fest überzeugt, dass jemand ihm den Schmerz hätte nehmen können, als er so tief trauerte, wenn nur jemand da gewesen wäre, der sich um ihn gekümmert hätte. Er wusste, dass er als Vater sich um seine Kinder immer kümmern würde.

Daniel und seine Frau Karen hatten drei Töchter. Obgleich sie nie offen darüber sprachen, war Lizzie, mit acht Jahren die Jüngste, für die Familie eine ständige Quelle von Stress und Konflikten. Sie legte sich immerzu quer, widersprach, geriet leicht in Wut und war widerspenstig. Zum Überfluss bekam sie, nachdem sie sich mehrere Jahre in der Schule schwergetan hatte, die Diagnose einer Lernstörung.

Daniel fühlte in sich eine überwältigende Traurigkeit für Lizzie, und getreu seiner Überzeugung ließ er nichts unversucht, um Leid von ihr abzuwenden. Ihre Diagnose löste bei ihm noch größeres Bemühen aus, ihre Bedürfnisse vorwegzunehmen. Voller Sorge fragte er sich: »Verarbeitet sie Informationen falsch? Versteht sie vielleicht nicht vollständig, was andere sagen?« Kurzum: Wenn Lizzie irgendeine Art von Verstimmung äußerte, eilte Daniel zu Hilfe. Er wurde ein Experte darin, ihre nonverbalen Signale zu lesen. Er meinte, ihre Lücken füllen zu können. Lizzie brauchte kein Wort zu sagen, es genügte, wenn sie schmollte, eine bestimmte Miene aufsetzte oder Frustration zeigte, und Daniel wurde aktiv – er machte ihr ein neues Essen, half ihr bei den Hausaufgaben, brachte ihre Arbeit im Haushalt zu Ende, putzte ihr Zimmer und so weiter.

Stolpersteine für Eltern

Viele Eltern sind so fixiert auf die Stolpersteine und Hindernisse, die sich ihren Kindern in den Weg legen, dass sie ihre eigenen Stolpersteine aus dem Blick verlieren. Auch wenn wir gut funktionierende Erwachsene sind, die bei ihrer Arbeit viel Verantwortung tragen, beenden doch viele von uns den eigenen Wachstumsprozess, wenn sie Kinder bekommen, und widmen sich fortan nur noch deren Wachstum. Doch wenn wir für unsere Kinder sorgen und sie auf die beste Weise großziehen wollen, müssen wir uns auch selber weiterentwickeln. Beziehungen bestehen aus mindestens zwei Menschen, und in einer Eltern-Kind-Beziehung müssen Eltern auch in sich selbst, auf ihrer eigenen Seite der Gleichung investieren. Das kann eine große Herausforderung darstellen, da die meisten Eltern die Seite ihrer Kinder wie unter dem Mikroskop sehen.

Wenn Eltern miterleben, dass ihr Kind emotional leidet, kann es sie an ihr eigenes Leid in der Kindheit erinnern. Wenn ein Vater die ganzen Jahre über einfach den Kopf in den Sand gesteckt hat, um sein Leid nicht zu sehen oder empfinden zu müssen – wie klein oder groß es auch immer war –, dann kann es ihn leicht hinterrücks überfallen, wenn er mit den Problemen seines Kindes konfrontiert wird. Alles das geschieht nicht bewusst; vielmehr reagiert der Vater rasch, um das Leid seines Sohnes zu beenden, nur, um das Gefühl des Ungenügens aus seiner eigenen Kindheit zu bannen. Auf diese Weise können die vergangenen Qualen der Kindheit noch in den Mustern unserer Eltern-Kind-Beziehungen ihre hässliche Fratze zeigen. Eltern sind die emotionalen Rollenvorbilder ihrer Kinder – ob es ihnen gefällt oder nicht. Wir können von unseren Kindern nichts verlangen, wozu wir selbst nicht bereit sind. Wir können nicht erwarten, dass unsere Kinder sich ihrer Traurigkeit stellen, wenn wir selbst den schnellsten Weg suchen, um vor unserer eigenen Traurigkeit zu fliehen. Um effektiv als Rollenvorbild für unsere Kinder zu taugen, müssen wir unsere eigenen Gefühle der Traurigkeit, Enttäuschung, Frustration oder Angst zulassen – und diese Emotionen aushalten, ohne zu übertreiben oder uns abzuschotten. Wir müssen vorleben, dass wir bereit sind, zuzuhören und die Emotionen anderer wahrzunehmen, auch in einem Konflikt – statt uns von anderen Menschen zurückzuziehen oder sie »zurechtzubiegen«. Wir müssen für unsere Mängel Verantwortung übernehmen und Fehler beheben. Es ist viel schwerer, einfach präsent zu bleiben und sich den Kindern zu öffnen, als auf Autopilot zu schalten.

Sich dem Unbekannten stellen ist gleichbedeutend mit dem Herstellen von Mokassins; in automatischen Verhaltensmustern verharren ist hingegen der Versuch, die Kontrolle zu behalten und alles um uns herum abzufedern.

- Wenn die Angst der Eltern eine emotionale Achterbahn auslöst, lernen Kinder, wie man es schafft, die eigene Angst immer höherzuschrauben.
- Wenn Eltern ausrasten, weil sie überfordert sind, lernen Kinder, wie man um sich schlägt.
- Wenn Eltern es ablehnen, zu fühlen oder in ihrem Leben präsent zu sein, lernen Kinder, wie man sich emotional abschottet.

Aber natürlich – wir alle haben negative Angewohnheiten. Und natürlich sind viele Kinder vollkommen anders als ihre Eltern. Doch können Eltern in jeder Situation als Rollenmodell dafür fungieren, wie man mit Emotionen umgeht, Gefühle äußert, Unbequemlichkeiten aushält, verletzlich ist, Grenzen setzt, Verantwortung übernimmt, Konflikte löst, Gefühle ernst nimmt und sich sogar auf Ungewissheiten einlässt. Bevor wir das allerdings können, müssen wir uns unserer selbst bewusst sein und wissen, mit welchen automatischen Verhaltensmustern wir auf unsere eigenen Emotionen reagieren.

Automatische Reaktionen

Automatische Reaktionen von Eltern sind Teil ihres emotionalen Reaktionssystems, das auf ihrer persönlichen Geschichte basiert. Beim Umgang mit Kindern, Jugendlichen und jungen Erwachsenen liegt der Fokus immer auf den Problemen des Kindes. Wir wissen aber alle, dass Kinder nicht in einem Vakuum aufwachsen. Sie wachsen mit den emotionalen Geschichten ihrer Eltern auf. Wir können nicht so tun, als gäbe es diese emotionalen Reaktionen und Geschichten nicht. Vielmehr spielen sie in den Interaktionen mit unseren Kindern wohl oder übel eine unübersehbare Rolle.

Das Augenmerk auf diese automatischen Reaktionen ist entscheidend, wenn wir die Muster in der Eltern-Kind-Beziehung durchschauen wollen und Veränderungen anstreben.

Daniel

Daniel, wie oben in der Geschichte beschrieben, versuchte immerzu, die Probleme seiner Tochter zu lösen; sich selbst konnte er nicht helfen. Jede Schwierigkeit, die sich ihr in den Weg stellte, ob ausgesprochen oder nicht, wurde von ihm vorweggenommen, analysiert und dann beseitigt. Er arbeitete unablässig hinter den Kulissen.

Doch es war ihm nicht bewusst, dass er aus Angst agierte und sich ständig nach diesem Muster verhielt. Er nahm diesen Beweggrund für sein Handeln und Denken auch deshalb nicht wahr, weil er tief in seinem Inneren davon überzeugt war, dass dies die Pflicht von Eltern sei. Daniel gestand, er könne sich nicht vorstellen, seiner Tochter nicht zu helfen, wenn sie zu kämpfen hatte. Was würde geschehen, wenn er seine Rettungsmaßnahmen einstellte und es stattdessen seiner Tochter überließ, ihre Probleme selbst zu lösen?

Als Daniel begann, den Automatismus seines väterlichen Verhaltens zu reflektieren, stieß er auf seine persönliche Geschichte. Er erkannte, dass die Vorstellung, seiner Tochter nicht zu helfen, in ihm Panikgefühle auslöste, weil er selbst niemanden gehabt hatte, der ihm in der Leidenszeit nach dem Verlust seiner Mutter beigestanden hatte. Daniel nahm an, ein guter Vater ließe seine Tochter niemals etwas alleine bewältigen. Zwar war seine Absicht einerseits folgerichtig und auch liebevoll, doch Daniel begann zu erkennen, dass sein Verhalten in erster Linie mit seinen eigenen Kindheitsängsten zu tun hatte. Diese Erkenntnis erschütterte ihn. Er dachte: »Helfe ich ihr, oder versuche ich, mich selbst zu schützen?« Letzterer Gedanke beunruhigte ihn so sehr, dass Daniel sich gezwungen sah, seiner Tochter nur noch dann zu helfen, wenn er sicher war, dass er nicht aus seinem Angstkomplex heraus handelte, den er seit Jahren unbewusst kultiviert hatte.

Daniel begriff auch, dass seine Tochter trotz seiner besten Absichten zutiefst von ihm abhängig war und nicht wusste, wie sie ihre Probleme selber lösen konnte, was tatsächlich ihre Unfähigkeit steigerte, mit ihrer Lernstörung umzugehen. Er hatte durch sein Verhalten ihren emotionalen Reifungsprozess blockiert. Und er begann sich einzugestehen, wie fordernd, ungeduldig und reizbar sie sein konnte. Sich seiner Rettungsbemühungen zu enthalten war eine Herausforderung für ihn und seine Tochter gleichermaßen, aber mit der Zeit führte genau das zu neuen Entwicklungen und erlaubte seiner Tochter, ihr emotionales Wachstum wiederaufzunehmen.

Heute hilft Daniel seiner Tochter nur noch, wenn sie ihn ausdrücklich darum bittet und die Bitte plausibel erscheint; indem sie begründet um Hilfe bittet, übernimmt sie damit auch ein Stück weit Verantwortung für sich selbst. Obgleich das anfangs schwierig war, bemerkte er, dass er für sein eigenes Leben neue Kraft verspürte, wenn er sich nicht mehr unermüdlich um sie kümmern musste – und er nutzte die Energie, um körperlich wieder fit zu werden, und auch das half, das Gleichgewicht in der Eltern-Kind-Beziehung wiederherzustellen.

Daniels automatisches Reaktionsmuster:
Seine Tochter vor Schwierigkeiten retten, um mit seiner eigenen
Angst fertig zu werden.

Linda

Linda war gegenüber ihrem Sohn immer nachsichtig, egal wie er sich ihr gegenüber auch verhielt. Sie hatte ihre eigene Mutter als sehr hart empfunden und bemühte sich daher, die Erklärungen ihres Sohnes anzuhören und seine Seite zu verstehen. Wenn er sich abschottete, log, drohte oder respektlos war, fand sie für sein Verhalten immer eine Entschuldigung. Als Ergebnis dieser automatischen Reaktion verlor Linda ihre eigenen Gefühle aus den Augen. War sie frustriert, wenn er sich zurückzog, verletzt, wenn er sich respektlos verhielt, wütend, wenn er drohte oder log? Was genau steckte hinter Lindas Verhalten wirklich?

Als ihr Sohn eine Therapie begann, wurde Linda vom Therapeuten gefragt, warum ihr Sohn sich ständig so danebenbenehme. Linda vermutete, dass ihr Sohn litt, weshalb sie immer sofort tröstend eingriff. Als sie gefragt wurde, was *sie* fühle, wusste sie darauf nichts zu antworten. Dazu hatte sie keinen Zugang; sie war viel zu beschäftigt, sich um die Bedürfnisse und Gefühle anderer zu kümmern.

Mit der Zeit und unter der Anleitung einer Therapeutin erkannte Linda, dass *sie selbst* es war, die litt, was mit den Verlusterfahrungen in ihrer eigenen Kindheit zu tun hatte. Eigentlich wusste sie gar nicht, was ihr Sohn empfand, denn sie hatte ihn nie gefragt. Lindas emotionales Reaktionsmuster resultierte aus ihrer persönlichen Geschichte: Sie war in einer Familie aufgewachsen, in der beide Eltern starke Persönlichkeiten waren, zugleich aber dem Alkohol mehr als zugetan. Linda musste sich anpassen, sie sah die Gefühle ihrer Eltern und strengte sich an, ihnen alles recht zu machen. Niemand sah, spiegelte oder würdigte ihre Emotionen. Sie wusste eigentlich nie, was sie fühlte, und wenn es ihr schlecht ging, machte sie sich Selbstvorwürfe.

Als Linda begann, sich ihren eigenen Emotionen zu öffnen, entdeckte sie zum ersten Mal, dass sie über die Respektlosigkeit ihres Sohnes nicht nur frustriert, sondern auch wütend war. Wut war schwer zu erkennen und zu akzeptieren, da sie sie noch nie bewusst empfunden hatte. Ihr Empfinden dafür bedeutete einen Wendepunkt nicht nur für Linda, sondern auch für ihren Sohn. In der nächsten Therapiesitzung sagte sie zu ihm: »Schatz, ich rede gerne mit dir, und deine Gefühle sind mir sehr wichtig. Aber ich werde ab jetzt keine Respektlosigkeit mehr akzeptieren. Das nächste Mal, wenn du dich respektlos äußerst, breche ich das Gespräch ab, damit du siehst, dass ich dir nicht zuhören oder mit dir sprechen kann, bevor du nicht deinen Ton mir gegenüber änderst.«

Linda musste diese Haltung konsequent wahren und viele Anrufe und Gespräche abbrechen. Das machte sie traurig, aber sie wusste, dass sie ihm keinen Gefallen tat, wenn sie ihn respektlos oder emotional manipulativ agieren ließ. Dadurch, dass sie sich ihres automatischen Reaktionsmusters bewusst wurde, wurden ihr auch ihre Wut und Frustration bewusst, was dazu führte, dass Linda zum ersten Mal eine Grenze setzte und ihren Sohn für sein Verhalten verantwortlich machte. Es fiel ihr zwar unendlich schwer, aber es lohnte sich auch für sie. In dem Maße, wie sie in ihrer Erziehung konsequenter wurde, gewann sie für sich an Klarheit und an Kraft. Diese Einsicht und die Veränderung ihres Verhaltens stellten das Gleichgewicht in der Eltern-Kind-Beziehung wieder her. Umgekehrt redete ihr Sohn nun respektvoller mit ihr, weil sie das verlangte.

Lindas automatisches Reaktionsmuster:
Die eigenen Emotionen ausblenden, um für andere zu sorgen.

Paul

Paul kommt heim und schreit herum. Er findet, dass zu Hause alles schiefläuft. Er versteht nicht, warum sein Sohn immerzu seine Kopfhörer aufhat oder bei geschlossener Tür in seinem Zimmer sitzt. »Warum sperrt er mich aus? Ich arbeite den ganzen Tag – ich möchte mich gern mit ihm entspannen und ein bisschen Basketball spielen. Ist das zu viel verlangt? Er nimmt mich noch nicht einmal wahr.« Paul wird immer frustrierter, er hat das Gefühl, dass er im Leben seines Sohnes keine Rolle spielt. Doch scheint diese Frustration die Kluft zwischen Vater und Sohn nur zu vertiefen. Was ist Pauls persönliche Geschichte? Was bringt ihn so auf?

Paul war Sohn einer alleinerziehenden Mutter. Als er Vater wurde, schwor er sich, eine wichtige Rolle im Leben seines Sohnes zu spielen. Doch fühlte er sich in der Erziehung machtlos und verwirrt. Paul wusste, dass Belehrungen, Ratschläge und Aufforderungen, sich mal zu bewegen, nichts fruchteten. Er gab widerwillig zu: »Ehrlich gesagt weiß ich noch nicht mal, was man als Vater so macht, ich hatte ja keinen. Ich versuche einfach nur, für den Jungen da zu sein.«

Mit dem Wissen, was er eigentlich wollte – eine Beziehung –, sagte Paul zu seinem Sohn: »Ich sage mir immer, wie glücklich du doch bist, dass du einen Vater hast, der jeden Tag nach Hause kommt und dich lieb hat, und es frustriert mich, wenn dir das nichts bedeutet. Aber ich habe erkannt, dass das meine Geschichte ist und nicht deine. Du denkst wahrscheinlich: ›Mein Vater ist immer wütend.‹ Doch da ich jetzt genauer weiß, was ich fühle, möchte ich dich fragen, was du gern mit mir zusammen machen würdest. Können wir für abends, wenn ich heimkomme, vielleicht ein bisschen Zeit für uns beide einplanen? Das würde mir sehr viel bedeuten.« Pauls Erkenntnis seiner automatischen Reaktionen führte zu neuen Entwicklungen und zu größerer Nähe zu seinem Sohn.

Pauls automatisches Reaktionsmuster:
Die Projektion seiner aufgestauten Wut und Traurigkeit auf seinen Sohn, weil er selbst keine Beziehung zu seinem Vater gehabt hatte.

Kongruente Kommunikation

Kinder sind von Geburt an Experten darin, die Gesichter, Emotionen, Gesten und Signale ihrer Eltern zu lesen. Der Gegenstand, den sie am meisten in ihrem Leben studiert haben, sind Sie.

Wenn Eltern ihre eigenen emotionalen Befindlichkeiten und Reaktionen begreifen lernen und erkennen, dass sie Entscheidungsmöglichkeiten haben, können sie ihren Kindern vorleben, dass auch sie Entscheidungsmöglichkeiten haben. Sie können die Tür hinter sich zuknallen oder Sie können tief durchatmen. Sie können herumschreien oder selbstbewusst auftreten. Sie können sich als Opfer gerieren oder Ihr Kind zur Verantwortung ziehen. Eltern können viel Negatives aufhäufen in ihrer Reaktion auf Gefühle oder sich ganz einfach einer negativen Emotion stellen und sie empfinden, so lange, bis sie nachlässt und verschwindet.

Wenn Eltern ihre Gefühle wahrnehmen, werden sie *kongruenter*: Ihre verbale Kommunikation stimmt mit ihrer nonverbalen Kommunikation überein. Sehr viele Eltern sagen, es gehe ihnen »gut«, obwohl sie nonverbal Ärger, Angst, Spannung oder Enttäuschung signalisieren. Für Kinder ist das äußerst verwirrend. Kinder lesen die nonverbalen Signale ihrer Eltern, hören zugleich aber Worte, die damit in Widerspruch stehen. Der Kinderpsychiater Daniel Siegel schreibt in seinem Buch *Parenting From the Inside Out* [Erziehung von innen nach außen]:

Wenn verbale und nonverbale Signale unterschiedliche Botschaften transportieren – wenn sie nicht deckungsgleich sind –, wird die Gesamtbotschaft unklar und verwirrend. Wir bekommen zwei verschiedene und widerstreitende Botschaften auf einmal. Nehmen wir an, eine Mutter ist traurig, und ihre Tochter, die die nonverbalen Signale aufnimmt, fragt: »Mama, bist du traurig? Habe ich irgendwas falsch gemacht?«, und die Mutter antwortet mit bemühtem Lächeln: »Ach nein, Schatz, ich bin nicht traurig, es ist alles bestens.« Das Kind wird verunsichert sein, weil es eine doppelte Botschaft erhält.

Wenn Eltern aber sagen: »Ich bin traurig, weil Großmutter krank ist«, oder: »Ich bin wütend, weil du dich mir gegenüber respektlos verhalten hast«, oder: »Ich mache mir Sorgen, wenn ich dich so mit dir selbst kämpfen sehe«, oder: »Ich bin traurig, weil ich zu meinem Vater keine Beziehung hatte« – können sich Kinder dazu verhalten. Eine kongruente Kommunikation ist klar und plausibel. Das bringt Erleichterung.

Kongruente Kommunikation erinnert die Kinder daran, dass es Eltern nicht immer gut geht, was ihnen vermittelt, dass es durchaus in Ordnung ist, wenn man nicht immer glücklich und gut gelaunt ist.

Kinder empfinden ein ganzes Spektrum von Emotionen, zu denen auch intensive und starke Gefühle gehören. Folgerichtig bekommen sie den Eindruck, dass etwas mit ihnen nicht stimmt, wenn sie dieses Spektrum nicht von ihren Eltern gespiegelt sehen. Gefühle spielen eine zentrale Rolle im menschlichen Leben.

Gefühle als etwas ganz Normales anzuerkennen ist ein fabelhaftes Mittel, um die unterschwellige Scham zu minimieren, die entsteht, wenn ein Kind das Gefühl hat, etwas mit ihm »stimme nicht«. Gefühle kommen und gehen; wir brauchen deswegen nicht in Panik zu verfallen.

Eltern sollten jedoch auch ihre Gefühle gegenüber den Kindern abgrenzen können. Zum Beispiel könnte eine seelisch angespannte Mutter sagen: »Schatz, ich bin gerade etwas traurig, weil ich mit Papa gestritten habe; manchmal ist es auch für Erwachsene schwer, Dinge zu regeln, nicht nur für Kinder.« Diese Mutter zieht das Kind nicht in den Konflikt hinein; sie ist ehrlich, offen und kongruent. Kinder sehen die Misshelligkeiten zwischen ihren Eltern, seien sie explosiv, passiv-aggressiv oder schlicht dadurch gekennzeichnet, dass beide sich aus dem Weg gehen. Wenn Eltern offen und mit angemessenen Grenzen ihre Situation darlegen, ist ein Streit zwischen Eltern für Kinder nicht tragisch. Eine Mutter könnte sagen: »Ich habe das Gefühl, wir werden das schon hinbekommen, aber gerade jetzt bin ich ein bisschen traurig. Wie fühlst du dich?« Konflikte gehören zu gesunden Beziehungen und zu gesunden Familien, und daher müssen wir uns nicht übermäßig anstrengen, sie zu vermeiden; wir brauchen nur die richtigen Werkzeuge und Techniken, mit ihnen angemessen umzugehen.

In der Tat finde ich die Vorstellung, dass Eltern für Kinder eine primäre emotionale Stellung einnehmen, sowohl aufregend wie auch ziemlich beängstigend und einschüchternd. Eltern sind tatsächlich von enormer Wichtigkeit. Statt uns im Leben unseres Kindes machtlos zu fühlen, sollten wir also lieber erkennen, dass unser Kind uns täglich, wenn nicht stündlich beobachtet. Eltern können innehalten, verzichten und sich ihren Unannehmlichkeiten und

Sorgen stellen. Wenn wir uns bewusst werden, wie unsere persönliche Geschichte unsere automatischen Reaktionsmuster bestimmt, gewinnen wir die Chance, mehr Gleichgewicht und Gelassenheit in der Familie zu etablieren. Wir leben die Herstellung von Mokassins vor.

Gelassenheit ist ein stabiler und ruhiger Gemütszustand, der sich nicht von Emotionen oder Ereignissen stören lässt. Der buddhistische Begriff für Gelassenheit ist *Uphekka*, die Fähigkeit, etwas anzusehen, ohne sich davon gefangennehmen zu lassen.

In der Erziehung bedeutet Gelassenheit, aus der emotionalen Achterbahn des Kindes auszusteigen – ruhig zu bleiben, welches Verhalten das Kind auch gerade zeigt.

Konsistente, beherrschte Reaktionen der Eltern bieten Kindern Sicherheit und Verlässlichkeit und erlauben ihnen, ihre eigenen unabhängigen Gedanken zu entwickeln.

Automatische Reaktionsmuster erkennen und bearbeiten

Ein guter Einstiegspunkt für Eltern, die sich ihrer automatischen emotionalen Reaktionsmuster bewusst werden wollen, ist das Führen eines Gefühlstagebuchs. Schreiben Sie für einen kurzen Zeitraum einfach zu mindestens drei Tageszeiten ein oder mehrere Gefühle auf, die Sie empfinden. Das ist keine Übung, Dampf abzulassen, sich als Opfer zu stilisieren oder anderen Vorwürfe zu machen; es geht nur darum, die eigenen Gefühle wahrzunehmen und aufzuschreiben. Zum Beispiel sind Sie um 7 Uhr 45 morgens vielleicht angesichts des bevorstehenden Tages müde oder besorgt. Dieses Tagebuch handelt nur von Ihnen.

Am Morgen ....

Am Mittag ....

Am Abend ....

Das erste Ziel dieser Übung ist es, die *eigenen Gefühle zu identifizieren*: traurig, besorgt, angstvoll, wütend, erwartungsvoll, stolz, zufrieden etc. Viele Eltern, die überfürsorglich agieren oder mit ihren Kindern (oder anderen Personen) Probleme haben, wissen oft nicht, was sie selber fühlen – sie sind zu sehr mit den Gefühlen oder dem Verhalten ihres Kindes (oder einer anderen Person) beschäftigt. Wenn die Eltern innehalten und auf ihre eigenen Gefühle horchen, machen sie einen riesigen Schritt vorwärts zu einem größeren Gleichgewicht und zu größerer Wahrnehmungsfähigkeit in der Eltern-Kind-Beziehung. Gefühlstagebücher sind großartig für mehr Gefühlsverständnis in der Familie.

Das zweite Ziel ist es, die *eigenen Verhaltensmuster zu erkennen*: durchschauen zu lernen, wie wir durch unsere Verhaltensmuster unsere tiefer liegenden Emotionen ausagieren. Wenn zum Beispiel ein Vater Angst hat und sein Kind sofort tröstet, besteht ein unmittelbarer Zusammenhang zwischen Angst und Aktivität. Doch viele Eltern sind sich der tief eingewurzelten Muster im Umgang mit ihren Kindern nicht bewusst. Oft fehlt dieses entscheidende Stück Information – die Selbstwahrnehmung –, wodurch festgefahrene Eltern-Kind-Muster bestehen bleiben. Wenn Eltern sich selbst besser wahrnehmen, verstehen sie ihr eigenes Verhalten auf einer tieferen Ebene.

Das dritte Ziel ist die *Veränderung des Verhaltens*. Wenn wir uns dessen bewusst sind, was wir fühlen und was wir tun, haben wir die Freiheit, zu entscheiden, ob wir dieses Muster fortsetzen wollen oder nicht. Wenn Eltern ihr Verhalten klar und deutlich *sehen* und wenn ihnen nicht gefällt, was sie sehen, ist das eine große Motivation, sich und sein Verhalten zu verändern.

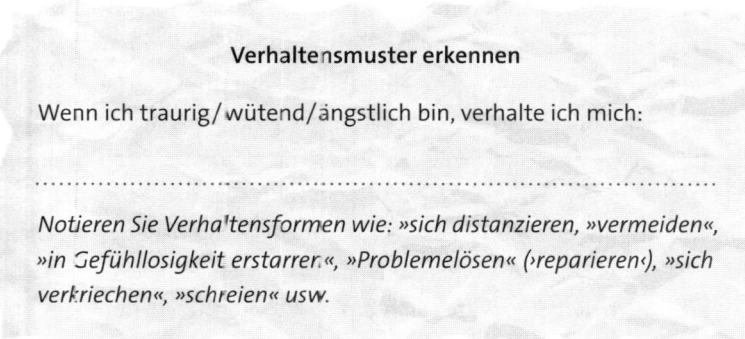

Verhaltensmuster erkennen

Wenn ich traurig/wütend/ängstlich bin, verhalte ich mich:

....

Notieren Sie Verhaltensformen wie: »sich distanzieren, »vermeiden«, »in Gefühllosigkeit erstarren«, »Problemelösen« (›reparieren‹), »sich verkriechen«, »schreien« usw.

Das Verhalten verändern

Will ich meine Angstspirale immer weiter nach oben schrauben oder kann ich mein Missbehagen eine Minute lang aushalten und abwarten, bis es sich legt? Will ich meine Tochter aufmuntern und versuchen, sie fröhlich zu machen, oder kann ich ihre Traurigkeit auf mich wirken lassen und ernst nehmen? Will ich mich selbst mit einer Mauer umgeben und mich mit Hausarbeit oder am Computer ablenken, oder kann ich mir erlauben, die Spannung in meinem Körper wahrzunehmen und ein paarmal ruhig durchzuatmen? Will ich die Menschen anschreien, die ich am meisten liebe, oder kann ich mir fünf Minuten Zeit lassen, um die Spannung loszuwerden, bevor ich durch die Tür gehe und irgendetwas sage? Sollte ich neue Entschuldigungen für das Verhalten meiner Tochter finden, oder kann ich eine Grenze setzen und ihr sagen, dass Respektlosigkeit in keiner Kommunikation akzeptabel ist?

Der erste Schritt zur Verhaltensänderung ist für Eltern schlicht ein *Unterlassen*. Wenn Eltern darauf verzichten, etwas zu tun, unterbrechen sie ihr automatisches, angewöhntes Reaktionsmuster. Das bedeutet das Unterlassen jeglicher Aktivität: schreien, sich zurückziehen, an den Computer setzen, die Situation bereinigen und so weiter. Ich habe einmal einen Artikel über Erziehung gelesen, in dem davon die Rede war, dass »man sich selbst an den Mast fesselt«. Manchmal sind wir so sehr im Moment gefangen, dass wir sofort drauflosreagieren wollen. Dann sollten wir uns sinnbildlich an einen Mast fesseln. Wenn wir das tun, gewinnen wir die Möglichkeit – gleichgültig, wie verfahren die Situation ist –, uns zu fragen: »Was fühle ich jetzt?«

Wenn Mütter und Väter sich einen Moment Zeit nehmen, um Luft zu holen und die Situation objektiv zu bewerten, erkennen sie, dass sie Gefangene ihrer spontanen Emotionen sind. Entscheidungsmöglichkeiten schaffen Unabhängigkeit, Souveränität der Situation gegenüber sowie den Rückgewinn der Selbstkontrolle. Dies ist genau der Prozess, den wir uns auch für unsere Kinder wünschen. Wir wollen, dass sie neue Entscheidungen treffen. Dieses Unterlassen einer spontanen Reaktion und Sichzurückhalten sind notwendig, wenn wir wollen, dass unser Kind einen Schritt vorwärts macht.

Die Selbstwahrnehmung erlaubt Eltern überdies, wichtige Punkte ihrer eigenen Geschichte, ihrer Erziehung oder ungelöste Gefühle ihrer Kindheit aufzuspüren; sie können zu ihren eigenen Stolpersteinen stehen. Schließlich kommen unsere emotionalen Reaktionen von irgendwoher. Diese Selbsterkenntnis aufseiten der Eltern zahlt sich am Ende aus, wenn die Eltern wissen, wie sie automatische Reflexe unterbinden und mit ihren Kindern von einem klaren Standort aus interagieren können.

Das neue Verhalten, das ich einüben möchte, besteht darin:

....

Notieren Sie Methoden wie: »unterlassen«, »innehalten«, »tief durch-atmen«, »um den Häuserblock gehen« oder »Wahrnehmen der eige-nen Emotionen«, ohne reflexhaft zu reagieren.

Die Kinder halten uns den Spiegel vor

Eines Tages, als ich in furchtbarer Hetze versuchte, alles Nötige zusammenzupacken, ins Auto zu stopfen, und dann losjagte, wurde mir nach etwa fünf Minuten klar, dass ich etwas vergessen hatte und umkehren musste. Ich stöhnte laut auf: »Ich gebe mir solche Mühe, organisiert zu sein, aber ich kriege es einfach nicht hin.« Meine äl-teste Tochter sagte zu mir: »Mama, wenn du dich hetzt, vergisst du dich selber.« Wow! Sie hatte sich nie mit Buddhismus befasst, aber in diesem Moment traf sie mit ihrem Rat wie ein weiser Meister genau ins Schwarze. Sie wusste intuitiv, dass ich mich selbst, mein Atmen und meine Selbstwahrnehmung aus den Augen verloren hatte. Ich reagierte auf Angststimuli, was sich in meiner Hektik äußerte.

Unsere Kinder erkennen unsere Verhaltensmuster, ob uns das gefällt oder nicht; wir können uns nicht vor ihnen verstecken. Wir müssen unseren Kindern zuhören, wenn sie uns Feedback geben, und es ernst nehmen, selbst wenn es manchmal wehtut. Es ist gut, wenn unsere Kinder uns zur Verantwortung zu ziehen, weil wir sie dann ebenfalls zur Verantwortung ziehen können. Damit eine Fa-milie gut funktionieren kann, müssen letzten Endes alle mit offenen Karten spielen. Unsere Kinder kennen uns emotional und seelisch –

also ist es am besten, wenn wir unsere »Schatten«, unsere Gewohnheiten und automatischen Reaktionsmuster offen eingestehen. Das wird mit großer Wahrscheinlichkeit das Gefühl, unseren Emotionen hilflos ausgesetzt zu sein, deutlich vermindern.

Ob wir Leid in unserer Kindheit erlebt haben, das in unser heutiges Erziehungsverhalten einfließt, oder ob wir einfach nur Eltern sind, die alles »perfekt« machen wollen, es ist wichtig, dass wir uns unserer automatischen Reaktionsmuster bewusst sind und sie offen eingestehen. Emotionales Wachstum findet auch bei Eltern statt, und es sollte daran gearbeitet werden, sodass sich Kinder daran orientieren können. In seinem Buch *Nothing Is Hidden* [Nichts ist verborgen] schreibt der Zen-Lehrer Barry Magid über die Gefahren »einer ungesunden Hingabe an andere auf Kosten eigener legitimer emotionaler und körperlicher Bedürfnisse«, dass es sich dabei um »eine Parodie der Menschenliebe (handle), die nichts anderes ist als *der Versuch, alle zu retten außer sich selbst.*«

Eltern müssen erkennen, ob ihre Reaktionen ihren Kindern gegenüber im »Retten« und Problemlösen wurzeln oder auf tiefer Empathie und tiefem Ernstnehmen beruhen. Wenn wir mit Gelassenheit reagieren, wenn wir uns unserer eigenen Stolpersteine bewusst sind, brauchen wir uns in die mal guten und mal schlechten Tage unserer Kinder nicht einzumischen. Wenn wir selbst mit unserem Leid im Reinen sind, müssen wir nicht jedes Mal aufspringen, wenn unsere Kinder irgendwo anstoßen. Wir können nicht alles kontrollieren, was unsere Kinder erleben. Und vor allem: *Wir müssen aufhören, die Stolpersteine für sie wegzuräumen.*

Aufgaben

1) Führen Sie ein Gefühlstagebuch, in dem Sie mindestens drei Gefühle am Tag festhalten. Machen Sie dies mindestens eine Woche lang. Tun Sie dies in dem Bewusstsein, dass Sie wissen müssen, was Sie fühlen, bevor Sie sich emotional auf Ihr Kind einstellen.

2) Welche Verhaltensmuster haben Sie festgestellt?

3) Haben Sie einen Zusammenhang zwischen Ihrem Verhalten und Ihren Gefühlen wahrgenommen? Zum Beispiel: Wenn Sie besorgt sind, springen Sie dann gleich auf, um das Problem Ihres Kindes zu lösen?

4) Welche Entscheidungsmöglichkeiten haben Sie als Eltern, mit Ihrem Kind zu neuen Ergebnissen zu kommen? Was können Sie kontrollieren?

5) Wie können Sie Ihre verbale und nonverbale Kommunikation kongruenter aufeinander einstellen?

6) Wie können Sie Ihrem Kind emotionale Reife vorleben?

Innere Ressourcen, die durch diesen Erziehungsansatz gefördert werden:

- Innere Motivation
- Selbstdisziplin
- Stresstoleranz
- Anpassungsfähigkeit
- Belohnungsaufschub
- Emotionale Selbstregulierung

⁓ Kapitel 8 ⁓

Der Weg der Kinder

Schaut die Kinder an! Natürlich streiten sie, doch im
Allgemeinen sind sie nie so nachtragend wie Erwachsene.
Die meisten Erwachsenen haben den Kindern den Vorteil
ihrer Bildung voraus, aber was nützt Bildung, wenn man
zwar ein breites Lächeln zeigt, aber innerlich negative
Gefühle mit sich herumträgt?

Der Dalai-Lama, Imagine All the People

Das Herstellen von Mokassins funktioniert nur auf dem Weg Ihres
Kindes, nicht auf irgendeinem von der Familie ausgelatschten Pfad.
Der Weg des Kindes liegt außerhalb Ihrer Einflusssphäre. Kinder
müssen das Gefühl haben, dass sie die Lenker ihres eigenen Lebens
sind.

*Mokassins entstehen dann, wenn eine Tochter ihre eigenen Ge-
fühle wahrnimmt und fähig ist, Gefühle des Unbehagens auszuhalten. Oder wenn ein Sohn fähig ist, seine eigene Problemlösungskompetenz zu aktivieren und mit den Ergebnissen seiner
Entscheidungen umzugehen lernt.*

Mit diesen Fähigkeiten lernen Kinder durch Ausprobieren, den
Hindernissen und Stolpersteinen auf ihren Wegen auszuweichen.
Die Eltern können diese Prozesse hilfreich begleiten, indem sie Gefühle thematisieren und ernst nehmen, effektiv Konsequenzen ein-
führen und durchsetzen sowie Mut machen, die Probleme in die

eigene Hand zu nehmen und der eigenen Emotionen gewahr zu werden. Eltern können Kinder sehr wohl beraten, wie man Hindernisse und Stolpersteine überwindet oder ihnen ausweicht, aber sie können es nicht selbst für ihre Kinder tun. Die Kinder müssen schließlich lernen, wie sie ihren Weg durch die Fährnisse des Lebens selbst finden.

Vor allem müssen Eltern aufhören, die Straßenbauarbeiter für ihre Kinder zu spielen. Sie müssen aufhören, die Stolpersteine für ihre Kinder aus dem Weg zu räumen und über alle spitzen Steine Lederhäute auszubreiten. Viele Eltern fühlen sich heutzutage für den Lebensweg ihrer Kinder verantwortlich, was sie nicht nur völlig überfordert, sondern auf Dauer auch gar nicht durchführbar ist. Vergessen Sie nicht die Lektion aus dem vorigen Kapitel: Eltern haben genug eigene Stolpersteine und Hindernisse zu meistern! Außerdem können Eltern schlicht nicht immer zur Stelle sein, um jedes Hindernis vorauszusehen.

Für viele überfürsorgliche Eltern gibt es ein böses Erwachen, wenn sie merken, dass ihr Kind schon lange ein verborgenes Leben außerhalb ihrer Reichweite führt.

Ich kenne Geschichten von vielen solcher Eltern, die glaubten, sie hätten alles unter Kontrolle, nur um festzustellen, dass ihre Kinder die für sie ausgelegten Lederhäute längst verlassen haben. Eine Mutter, die ihren Sohn nicht einmal für fähig hielt, alleine zur Schule zu gehen, stellte überrascht fest, dass er alleine mit dem Fernbus in eine andere Stadt gefahren war, um einen Freund zu besuchen. Ein Vater musste erfahren, dass seine »überaus frühreife, leistungsstarke, auf den Punkt organisierte Tochter« in Wahrheit ein Doppelleben führte, abhängig von Marihuana war und mit Drogen handelte, um ihre Sucht zu finanzieren.

Die Rolle des Straßenarbeiters hilft Ihrem Kind nicht. Das Leben Ihres Kindes liegt in seiner eigenen Verantwortung. Wie kommen Eltern vom Wegbereiten zum Wegbegleiten? Wir können nicht alle Stolpersteine und umgestürzten Baumstämme kontrollieren, aber wir können unser Bestes tun, um gesunde Problemlösungsfähigkeiten und innere Ressourcen in unseren Kindern zu entwickeln.

Natürliche Problemlöser

Ich bin überzeugt, dass Kinder unglaublich fähig darin sind, Hindernisse zu umgehen oder sie aus dem Weg zu räumen, wenn man ihnen nur die Möglichkeit dazu gibt. Wir alle sind mit diesen Fähigkeiten geboren – aus diesem Grunde haben wir Jahrtausende überlebt. Auch Kinder mit Verhaltensauffälligkeiten, psychischen Störungen, sensibler Disposition oder Aufmerksamkeitsdefiziten besitzen diese natürlichen Problemlösungsfähigkeiten. Die Frage ist nur, ob wir sie diese angeborenen Fähigkeiten entwickeln lassen. Ich stelle mir die Fähigkeit, Probleme zu lösen, gerne als einen Muskel vor; er muss trainiert, gestärkt und geschmeidig gemacht werden. Wir müssen unsere Kinder auffordern, Probleme zu lösen. Das ist eine Geste der Ermächtigung und zeigt, dass wir ihrer Intelligenz vertrauen.

Ich habe in einem Buch über unterschiedliche Erziehungsmaßstäbe einmal das Bild eines achtzehn Monate alten Jungen gesehen, der im Amazonasbecken eine Machete schwang, denn nur so kommen die Urvölker im dichten Dschungel vorwärts. Einerseits ein befremdliches Foto, zeigte es mir zugleich, wie unterschiedlich Kinder in der ganzen Welt am Leben ihrer Familie und ihrer Gemeinschaft partizipieren. Wir im Westen, die wir extrem auf Sicherheit fokussiert sind, geben unserem Vierjährigen vielleicht mal ein stumpfes Buttermesser, um eine Banane in Stücke zu schneiden oder Marmelade auf eine Scheibe Brot zu schmieren – aber eine Machete? Insofern erlaube ich mir die Frage, wie sehr wir unsere Kinder unter dem Vorwand der Sicherheit davon abhalten, innerlich zu wachsen und verantwortlich am Familienleben teilzunehmen. In Afrika kümmert sich ein fünfjähriges Mädchen bereits um Babys, während ein fünfjähriger Junge vielleicht an der Jagd teilnimmt. Viele Kinder im westlichen Kulturkreis beschäftigen sich noch in weitaus höherem Alter großenteils mit Spiel und Unterhaltung – statt mit dem Haushalt. Diese Beispiele aus anderen Kulturen zeigen, dass unsere Kinder zu mehr imstande sind, als wir glauben.

Selbst wenn wir nicht bereit sind, unseren Vorschulkindern schon Aufgaben im Haushalt zu geben, können wir von ihnen verlangen, ihre Spielsachen aufzuräumen und allmählich Probleme zu lösen. Wenn es Streit zwischen zwei Geschwistern gibt, können wir sie fragen: »Wie könnt ihr das am besten lösen?« Wenn ein Kind sich morgens zu sehr gehetzt fühlt, um in den Kindergarten zu kommen, können wir fragen: »Was, meinst du, können wir anders oder besser machen?« Wir können sogar fragen: »Was müssen wir heute in deinen Rucksack packen?« Wir können sie mehr an ihrem Leben beteiligen; es ist erstaunlich, wie einfallsreich Kinder sind, wenn wir sie einfach bitten, sich einzubringen. Dies führt zu größerer Selbstgewissheit.

Während einer Auszeit in ihrem Zimmer hört eine Mutter, wie ihre vierjährige Tochter ihrer Puppe eine »Konsequenz« dafür ankündigt, dass sie gehauen hat. Sie hört, wie ihre Tochter sagt: »Schatz, man darf nie hauen. Du klingst sehr aufgeregt; kannst du mir sagen, was du fühlst? Du brauchst eine Pause in deinem Bettchen.« Diese Art des Spiels nach dem Vorbild der Mutter gibt dem Kind die Möglichkeit, seine eigene Auszeit zu verarbeiten und zu akzeptieren. Die Eltern können sogar fragen: »Was ist, wenn deine Puppe nicht auf dich hört oder dich haut?« Die Kinder beginnen, die Dinge zu verknüpfen; wenn die Puppe nicht hauen darf, dann dürfen sie es auch nicht. Wenn wir Kinder ihre Gefühle fühlen und Grenzen spüren lassen, sind sie recht erfinderisch, ihre eigenen Probleme zu lösen, ihre Gefühle zu verarbeiten und einen Schritt weiterzukommen.

Ein siebenjähriges Mädchen hatte in der Schule jeden Tag mit einem aggressiven Jungen zu kämpfen. Sie verzweifelte: »Er sagt immer gemeine Sachen und sucht Streit mit mir.« Als ihre Lehrerin sie fragte, was sie tun könne, um ihre Lage zu verbessern, sagte sie, sie wisse es nicht so richtig. Die Lehrerin bat das Mädchen, sich selbst Gedanken zu machen. Die Zweitklässlerin probierte nun jeden Tag etwas Neues aus und fand heraus, dass der Junge, wenn sie ihn an ihren Spielen im Pausenhof teilnehmen ließ, während des Unterrichts netter war. Sie erkannte, dass er zwar aggressiv war, aber eigentlich Freunde brauchte. Wenn das Problem eines Kindes (in diesem Fall der störende Junge) nicht einfach von einem Erwachsenen beiseitegeräumt wird, kann das Kind lernen, selbst damit umzugehen, und erfährt so ein Stück eigener Handlungsfreiheit gegenüber der Situation. Viele Eltern wünschen sich für ihre Kinder eine perfekte Schulumgebung, doch enthalten Schulprobleme und Hindernisse oft wichtige Lektionen für das soziale Lernen.

In Montessori-Schulen gibt es in den Klassenzimmern von jedem Lernmaterial jeweils nur ein Exemplar – eine Rätsellandkarte, eine Abakus-Rechenhilfe und so fort. Wenn zwanzig Kinder im Klassenzimmer sind, müssen sie jeden Tag aufs Neue verhandeln und kooperieren, um zu entscheiden, welches Kind welches Material benutzen darf. Zwar ist dieses Arrangement potenziell frustrierend, aber es stärkt innere Ressourcen wie Belohnungsaufschub, Frustrationstoleranz, emotionale Selbstregulierung und Problemlösungskompetenz.

Ein Zwölfjähriger fühlte sich von einem Freund zurückgewiesen, weil der ihn nicht zu seiner Party einlud. Er war sehr traurig, und seine Mutter nahm seine Gefühle ernst: »Das fühlt sich furchtbar an, wenn man ausgeschlossen wird.« Dann fragte sie: »Wie würdest du dieses Problem denn gerne lösen?« Nach einigem Nachdenken kam der Junge mit einem ausgebufften Plan zurück, der ihn selbst ziemlich begeisterte. Er hatte sich entschlossen, statt zur Party zu gehen, an dem Baumhaus zu arbeiten, das er gerade baute, und vielleicht, wenn es fertig war und er Lust dazu hatte, würde er den Freund dann später zu sich einladen.

Kinder können ihre Gefühle selbst verarbeiten und ihre eigenen Probleme lösen, wenn wir die Stolpersteine auf ihrem Weg liegen lassen.

Eine Sechzehnjährige wollte unbedingt ein Konzert besuchen, das aber in einer weit entfernten Stadt gegeben wurde. Ihre Eltern waren strikt dagegen, dass sie hinfuhr, weswegen sie unendlich deprimiert war. Ihre Eltern fragten sie, was sie tun könne, um ihre Situation zu lösen. Zuerst sagte sie: »Nichts«, und gab sich immer deprimierter. Ihr Vater sagte: »Nun, wenn du einen Vorschlag hast, wie man das Problem lösen kann, hören wir gerne zu.« Sie setzte sich an ihren Computer und fand heraus, dass ihre Lieblingsband bald schon wieder auftreten würde und sie mit ihrer Familie die Großeltern besuchen würde, die keine halbe Stunde von dem Ort entfernt wohnten, wo der Auftritt stattfinden würde. Sie fragte ihre Eltern, ob sie dann auf das Konzert dürfe, und sie sagten Ja.

Kinder fühlen sich gestärkt und als Herren ihres eigenen Lebens, wenn wir sie ihre eigenen Probleme lösen lassen. Wenn wir die Stolpersteine auf dem Weg unserer Tochter oder das Problem unseres Sohnes bei ihm und in seiner Verantwortung belassen, verarbeiten sie ihre Gefühle auf flexiblere Weise, statt davor zu verharren, nach einer Fluchtmöglichkeit zu suchen oder ihre Eltern zur Rettung zu rufen. Viele Kinder, die zu Drogen und Betrügereien greifen, setzen eine Menge Intelligenz und Energie ein, um Regeln umgehen zu können. Aber wie bekommen wir die Kinder dazu, mit dieser natürlichen Intelligenz gesunde Ziele zu verfolgen? Wir müssen sie dazu bringen, Problemlöser zu werden. Wir müssen aufhören, zu kontrollieren, und das Unbekannte zu uns einladen. Ich erinnere mich daran, dass meine Tochter eines Tages den Geschirrspüler leer räumen wollte. Ich zögerte zunächst, weil ich nicht wusste, wo sie die ganzen Dinge unterbringen würde. Doch stapelte sie die Schüsseln so geschickt in den Schrank, wie ich es bisher selbst nicht fertig gebracht hatte. Sie löste das Problem besser, als ich es getan hatte. Wir müssen die Teilnahme an Familienaktivitäten ernst nehmen und hochhalten, wenn wir wollen, dass unsere Kinder sich im Familienleben engagieren. Ein Problem besteht darin, dass so viele Eltern aus der Mittelschicht, die beruflichen Erfolg haben, sehr gute Problemlöser sind.

Viele Eltern sind darauf programmiert, sofort nach Lösungen zu suchen, weil sie es in ihrem Beruf, um Erfolg zu haben, täglich tun müssen.

Sie leiten Leute an, müssen Risiken vorhersehen, den ganzen geschäftlichen Alltag im Griff haben und entsprechend handeln. Wenn sie nach Hause kommen, wenden sie die gleichen Kompetenzen bei ihren Kindern an. Eltern müssen sich aber gerade zu Hause zurücknehmen können. Die Kinder geraten in keine Sackgasse, wenn wir ein Problem in ihren Händen belassen. Sie lernen, wie man Probleme und Unbehagen aushält, sich selbst hilft und sich emotional selbst reguliert. Dieser Prozess stärkt Zuversicht, Selbstvertrauen und das Gefühl, Dinge selbst meistern zu können. Wir kommunizieren damit unser Vertrauen in ihre Fähigkeiten. Wir müssen nicht 200 Prozent der Zeit Eltern sein.

Hilfe von außen

Manchmal brauchen Kinder mehr Führung, als Eltern ihnen bieten können; manchmal brauchen Kinder Hilfe von Fachkräften: Pädagogen, Therapeuten, Beratern, Tutoren und so weiter. Leider mischen sich Eltern, wenn sie sich fachliche Hilfe holen, allzu oft dann sogar noch mehr in den Bereich ihres Kindes ein. Nach meiner Erfahrung bemühen sich Eltern dann besonders, mehr Lederhäute auszulegen, zum Beispiel, wenn ihre Kinder unter Lern- oder Verhaltensstörungen leiden. Das geschieht aus dem natürlichen Impuls, zu helfen und zu beschützen, doch erschwert es beim Kind die Entwicklung innerer Ressourcen. Denn gerade diese Kinder brauchen die Mokassins am dringendsten. In der Tat befähigen Mokassins die Kinder, mehr Nutzen aus den Hilfsangeboten in ihrem Leben zu ziehen – kommen sie nun von einem Lehrer, Therapeuten oder Trainer.

Eine Nachbarin von mir ist Sonderschullehrerin und Legasthenietherapeutin. Sie berichtete: »Es ist für mich ein Unterschied wie Tag und Nacht, ob ich Schüler habe, die eigenmotiviert und engagiert sind, oder welche, die das nicht sind. Manche Kinder wissen, dass sie Hilfe beim Lesen brauchen – sie kommen herein und setzen sich, und wir fangen gleich mit der Arbeit an. Andere Kinder setzen sich erst einmal überhaupt nicht an den Tisch; stattdessen verhandeln sie ununterbrochen, um mich auszutesten, und es kann passieren, dass wir dann tatsächlich nur noch fünf Minuten mit Lesen zubringen.«

Sie erzählte mir eine andere erhellende Geschichte: »Ich habe einmal einer Mutter in der Sprechstunde erklärt, welche Probleme ihr Sohn in Mathematik hat, und sie antwortete sofort: ›Ich bin auch furchtbar schlecht in Mathe.‹ Aber ich hatte doch von ihrem Sohn gesprochen!« Sie hatte erkannt, dass Eltern, die durch die Brille ihres eigenen Selbst auf ihre Kinder schauen, ihr Kind nie zur Verantwortung ziehen und es zugleich nicht als eigenes Individuum wahrnehmen. Diese kleine Geschichte ist ein treffendes Beispiel für die Eltern-Kind-Verstrickung. Es ist unklar, um wen es geht – um die Mutter oder um das Kind? Diese Verstrickung macht es schwierig, ein Kind zu motivieren, konsequent den eigenen Lernprozess zu verfolgen.

Manche Eltern schleppen ihr Kind von einer Therapeutin zur

nächsten – mit geringem Erfolg. Wenn ein Kind erwartet, dass es gerettet wird, wenn es davon ausgeht, dass andere Hindernisse wegräumen und Stürze abfedern, kann die beste Beratung nichts ausrichten. Wenn Kinder glauben, ihr Leben müsse von anderen verändert und verbessert werden, können sie nie die Früchte therapeutischer Hilfe ernten.

Die eigene Sache und Verantwortung

Der Versuch, die Probleme unserer Kinder zu lösen, ist vergeudete Energie, weil diese Probleme dem Lebensbereich der Kinder angehören; folglich sind sie dafür verantwortlich und nicht wir. Der berühmte Psychotherapeut Irvin Yalom schreibt in seinem Buch *Love's Executioner* [»Die Liebe und ihr Henker«, dt. 1990]: »Der erste Schritt bei jeder therapeutischen Veränderung ist die Übernahme von Verantwortung. Wenn man sich für die eigene Situation in keiner Weise verantwortlich fühlt, wie soll man sie dann ändern können?« Viele Kinder externalisieren heutzutage ihre Probleme, sie scheuen die Verantwortung für ihr Leben und treten sie bequemerweise an ihre Eltern ab. Diese Weigerung, Verantwortung zu übernehmen, entspricht dann oft Gefühlen der Hilf- und Machtlosigkeit, Depression und Verzweiflung.

Doch steckt darin zugleich eine aufregende Erkenntnis, denn in dem Moment, in dem Kinder ihre Probleme zur eigenen Sache machen, sind sie auf einmal frei, alles und jedes zu ändern – weil sie die Macht dazu haben. Ich führe häufig das Beispiel von Diabetes an. Wenn ein Kind an Diabetes erkrankt ist, muss es ab einem gewissen Zeitpunkt Verantwortung dafür übernehmen, seinen Zuckerkonsum und Insulinspiegel zu kontrollieren, um zu überleben. Bei einem Kleinkind werden Eltern dies überwachen, aber für ein Kind im Schulalter ist es von entscheidender Bedeutung, mit diesem Prozess der Selbstregulierung zu beginnen. Niemand kann ein Kind von

Diabetes retten; es muss die Kunst der Selbstfürsorge erlernen, denn die Konsequenzen des eigenen Nichthandelns sind gravierend. Mit der Inbesitznahme der Krankheit und Selbstfürsorge kann ein an Diabetes erkranktes Kind ein produktives Leben führen und seinen Interessen und Leidenschaften nachgehen.

Wie wäre es, wenn wir ADHS oder Angststörungen, egal, wie ausgeprägt sie sein mögen, auf die gleiche Weise betrachten würden wie Diabetes? Mithilfe von inneren Ressourcen bräuchten diese Störungen die Lebensträume der Betroffenen keineswegs zu behindern. Leider machen viele Kinder solche Probleme nicht zur eigenen Sache, weil keine unmittelbare Bedrohung damit verbunden ist, wenn sie sich vor der Verantwortung für ihre Stimmungen und deren Regulierung drücken. Viele Kinder stehen nicht zu ihren Problemen, sondern erwarten von anderen, dass sie sich darauf einstellen. Viele Menschen mit mentalen oder emotionalen Störungen empfinden sich als Opfer und fühlen sich infolgedessen hilflos und in der Sackgasse. Aber gleichwohl haben sie Entscheidungsmöglichkeiten.

Temple Grandin

Kürzlich war ich tief beeindruckt von dem Film »Du gehst nicht allein« [Originaltitel: *Temple Grandin*], der das Leben einer Autistin schildert – es ist die inspirierende Geschichte einer Frau, die für die Schwierigkeiten in ihrem Leben die Verantwortung übernimmt und das scheinbar Unmögliche schafft. Laut Filmdrehbuch hat ihre Mutter nie versucht, ihr das Leben leicht zu machen; sie forderte von ihrer Tochter genau die gleichen Entwicklungsschritte und Meilensteine, die auch ihre Altersgenossinnen in ihrer Entwicklung erreichten. Ihre Mutter muss gewusst haben, dass das Ziel nicht sein konnte, ihr die Hindernisse aus dem Weg zu räumen, sondern darin lag, dass Temple mit ihrem Hindernis selbst fertig wurde: ihrem Autismus.

Obwohl man im Jahr 1950, als Temple die Diagnose erhielt, über Autismus noch nicht allzu viel wusste, war ihrer Mutter Eustacia klar, dass ihre Tochter die gleichen Fähigkeiten erwerben sollte wie jedes anderes Kind – es war nur schwieriger. Statt ihre Tochter in eine psychiatrische Anstalt zu stecken (was in den 50er-Jahren normalerweise geschah), hielt sie sie auf einem normalen Entwicklungskurs – sie lernte sprechen, meisterte Regeln und Manieren, absolvierte die Schule und verwirklichte auf diese Weise das Potenzial, das sie besaß. In dieser Zeit lernte Temple die notwendigen Bewältigungsstrategien, um von einer Lebensphase zur nächsten überzugehen.

In einer der ersten Szenen des Films offenbart Temple, wie sie lernte, andere zu grüßen. »Hi, ich bin Temple Grandin. Ich freue mich, dich kennenzulernen.« Temple wiederholte diese Grußformel immer wieder, weil Grüßen eine lebensnotwendige Fähigkeit ist für jemanden, der Sozialangst hat, keine unterschwelligen Botschaften versteht und außerdem keine lauten Geräusche erträgt. Es mag sich läppisch anhören, aber diese einfache soziale Fertigkeit, andere zu grüßen, öffnete ihr die Türen. Viele Eltern sprechen anstelle ihrer entwicklungsgestörten Kinder, doch Temple lernte, für sich selbst zu sprechen.

Nach der Schule lebte Temple auf der Rinderfarm ihrer Tante in Kalifornien. Dort stellte sie fest, dass sie Kühe auf eine Weise verstehen und mit ihnen umgehen konnte, wie es »neurotypischen« Menschen, wie sie sich ausdrückte, nicht gegeben war. Sie bemerkte, dass aufgeregte Kühe sich entspannten, wenn sie an ein enges Metallgatter gedrückt wurden, um sie vor einer Impfung zu beruhigen. Sie konnte sehen und fühlen, wie sich die Muskeln der Kühe entspannten und ihre Körper ruhig wurden. Eines Tages bekam Temple einen ihrer krankhaften Wutanfälle. Doch während sie noch schreiend herumlief, arbeitete sie zugleich an einer Problemlösung: Sie rannte direkt zu dem Metallgatter und zog das Gitter, so fest es ging, an sich, sodass, genau wie bei den Kühen, ein Druck auf ihren

Körper entstand. Dabei entspannte sie sich. Sie erfand bald ihre eigene »Drückmaschine«, um damit ihre Gefühle zu regulieren. Temple übernahm Verantwortung für ihre Besonderheit, und auch wenn es nicht einfach war, arbeitete sie hart daran, ihre Probleme zu mildern.

Auf dem Weg, den Temple durch die Uni und durch ihr weiteres Leben ging, gab es viele, viele Stolperstellen und Nackenschläge, aber sie hörte nicht auf, mit dem Einsatz ihrer hohen Intelligenz ihre Probleme zu lösen. Sie begann, offen über ihren Autismus und ihre andersartige Wahrnehmungsweise zu sprechen, um »neurotypischen« Menschen zu helfen, sie zu verstehen. Sie bestand ihre Bachelor- und Masterprüfung, und schließlich promovierte sie. Sie entwarf neue Anlagen für die kommerzielle Viehhaltung und wurde Professorin für Tierwissenschaften. Man kann behaupten, dass sie ihr Potenzial verwirklichte.

In einem bewegenden Moment am Ende des Films nimmt Temple an einer der ersten Autismus-Konferenzen teil. Sie steht auf und beginnt zu sprechen. Das Publikum vermutet zunächst, sie sei die Mutter eines autistischen Kindes. Als Temple sie über ihren Irrtum aufklärt, fragen viele, wie sie beruflich so erfolgreich werden konnte. Temple sagt: »Tja, meine Mutter. Sie brachte mir Regeln bei, sie schickte mich zur Schule, auch wenn ich nicht hinwollte, und behandelte mich so wie jedes andere Kind auch.« Temple hat eine lebenslange Besonderheit, doch sie führt ihr Leben mit einem robusten Paar Mokassins und ist eine Inspiration für uns alle.

Wenn wir Kinder auffordern, zu kämpfen und Schwierigkeiten durchzustehen, auch wenn sie emotional überempfindlich sind oder psychische Probleme haben, ermöglicht es ihnen, sich weiterzuentwickeln. Es vermittelt ihnen zudem die Botschaft, dass sie tüchtig sind, dass sie es schaffen. Die Eltern können solche Entwicklungsstufen nicht übergehen, indem sie die Hindernisse beseitigen, Probleme ungeschehen machen und ihre Kinder so immerfort »retten« wollen. Kinder müssen ihre eigenen inneren Ressourcen entwickeln, sie müssen ihre Probleme und ihr Leben zur eigenen Sache machen. Temple ist ein wunderbares Beispiel für jemanden, der genau das getan hat.

In seiner Autobiografie *Novice to Master* [Vom Novizen zum Meister] erzählt der Zen-Buddhist Soko Morinaga Roshi die Geschichte des Mönchs Ken, der von seinem Meister auf eine lange Reise geschickt wurde:

Der junge Mönch brach plötzlich in Tränen aus: »Ich habe viele Jahre meditiert und doch habe ich nicht das Geringste erreicht. Jetzt laufe ich hier auf meiner Reise kreuz und quer durchs Land; nie werde ich auf diese Weise zur Erleuchtung finden.«

Als Genjoza dies hörte, legte er all seine Kraft in seine Worte und stellte sich in den Dienst des jungen Mönchs: »Ich werde für alles auf deinem Weg, soweit es in meiner Macht steht, Sorge tragen«, *sagte er.* »Aber es gibt vier Dinge, die ich für dich nicht tun kann. Ich kann nicht deine Kleidung für dich tragen. Ich kann nicht für dich essen. Ich kann nicht für dich aufs Klo gehen. Und ich kann nicht deinen Körper herumschleppen und für dich leben.«

Es heißt, dass der Mönch Ken, als er diese Worte vernahm, plötzlich aus seinem verblendeten Traum erwachte und eine große Erleuchtung erfuhr.

Wenn wir den Stolperstein auf dem Pfad unseres Kindes liegen lassen, dann bleibt das Problem in seinen Händen – wir geben unseren Kindern die Verantwortung und vertrauen auf ihre Intelligenz und natürliche Fähigkeit, Probleme zu lösen. Wir nehmen die Lederhäute fort und fordern sie auf, sich eigene Mokassins herzustellen, ihren eigenen Schutz.

Innere Ressourcen, die durch diesen Erziehungsansatz gefördert werden:

- Problemlösungskompetenz
- Innere Motivation
- Selbstdisziplin
- Stresstoleranz
- Anpassungsfähigkeit
- Belohnungsaufschub
- Emotionale Selbstregulierung

Kapitel 9

Stolpersteine auffinden und beseitigen

Wenn wir alles glätten und keinen Staub aufwirbeln,
um nur ja jede Konfrontation zu vermeiden, hat das
nichts mit Empathie oder Geduld zu tun. Es handelt
sich vielmehr um bloße Kontrolle. So vermeidet
man, unbekanntes Gelände zu betreten, sich selbst
nackt und ohne Schutz zu erleben und dadurch
keinen Kontakt mit der Wirklichkeit zu haben.

Pema Chödrön, Start Where You Are

Isabel und Julia

Die sechzehnjährige Isabel schickte ihrer Mutter Julia fast stündlich SMS aus der Schule. Sie waren auf Facebook befreundet. Sie gingen zusammen einkaufen, tratschten über Promis und schauten sich zusammen Fernsehshows an. Julia sagte, dass Isabel als Kind immer mit ihr zusammen sein wollte, selbst wenn sie nur Besorgungen machten. Auch wenn sie den Begriff nicht mochte, war Isabel insofern die »beste Freundin« ihrer Mutter, als sie mit ihr am meisten kommunizierte. Julia wiederum fühlte sich, auch wenn sie es ungern zugab, durch die Beziehung mit ihrer Tochter belohnt und sogar ein bisschen stolz, wenn sie von den Problemen in anderen Mutter-Tochter-Beziehungen hörte.

Paul, Julias Mann, war ebenfalls ganz vernarrt in seine Tochter und freute sich sehr über das enge Verhältnis, das sie als Familie hatten. Er meinte:»Ich weiß nicht, was wir tun, wenn sie auf die Uni kommt. Mit wem sollen wir dann jeden Tag reden? Selbst Isabel hat gestern beim Arzt gesagt, dass sie nie ohne ihre Mutter zu einer Untersuchung gehen würde. Sie fühlt sich nur wohl, wenn ihre Mutter dabei ist. Es ist hart, so viel in ein Kind zu investieren, das wir so lieben, das so viel Freude bringt, das ein so wichtiger Teil in unserem Leben ist, und eines Tages geht es fort und verlässt uns.« Zwei Jahre später fuhr diese Familie ihre Tochter zur Uni, brachte sie im Studentenheim unter und starrte in eine unbekannte Leere. Dann, und ohne dass vor der Trennung darüber gesprochen worden wäre, entwickelte diese Familie eine neue Routine, die der alten auf unheimliche Weise glich. Die Eltern hielten den Kontakt zu ihrer Tochter aufrecht – nicht einmal am Tag, sondern viele Male am Tag. Papa rief morgens auf seinem Weg zur Arbeit an, um sie zu wecken, ihren Semesterplan durchzugehen und ihre Aufgaben zu kontrollieren (er besaß eine Kopie ihres Semesterplans). Ihre Mutter war den ganzen Tag über mit ihr in Kontakt – sie schickte per SMS Grüße, rief an und kommunizierte sogar mit ihren neuen Freundinnen über Facebook. Sie schickten sich Mails über ihre Kursarbeit; die Eltern redigierten ihre schriftlichen Hausarbeiten, wie sie es seit der Grundschule getan hatten. Schließlich sprachen Isabel und ihre Mutter jeden Abend am Telefon über ihren Tag, ihre Freunde und Freundinnen, über Partys und alles andere. Die Eltern suchten bald nach einem Haus in der Nähe in der Universität; es war eine sehr schöne ländliche Gegend, und es ließe sich leicht arrangieren, dass Isabel an den Wochenenden mit ihren Freundinnen zu Besuch kam.

Irgendwann begann Isabel, sich zu beschweren:»Sie wissen doch, dass ich im Unterricht bin; wieso simsen sie die ganze Zeit?« Gleichwohl verstärkte sie das Beziehungsmuster, indem sie ihre Eltern genauso oft zu erreichen versuchte.

Doch als Julia und Paul eines Tages kamen, um sie zum Abendessen auszuführen, merkten sie, dass mit Isabel etwas nicht stimmte. Sie war schlecht gelaunt. Sie hatte etwas von ihrem Glanz verloren. Sie schien zerbrechlich und reizbar. Isabel gestand, dass es ihr schwerfalle, mit dem Lernpensum an der Uni Schritt zu halten. Es wurde auch deutlich, dass sie keine wirklichen neuen Freunde oder Freundinnen gewonnen hatte und selbst mit ihrer Zimmergenossin kaum Kontakt hatte – auch deswegen, weil sie ständig mit ihren Eltern oder ihren alten Freundinnen aus Schule telefonierte. Isabel zweifelte an ihrer Fähigkeit, neue Bekanntschaften zu schließen. Sie habe Heimweh, sagte sie, und mitten im Restaurant begann sie bitterlich zu weinen. Sie schluchzte und bettelte, wieder nach Hause kommen zu können. Sie hatte sogar einen Plan, wie sie wieder zu Hause leben konnte.

Ihre Eltern waren entsetzt. Und zum ersten Mal in ihrem Leben fehlten ihnen die Worte. Sollten sie ihre Tochter nach Hause zurückkehren lassen? Sie fehlte ihnen. Sollten sie ihr sagen, alles würde wieder gut? Sie waren sich nicht sicher, ob das stimmte. Sie hielten nicht aus, ihre Tochter traurig zu sehen; sie waren vollkommen hilflos. Wie konnten sie das wieder in Ordnung bringen?

Nachdem Julia und Paul einen Tag länger geblieben waren und Isabel bei ihnen im Hotel übernachtet hatte, konnten sie einer Entscheidung vorläufig aus dem Weg gehen, indem sie Isabel baten, ihr erstes Semester wenigstens abzuschließen. Sie versprachen, sie würden, wenn Isabel in den Semesterferien heimkam, ein tief gehendes Gespräch über ihren Verbleib an der Universität führen. Julia machte sich zum ersten Mal in ihrem Leben Sorgen um ihre Tochter und obendrein um ihre Mutter-Tochter-Beziehung. Sie begann sich zu fragen, ob ihr Verhältnis »zu eng« war. Sie war wie gelähmt.

Auch dachte sie über Konflikte nach, die sie in der Vergangenheit mit Isabel gehabt hatte. Hin und wieder, wenn es Probleme gab, hatte Isabel ihr schon heftig widersprochen, und Julia reagierte defensiv und versuchte rasch, ihre Tochter zu beruhigen. Dies führte zu einer schnellen Versöhnung, da sich beide mit einem Konflikt nicht wohlfühlten. Aber jetzt hatte Julia es mit einem Konflikt zu tun, dem sie nicht ohne Weiteres aus dem Weg gehen konnte. Natürlich wollte sie ihre Tochter zu Hause haben, natürlich fehlte sie ihr, aber sie wollte auch nicht, dass Isabel die Uni verließ. Das war nicht der Plan gewesen. Sie suchte sich einen Therapeuten, um Einsicht in die verfahrene Situation zu gewinnen, denn sie wusste, dass sie mit ihrem Problem nicht alleine war; für viele Familien ist der Auszug ihrer Kinder bzw. das Wechseln in eine Ausbildung ein steiniger Weg.

Aufgabe: Schreiben Sie in Ihrem Gefühlstagebuch

Wie reagieren Sie emotional auf die oben beschriebene Eltern-Kind-Beziehung?

Können Sie sich die Emotionen dieser Mutter und dieses Vaters vorstellen?

1) Was sind Isabels Hindernisse und Stolpersteine?

2) Wie kann diese Familie dieses Terrain durchqueren?

3) Erkennen Sie irgendwelche Parallelen zwischen dieser Geschichte und Ihrem eigenen Erziehungsstil?

Leon und Walter

Viele Familien müssen lernen, herauszufinden, welche Gefühle, Gedanken und Verhaltensweisen welchem Familienmitglied zuzuordnen sind. Wenn die Eltern sich für die Probleme ihrer Kinder und die Kinder sich für die Probleme ihrer Eltern zuständig fühlen, geraten alle in die Sackgasse. Die richtige Zuordnung kann nur dadurch funktionieren, sich seine eigenen Gefühle und Verantwortlichkeit einzugestehen. Wenn Eltern sich ihren Teil, ihr Gefühl, ihre Furcht eingestehen, kann das Kind identifizieren, was sein Teil ist. Dies ist deswegen so wichtig, weil Vorwürfe und Machtkämpfe vermieden werden und die Familienmitglieder die Möglichkeit erhalten, sich selbst wahrzunehmen und Verantwortung zu übernehmen. Dieser Prozess ist ein nützliches und sicheres Mittel, einen Konflikt zu meistern, und er erlaubt der Familie, in eine gesunde Richtung voranzugehen. Er ist ähnlich dem Konzept, das wir in einem früheren Kapitel beschrieben haben – die eigene Seite der Straße zu fegen.

Der zwölfjährige Leon und sein Vater unternahmen eine Radtour zum Badesee. Walter war dankbar, einen Tag von seinem anstrengenden Job frei zu haben, und freute sich auf die Zeit mit seinem Sohn. Sie setzten sich auf ihre Räder, doch gleich fing Leon an, mächtig anzugeben: Er suchte nach Sprungmöglichkeiten, bremste scharf, sodass der Hinterreifen über den Asphalt rutschte, fuhr freihändig und schnitt komische Grimassen. Walter spürte, wie er innerlich anfing zu kochen, und forderte Leon auf, mal etwas langsamer zu machen, obgleich er einen Konflikt vermeiden wollte. Doch Leon fand sich sehr lustig; sein Vater mochte doch normalerweise sein Herumgetobe.

Leon hetzte seinen Vater um die Ecken, und als der Badesee in Sicht kam, sauste er davon. Walter spürte, wie er langsam immer gereizter wurde. Als sie ihre Räder abschlossen, erinnerte Walter seinen Sohn noch einmal daran, sich zu mäßigen. Von der Fahrt erhitzt, sprangen beide in den See, um sich abzukühlen.

Leon war ein bisschen zappelig und verlegen, weil er nicht so oft mit seinem Vater zusammen war, und begann, wild im Wasser zu planschen, er spritzte seinem Vater Wasser ins Gesicht und lachte. Walter bat ihn mehrfach, damit aufzuhören, aber Leon machte weiter. Schließlich wurde Walter wütend und schrie Leon an: »Hör jetzt auf. Wir gehen sofort nach Hause!« Leon rannte aus dem Wasser und rief weinend seine Mutter an. Er sagte, er wolle nie wieder mit seinem Vater etwas unternehmen.

Als wir diesen Vorfall in der Therapie besprachen, wollten wir genau verstehen, was geschehen war. Walter wusste, dass Leon sich impulsiv und manchmal auch unberechenbar verhielt. Das kannte er schon. Doch als Leon ihn mit Wasser bespritzte, nahm er dies persönlich. Er gestand ein: »Das ist mein Problem. Immer, wenn mir etwas Unangenehmes mit jemandem passiert, halte ich es für Absicht und nehme es persönlich. Und dann brause ich auf.« Walter gestand, dass er sich wirklich sehr auf das Zusammensein mit Leon gefreut hatte und immer ärgerlicher wurde, als er merkte, dass der Ausflug nicht in seinem Sinne verlief. Er hatte das Gefühl, Leon wolle ihn bewusst in Rage bringen. Auf die Bitte, seinen eigenen Anteil an der Sache zu identifizieren, gestand Walter, dass er bestimmte Erwartungen mit dem Ausflug verbunden hatte. Er hatte Leons Verhalten persönlich genommen und dennoch jeden Konflikt vermieden, bis es zu spät war und er explodierte.

Leon meinte, er habe nur Spaß haben und lachen wollen. Dann ließ er den Kopf hängen und sagte, es tue ihm leid und er hätte besser aufhören sollen. Er sagte, manchmal fühle er sich in der Gegenwart seines Vaters nicht wohl.

In diesem Szenario macht die Familie einen enormen Fortschritt in ihrer Kommunikation, denn jeder identifiziert seinen eigenen Anteil – beide hören auf, sich gegenseitig Schuld zuzuweisen, und teilen ihr eigenes Erleben mit. Der Vater versicherte: »Ich werde daran arbeiten, dir ein Feedback zu geben, Grenzen zu setzen und dein Verhalten nicht persönlich zu nehmen. Wenn dich mal irgendetwas an mir stört, hoffe ich, dass du es mich wissen lässt.« Leon antwortete: »Danke, Papa, ich will das nächste Mal besser folgen, wenn du sagst, ich soll aufhören.«

Fähigkeit: Versuchen wir, die Erziehungstechniken, die wir bisher beschrieben haben, auf dieses Szenario anzuwenden. Was hätte der Vater anders machen können?

- Als Leon mit seinem Fahrrad Kapriolen schoss, hätte Walter ihn bitten können, damit aufzuhören, und sich gleich mit ihm verständigen können: »Hey, Junge, ich finde, dass du ein bisschen übertreibst mit dem Fahrrad. Kannst du mir erklären, was los ist?«
- Walter hätte eine Grenze setzen können. »Okay, Leon, du sollst eines wissen: Wir können nach Hause oder zum Badesee fahren. Wenn du dich so wild auf dem Fahrrad gebärdest, müssen wir umkehren und nach Hause fahren. Okay?«
- Der Vater hätte sich auch auf andere Weise auf Leon einlassen können: »Hey, ich sause auch gerne wild herum, aber hier auf dem Radweg neben den Autos, Straßen und Ausfahrten ist es zu gefährlich. Wenn du Lust hast, können wir ja mal zum Querfeldein-Parcours radeln und uns dort austoben.«

Ein Junge von zwölf Jahren weiß womöglich nicht genau, was er gerade fühlt oder warum er so aufgeregt und zappelig ist. Die Eltern können daran nichts ändern, genauso wenig wie an seinem inneren Gefühlszustand, aber sie können sich auf ihre Kinder einlassen und Grenzen setzen. Wenn die Eltern sich auf ihre Kinder einstimmen und zurückspiegeln, was sie sehen, fühlen sich die Kinder in der Regel gesehen und gehört, und es hilft ihnen, sich umzustellen und emotional selbst zu regulieren.

Isabel und Julia

Wir wollen versuchen, die gleichen Konzepte auf die Mutter-Tochter-Beziehung anzuwenden, die wir in diesem Kapitel schon kennengelernt haben. Julia, die Mutter, hat durch die Arbeit mit einer Therapeutin eine neue Selbstwahrnehmung entwickelt. Sie könnte mit Aussagen über ihre eigenen Gefühle beginnen:

Julia: »Weißt du, Isabel, ich war traurig und beunruhigt, als ich hörte, dass du die Uni verlassen und nach Hause zurückkommen willst. Ich denke mir, dass du vielleicht zu abhängig von mir bist, und umgekehrt genauso. Man kann von dir nicht verlangen, dass du nach Hause zurückkehrst und dich um uns kümmerst, so wie wir auch nicht für immer für dich sorgen sollten. Seit du an der Uni bist, haben wir einiges falsch gemacht, vor allem haben wir viel zu viel jeden Tag miteinander geredet. Wir haben dich furchtbar lieb, aber wir wollen dich nicht davon abhalten, dein eigenes Leben zu führen und deine eigenen Träume zu verfolgen. Ich glaube, ich rufe zu oft an; vielleicht sind wir uns zu nahe.«

Isabel: »Aber ich will, dass du anrufst, Mama – du hilfst mir, die Dinge durchzustehen.«

Julia: »Na ja, wir können schon telefonieren, aber wie wäre es mit nur einmal am Tag?«

Isabel: »Das wird nicht leicht. Und ich bin auch wütend, dass ich nicht einfach nach Hause kommen kann.«

Julia: »Das ist gut, dass du mir sagst, wie du dich fühlst, danke. Ich verstehe deine Wut, sie ist gerechtfertigt. Ich war zu abhängig von dir. Aber ich möchte, dass du dein Studium fortsetzt. Ich kenne dich und habe Vertrauen in dich, und wir glauben, dass du es schaffen kannst. Es ist nicht immer einfach für junge Menschen, weg von zu Hause zu gehen, aber ich weiß auch, dass du wirklich intelligent und kreativ bist. Hast du irgendeine Idee, wie du dein Dilemma lösen kannst?«

Isabel: »Ich werde darüber nachdenken.«

Julia: »Okay. Papa und ich kriegen das schon hin. Ich suche nach einem Job für mich, und Papa fängt an, mehr Sport zu treiben. Wir werden die Sache von unserer Seite her aufdröseln, und wir überlassen dir die Verantwortung für die Lösung von deiner Seite her.«

Isabel: »Danke, Mama.«

Julia: »Gibt es sonst irgendetwas, worüber du sprechen möchtest?«

Isabel: »Ich bin nicht sicher, aber ich denke, ich werde tatsächlich mehr Zeit haben, mich auf mein Studium zu konzentrieren, wenn wir nur einmal am Tag Kontakt haben. Mir machen meine Vorlesung und Seminare wirklich großen Spaß, aber sehr oft fühle ich mich einsam und traurig – so habe ich mich zu Hause nie gefühlt.«

Julia: »Ich fühle mich jetzt auch manchmal traurig und alleine. Das sind normale Gefühle, die zur Veränderung gehören. Du wirst erwachsen.«

Isabel: »Ich weiß.«

Julia: »Und noch etwas. Papa und ich wollen sehr gerne lesen, was du schreibst, aber wir können deine Arbeiten nicht länger korrigieren, bevor du sie abgibst.«

Isabel: »Das ist jetzt wirklich doof, Mama.«

Julia: »Ich weiß.«

In diesem Gespräch gestand Julia sich ihre Gefühle ein – die Abhängigkeit von ihrer Tochter und ihre Überfürsorglichkeit. Sie setzte auch einige Grenzen: Rückkehr zur Uni, nur einen Kontakt am Tag, selbstständiges Arbeiten. Sie beließ das Problem mit der Uni bei ihrer Tochter. Sie versuchte nicht, die Situation zu »reparieren« oder sie für ihre Tochter einfacher zu machen; stattdessen erkannte sie an, dass es normal ist, wenn der Übergang von der Schule zum Studium schwerfällt, und ermutigte Isabel, ihre Probleme selbst zu lösen. Julia rettete sie nicht mehr.

Isabel war sich ihrer Rolle zwar nicht so bewusst, bekannte aber ihre Gefühle von Einsamkeit und Traurigkeit, die sie zu Hause nie empfunden hatte. Doch hauptsächlich schien sie verwirrt zu sein. Da sie nicht wusste, was sie wollte, schien sie bereit, es noch einmal mit dem Studium zu versuchen.

Eltern müssen ihren Kindern Raum geben, sodass sie den natürlichen Ablösungs- und Individuationsprozess vollziehen können, der Teil der Identitätsentwicklung ist. Kinder werden sich über ihre Identität klarer, wenn die Eltern ihnen erlauben, mit ihren eigenen Problemen zu ringen.

Probleme sind Teil eines jeden Lebens, und sie existieren nicht ohne Grund. Kinder gewinnen Selbstvertrauen, wenn sie ihre Probleme selbst lösen.

Wir halten fest, dass beide Geschichten in diesem Kapitel gut ausgehen, weil die Eltern die Initiative übernahmen, als es darum ging, Verantwortung zu übernehmen. Als Eltern achten wir zu oft nur auf das Verhalten unserer Kinder, doch wenn wir Verantwortlichkeit vorleben und uns unsere eigenen Hemmungen und Hindernisse eingestehen, besteht eine gute Chance, dass unsere Kinder sich weniger beschämt fühlen und bereit sind, ihren Anteil an Konflikten zu erkennen.

Die Übernahme von Verantwortung gehört zum Reifeprozess und zum Herstellen von Mokassins.

Es ist sehr viel einfacher, mit Fingern auf die Probleme eines anderen zu zeigen, doch wenn wir unseren Anteil daran nicht zugeben, ist es unwahrscheinlich, dass die Kinder die Verantwortung für ihren eigenen Teil übernehmen.

Vergessen wir nicht: Das Einzige, was wir kontrollieren können, ist der fruchtbare Boden der Familie, wo wir passende Verhaltensmuster vorleben können wie die Übernahme von Verantwortung. Wir können nicht kontrollieren, was draußen in der Welt geschieht, außerhalb des Leders, das wir für unsere Kinder auslegen. Wir können unsere Kinder nicht emotional reif und selbstbewusst machen – aber wir können solche Qualitäten vorleben.

Natürlich muss ich als Mutter die ganze Zeit selbst an all diesen Konzepten arbeiten, und dies gerade auch deswegen, weil mir meine Kinder schließlich täglich die Gelegenheit zur Übung geben. Als ich zum Beispiel neulich meine Tochter vom Kindergarten abholte, hatte ich kein Essen für sie eingepackt, weil wir stattdessen zusammen zu Hause essen wollten. Da sie müde und hungrig war, jammerte sie. Ich sagte ihr dann noch, dass ich auf dem Weg nach Hause etwas erledigen müsse, weil das die einzige Zeit an diesem Tag war, die ich dafür zur Verfügung hatte, und das würde die Heimfahrt noch einmal um zehn Minuten verlängern. Nun, Sie können sich vorstellen, sie heulte und schrie aus voller Kehle. Mehrere Gedanken und Gefühle durchströmten mich: Stress und Ärger über ihr Geschrei, Traurigkeit, weil sie hungrig war, das dringende Bedürfnis, ihr Schreien abzustellen und nach Hause zu kommen.

Dann sagte ich mir, dass sie erst vier ist und dass es normal ist, wenn sie starke Gefühle zeigt, insbesondere wenn etwas nicht nach ihrem Sinn läuft. Sie darf traurig sein, also ließ ich sie weinen, soviel sie wollte. Ich gab ein paar Kommentare von mir wie: »Ich höre, wie traurig und enttäuscht du bist.« Ich war versucht, meine Besorgung abzublasen, aber ich wusste, dass sie das auch nicht glücklich machen würde, und außerdem musste ich sie an diesem Tag wirklich erledigen. Dann begann sie mich anzubrüllen. Ich hätte am liebsten zurückgeschrien, weil sie sich derartig aufführte, aber ich hielt mich zurück und sagte freundlich: »Du darfst ruhig traurig sein, Schatz, aber du darfst mich nicht so anschreien.« Sie hörte auf damit. Als ich nach meiner Besorgung zum Auto zurückkehrte, war sie ruhig. Ich stellte ihr ein paar Fragen über ihren Tag, und dann erzählte ich ihr kurz von meinem Tag. Sie begann zu summen und mit Stickern zu spielen. Als wir zu Hause ankamen, hatte sie ihre Enttäuschung vergessen und wollte mit mir zusammen das Mittagessen zubereiten. Ich berührte ihren Stolperstein der Enttäuschung und Traurigkeit nicht; ich ließ ihn gelten, und sie meisterte ihn.

4

....

Zwei Wege nebeneinander

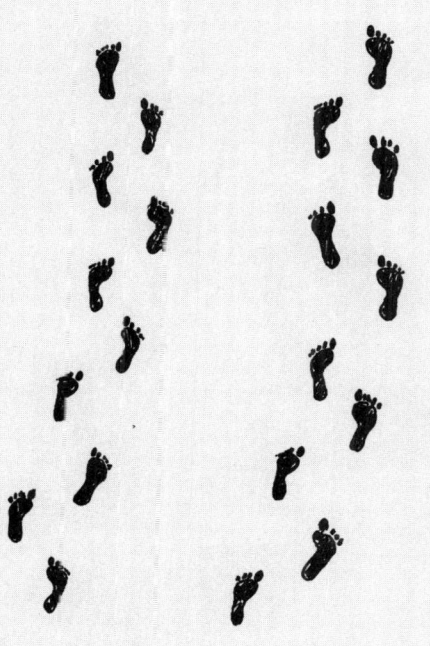

Kapitel 10

Neue Wege

Ein echter Lehrer wünscht sich nichts mehr, als dass
du auf deinen eigenen zwei Füßen stehst.

Ezra Bayda mit Josh Bartok,
Saying Yes to Life (Even the Hard Parts)

Häufig fürchten Eltern, ihre Eltern-Kind-Beziehung aufs Spiel zu setzen, wenn sie Abstand davon nehmen, ihr Kind vor allem Möglichen zu retten. Zwar können Eltern verstehen, dass ihre Besorgtheit und Überfürsorge problematische Seiten hat, aber immerhin ist es eine bequeme, vertraute und zuverlässige Methode, mit ihrem Kind in Verbindung zu bleiben. Diese Muster zu durchleuchten und zu ändern kann tatsächlich Angst machen. Eltern fragen sich, was sie denn sonst tun sollen – sich etwa nicht um ihre Kinder kümmern? Sollten Eltern nicht helfen und ihnen etwas abnehmen? Für viele provoziert allein schon die Fragestellung »Primärinstinkte« oder grundlegende Überzeugungen, worauf es bei der Kinderziehung und beim Elternsein ankommt.

Sehen Eltern mit dieser in ihnen fest verankerten Einstellung dann davon ab, ihrem Kind bei jedweder Schwierigkeit zu helfen, kann es bei ihnen Gefühle von Einsamkeit und sogar existenzieller Angst hervorrufen. Denn denken wir uns die Kinder weg, bleiben wir natürlich allein übrig. Viele von uns beschäftigen sich also gerne mit den Problemen ihrer Kinder oder lassen sich davon ablenken; immerzu sind sie bemüht, deren Leben zu organisieren und zu managen. Diese Aktivitäten geben uns ein Gefühl der Zweck- und Zielgerichtetheit. Wir wollen uns nützlich fühlen. So mühen wir uns voran, lenken und leiten und versuchen damit, die dahinterliegende Angst vor der Leere zu verdrängen. Es gibt viele Begriffe für diese Angst: Leere, das Nichts, im Buddhismus heißt es *Dukkha*, der existenzielle Psychotherapeut Irvin Yalom nennt sie »existenziellen Schmerz«.

Existenzieller Schmerz hat mit Lebenssinn zu tun – das heißt, er bezieht sich auf die Angst, keinen Lebenssinn zu haben und zu wissen, dass das Leben endlich ist. Ein Großteil der westlichen Kultur besteht aus dem Versuch, diesen Schmerz mit allen möglichen Aktivitäten aufzufüllen, ob wir der Leere mit Medikamenten oder anderen Substanzen zu entgehen versuchen, uns von ihr mit allen möglichen Displays und technischem Schnickschnack ablenken oder das *Dukkha* durch Leistung und Anhäufung von materiellem Besitz bekämpfen. Manche suchen sich einen Therapeuten, um zu den Wurzeln ihres Leids vorzustoßen, vielleicht, um eine Kindheitserinnerung auszugraben oder eine traumatische Erfahrung in ihrem Leben. Andere wenden sich einer Religion zu. Wir alle tun, was wir können, um diesen existenziellen Schmerz auszulöschen oder zumindest an der Oberfläche so geschäftig und aktiv zu sein, damit wir nicht so viel davon mitbekommen.

Verständlicherweise wollen wir unsere Kinder vor jedem existenziellen Schmerz beschützen. Doch auch sie haben die Welt mit einem endlichen Körper betreten und werden ebenso menschliche Gefühle, körperlichen und emotionalen Schmerz, Krankheit und an einem bestimmten Punkt ihres Lebens den Tod erfahren. Können wir diese Gefühle anerkennen, ernst nehmen und normalisieren, statt ständig vor ihnen auf der Hut und auf der Flucht zu sein?

Die Lehren des Buddhismus zeigen, dass das eigentliche Problem nicht in der Leere selbst besteht, sondern darin, die Leere zu verdrängen. Der Psychiater und Buddhist Mark Epstein schreibt in seinem Buch *Going to Pieces Without Falling Apart* [In Stücke gehen, ohne draufzugehen], dass Therapeuten immer schon versucht hätten, »die Leere loszuwerden, indem man ihre Ursache aufdeckt. Von Freud und seinen Anhängern bis heute haben Therapeuten alle möglichen plausiblen Ursachen identifiziert. Der Buddhismus, wie ich dann lernte, stellt die westliche Erfahrung der Leere gewissermaßen auf den Kopf. Das Problem ist, dass die westliche Erfahrung der Leere so stark mit Angst besetzt ist.«

Mit dem Wort *Leere* verbindet sich im Buddhismus aber gerade nichts Negatives. So, wie ich die Leere im Buddhismus verstehe, ist sie einfach nur das Gegenteil von »massiv«, also das Gegenteil von etwas ein für alle Mal Feststehendem. Beispielsweise kann ein Stück Holz massiv oder hohl sein – und somit leer. Die Dinge sind nicht so massiv, wie wir vielleicht glauben.

Manchmal denken wir vielleicht: »Das werde ich nie hinbekommen«, oder: »Ich bin ein furchtbarer Mensch«, oder: »Mein Kind regt mich so auf.« Doch das sind nur Gedanken, sie sind nicht sonderlich dauerhaft, sie sind flüchtig und sie können sich im Verlauf von zwanzig Minuten ändern. In der buddhistischen Denkweise ließe sich sagen, dass diese Gedanken leer sind, so wie Ideen und Vorstellungen leer sind in dem Sinne, dass sie sich ebenfalls ändern können.

Ich habe einmal im buddhistischen Zentrum von Vermont mit einem Mann gesprochen, der einen Monat lang in Schweige- und Meditationsklausur gegangen war, wo nur das Lebensnotwendigste gesprochen werden durfte. Er erzählte mir, wie er nach einer Woche, nachdem er mit keinem der anderen Klausurteilnehmer gesprochen hatte, alle möglichen Geschichten und Projektionen in seinem Kopf erfand. Er malte sich aus, mit wem er sich anfreunden würde, wen er mochte und wen nicht, wer gut war und wer böse – er gab ihnen alle möglichen Etiketten. Er fing sogar an, sich die Lebensgeschichten der anderen Leute in der Klausur auszudenken. Nach einer Weile des Nachdenkens erkannte er, wie unsinnig seine Gedanken waren – er hatte ja mit niemandem von denen, die er analysierte, je gesprochen. Doch genau das tut unser Bewusstsein: kategorisieren, sortieren, etikettieren und urteilen. Er erfuhr am eigenen Leibe, dass seine Gedanken nicht sehr massiv, also fest oder verlässlich waren. Und natürlich sah er die anderen Teilnehmer mit völlig anderen Augen, als er sie später kennenlernte.

Buddhisten üben, sich von diesen flüchtigen Gedanken und Gefühlen zu lösen, sodass nur noch die Präsenz übrigbleibt – das bloße Dasein. Der Buddhismus versucht, die Schubladen und Etiketten, die keineswegs so massiv oder fest sind, wie sie scheinen, im denkenden Bewusstsein aufzulösen, sodass nur noch der gegenwärtige Augenblick erfahren wird. So könnte »Leere« auch als *Offenheit* oder sogar *Freiheit* bezeichnet werden. Leere ist nichts, wovor man Angst haben müsste. Vielmehr, schreibt Mark Epstein, ist es das »Verstehen der wahren eigenen Natur, das intuitive Erfassen des Nichtvorhandenseins einer inhärenten Identität in Personen und Dingen«.

Was würde geschehen, wenn wir unsere Gefühle der Leere aushalten würden, statt sie ständig bei unseren Kindern und in uns selbst aufzufüllen oder zu beheben? Zumindest würden wir den Schmerz unserer Kinder anders sehen und uns vielleicht öffnen für ein Gefühl der Nähe und des Miteinanders mit ihnen.

Ich schlage nicht vor, uns von unseren Kindern zu distanzieren oder ihre Schwierigkeiten und Sorgen zu ignorieren. Vielmehr geht es um eine neue Art der Empathie mit unserem Kind. Wenn Eltern sich mit einem Bewusstsein ihrer eigenen Gefühle auf ihre Kinder einlassen, sind sie wahrscheinlich auch präsenter und offener für die Gefühle ihres Kindes.

Teilen statt beheben: Wegbegleitung

Wenn Eltern bereit sind, ihre Rolle als Straßenarbeiter aufzugeben, oder zumindest bereit, sich in einem neuen Erziehungsstil auszuprobieren, stelle ich gern die Idee der *Wegbegleitung* vor.

Statt die Stolpersteine und Hindernisse aus dem Weg zu räumen und überall Lederhäute auszulegen, können Eltern ihr Kind auf einem parallelen Weg begleiten. Damit sind Eltern präsent und aufmerksam, aber sie respektieren die Grenzen ihres Kindes. Kinder sind eher bereit, die Eltern an ihrer inneren Welt teilhaben zu lassen, wenn sie angemessenen Raum und Freiheit innerhalb ihrer eigenen Grenzen haben und wenn sie spüren, dass sie etwas haben, das nur ihnen gehört.

Die folgenden Diagramme zeigen diese beiden unterschiedlichen Stile:

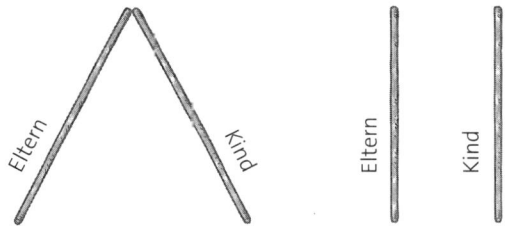

	Diagramm 1	**Diagramm 2**
Rolle der Eltern	Wegmanagement (Straßenarbeiten)	Wegbegleitung
Beziehung	unstabil	stabil
Grenzen	verschmolzen	klar

Auch wenn Diagramm 1 stabil aussehen mag, kann es leicht instabil werden, wenn ein Kind oder ein Elternteil sich im Konflikt zurückzieht. In dieser Konstellation müssen die Eltern in die Domäne des Kindes vordringen, und als Ergebnis erwartet das Kind, dass die Eltern immer da sind, um das Problem zu lösen und es aufzufangen.

Doch fördert diese Konstellation Gefühle der Abhängigkeit und Hilflosigkeit beim Kind, was wiederum alle möglichen unangemessenen Verhaltensweisen heraufbeschwört.

In Diagramm 2 sind der Elternteil und das Kind stabil Seite an Seite. Der Vater oder die Mutter entzieht sich nicht – er oder sie ist präsent und aufmerksam, respektiert aber die Domäne des Kindes. Sie erlauben dem Kind, eigene Gefühle zu haben, zu kämpfen und sich mitzuteilen; es kann sich zurückziehen und dann wiederkommen. Die Eltern bleiben präsent und nah, rücken aber nicht auf das Territorium des Kindes vor. Sie akzeptieren alle Gefühle des Kindes und setzen unangemessenem Verhalten Grenzen.

In Diagramm 1 managen die Eltern das Kind und übernehmen für seine Probleme und Schwierigkeiten die Verantwortung. In Diagramm 2 sind die Eltern als Begleiter für ihre eigenen Gedanken, Gefühle und Handlungen verantwortlich; umgekehrt übernimmt das Kind Verantwortung für seine eigenen Gedanken, Gefühle und Verhaltensweisen. Das schafft Stabilität und Nähe und fördert Reife und Individuation.

In Diagramm 2 mögen die Eltern mehr Einsamkeit und existenziellen Schmerz empfinden. Aber diese Eltern können ebenso mehr Freiheit und Unabhängigkeit fühlen. Das Gleiche gilt für das Kind – es erfährt vielleicht mehr Einsamkeit, aber auch mehr Freiheit und Unabhängigkeit. Dieses Gefühl eines eigenständigen Selbst kann positiv zurückgespiegelt und verbalisiert werden. In der Konstellation in Diagramm 2 gibt es genug Raum für zwei separate Personen Seite an Seite, wobei das Teilen von Gedanken und Gefühlen dann die emotionale Verbindung zwischen ihnen herstellt.

Wegbegleitung

Mutter: »Wie sieht dein Tag heute aus?« *Wie sieht dein Pfad heute aus?*

Sohn: »Ich bin nervös wegen meines Geschichtsreferats und auch wegen Karen, die ich nachher treffe. Wir hatten gestern Streit.« *Mama, da liegt ein riesiges Hindernis im Weg mit vielen spitzen Felsbrocken drumherum.*

Mutter (nimmt das Hindernis ernst): »Das klingt nach nicht nur einem echten Problem. Weißt du schon, was du tun willst?« *Das klingt nach mehr als nur einer Herausforderung. Was ist aus deiner Sicht der beste Weg, um dem Hindernis auszuweichen?*

Sonn: »Ich habe mich für das Referat sehr gut vorbereitet, also lasse ich es jetzt einfach auf mich zukommen. Mit Karen ist es schwieriger, aber ich denke, ich frage sie einfach, ob sie darüber mit mir reden will.« *Ich denke, am besten klettere ich über das Hindernis, um die spitzen Felsen zu vermeiden. Ich muss nur beim Herunterklettern vorsichtig sein.*

Nutter: »Das klingt doch gut. Sag mir dann, wie es gelaufen ist.« *Gut, sag mir, wie die Sache aussieht, wenn du drübergeklettert bist.*

Sohn (später am Tag): »Hallo, Mama. Ich habe den Anfang des Referats vermasselt und musste noch mal von vorn anfangen. Das war peinlich, aber danach lief es richtig gut. Und Karen und ich, wir haben miteinander geredet, und jetzt geht es mir wieder sehr viel besser. Aber ich weiß nicht, wie es weitergehen wird.« *Ich bin heruntergekommen, Mama. Ich habe mein Knie aufgeschürft, aber das ist okay. Jetzt sieht der Weg ziemlich eben aus, nur kann ich ihn nicht sehr weit überblicken. Ich denke, es wird sich wieder einrenken. Ich gebe dir Bescheid.*

Mutter: »Ich freue mich, dass das Referat gut gelaufen ist. Ich kann mir vorstellen, dass das mit Karen schwierig ist, weil ihr schon recht lange zusammen seid – ich bin da, wenn du mit mir reden willst.« *Ich bin froh, dass es dir gut geht. Ich bin weiterhin auf meinem Parallelweg, falls du weitere Begleitung brauchst.*

Präsent sein, ohne sich einzumischen

Kinder wollen ihre Probleme selber lösen, und außerdem wollen sie sich anderen *mitteilen.* Wenn Kinder das tun, lassen sie ihre Eltern in ihre innere Welt. Sie verraten ihren Eltern ihre Probleme, wie sie sie lösen, wie sie denken und wie sie fühlen. Das ist emotionale Nähe. Eltern können ihren Kindern emotional nahe sein, ohne Probleme beheben oder jemanden auffangen zu müssen. In Wahrheit ist die Einsamkeit, die ein Kind in den angemessenen Grenzen einer Eltern-Kind-Beziehung spürt, entscheidend für eine gesunde Entwicklung.

Epstein schreibt, dass Eltern »präsent sein müssen, aber sich nicht einmischen sollen«. Dies schaffe »eine stützende Umgebung, von der das Kind profitiert«. Dass wir den Raum schaffen, in dem ein Kind alleine sein kann, ist ebenso wichtig, wie für seine körperlichen Bedürfnisse zu sorgen. Wenn Eltern das Gleichgewicht einhalten zwischen Nichteinmischen und Nichtvernachlässigen, haben Kinder die Freiheit, sich selbst zu erforschen. Epstein nennt diesen Raum »die Fähigkeit, zu sein«. Wenn wir unsere Kinder auf einem parallelen Weg begleiten, geben wir ihnen die Möglichkeit, in ihrem eigenen Raum und in ihren eigenen Grenzen zu bleiben.

Eltern, die sich ständig einmischen, fördern Verschlossenheit bei ihren Kindern.

Es ist immer wieder erstaunlich für mich, zu sehen, wie wenig überfürsorgliche Eltern von der Innenwelt ihrer Kinder wissen. Diese Eltern arbeiten so angestrengt, alle Einzelheiten im Leben ihrer Kinder zu lenken und zu managen, doch sie wissen das Wenigste. Kinder, die mit ihren Eltern verschmolzen sind, erzählen ihren Eltern nichts über ihre innersten Gedanken und Gefühle. Sie sagen ihren Eltern nur, was sie brauchen oder wollen: Geld für ein Computerspiel, neue Jeans, Pizza zum Abendessen und so weiter. Da in der Eltern-Kind-Beziehung kaum etwas ausgetauscht wird, bemühen sich die Eltern umso mehr, Hinweise aus dem Verhalten ihrer Kinder herauszulesen und ihre Emotionen zu erraten, was das Kind veranlasst, noch mehr Barrieren aufzubauen. Das Problem bei diesem Beziehungsmuster ist, dass die Kinder nicht lernen, sich zu öffnen, verletzlich zu sein und sich mitzuteilen – was zur emotionalen Reife und Intimität dazugehört.

Noch problematischer ist, dass viele Eltern falsche Vermutungen anstellen, ihre Kinder unrichtig entschlüsseln und auf diese Weise nicht mitbekommen, was tatsächlich geschieht. Eltern sind keine Gedankenleser. So wie der Mann in der Klausur erfinden wir oft Geschichten und stützen uns auf Mutmaßungen, die in die Irre führen. Wenn Eltern fälschlich annehmen, ein Kind sei wegen einer Sache traurig, und versuchen, das Problem zu beheben, verfehlen sie die Lebenswirklichkeit ihres Kindes. Das kann zu mehr Verhaltensproblemen, Widerstand oder Abschottung führen.

Kinder wünschen sich am meisten, verstanden und akzeptiert zu werden. Eltern müssen fragen, nicht mutmaßen. Sie müssen die Gedanken und Gefühle ihrer Kinder eruieren; wenn ein Kind sich abschottet, können Eltern das zurückspiegeln und sich einstimmen. Zum Beispiel kann eine Mutter, statt Vermutungen anzustellen, zu ihrer Tochter sagen: »Hör mal, Schatz, ich habe gemerkt, dass du nach der Schule gleich auf dein Zimmer gegangen bist. Und du siehst unglücklich aus. Kannst du mir sagen, was du fühlst?« Wenn das Kind nicht antworten will, kann die Mutter einfach fortfahren: »Gut, ich will nicht mutmaßen und am Ende falsch damit liegen, aber ich bin da, wenn du mir etwas mitteilen willst oder wenn dich irgendetwas belastet.« Diese Mutter ist präsent und aufnahmebereit, aber sie respektiert die Domäne ihres Kindes. Sie füllt nicht die Lücken aus. Kinder sagen oft: »Das verstehst du nicht.« Doch statt defensiv darauf zu reagieren, können wir sagen: »Du hast recht, ich kann deine Gedanken nicht lesen, aber ich würde gerne zuhören, wenn du etwas mitteilen willst.« Wir müssen den Kindern den Raum geben, selbst zu entscheiden, ob und wie sehr sie an der Familie teilhaben wollen.

Hirnforscher konnten bei Experimenten mit neuen Verhaltensweisen aufzeigen, dass entsprechende Erfahrungen tatsächlich neue Nervenbahnen im Gehirn schaffen können. Dies wird *Neuroplastizität* genannt und bedeutet, dass unser Gehirn formbar ist und nicht fixiert – leer, nicht massiv oder ein für alle Mal festgezurrt. Zwar ist es nicht leicht, das eigene Verhalten und automatische Reaktionen zu verändern, aber es ist möglich. Wenn Eltern diese neuen Reaktionsweisen einsetzen – zurückspiegelndes Zuhören, Gleichstimmung, Ernstnehmen, Innehalten, Verzicht und das Setzen notwendiger Grenzen –, stärken sie zugleich das neue Reaktionssystem ihres Kindes.

Doch um diese neurologischen Veränderungen zu bewerkstelligen, müssen Eltern bereit sein, etwas zu riskieren, alte Muster zu verlassen und mit neuen Reaktionsformen zu experimentieren. Auf alte Reaktionsmuster zu verzichten ist extrem schwierig und kann zunächst Gefühle von Einsamkeit, Machtlosigkeit oder Zwecklosigkeit hervorrufen. Angstgefühle sind normal, wenn man ein neues Gebiet erkundet. Doch wenn man sich der Angst, dem Unbekannten oder sogar dem Existenzschmerz öffnet, führt es auch dazu, geistig und körperlich lebendig und präsent zu sein – und das ist etwas Gutes. Das ist exakt der Prozess des Herstellens von Mokassins. Genau das wollen wir unseren Kindern vorleben.

In der Eltern-Kind-Beziehung bedeutet Wegbegleitung im Gegensatz zum Straßenbau zuhören, präsent bleiben und auf Aktivität verzichten. Man akzeptiert jedes Gefühl oder Problem, das ein Kind hat. Die Eltern müssen ihren Kindern zeigen, dass sie damit umgehen können – sie brauchen nicht vor der Wirklichkeit ihrer Kinder beschützt zu werden. Kinder wollen sich mitteilen und werden dies eher tun, wenn sie wissen, dass wir ihren Weg nicht für sie gehen wollen: das heißt sie weder im Stich lassen, noch uns auf ihrem Weg einmischen. Stattdessen herrscht gegenseitiger Respekt. Wegbegleitung schafft Stabilität und fördert Reife, Resilienz und Unabhängigkeit.

Wenn wir mutig genug sind, mit unserem eigenen Schmerz allein zu sein, gelingt es uns eher, diesen Raum für unsere Kinder bereitzustellen. Das muss uns nicht ängstigen; jeder einzelne Mensch auf diesem Planeten erfährt *Dukkha*. Stattdessen können wir diese Reise mit unseren Kindern teilen und ihnen vermitteln, dass Schmerz, Einsamkeit und Ungewissheit normale Gefühle sind. Wegbegleitung kann Familien emotionale Nähe ermöglichen – nicht nur die körperliche Nähe, unter einem Dach zu wohnen.

Innere Ressourcen, die durch diesen Erziehungsansatz gefördert werden:

- Problemlösungskompetenz
- Innere Motivation
- Anpassungsfähigkeit
- Emotionale Selbstregulierung
- Akzeptanz der Unbeständigkeit

Kapitel 11

Mitgefühl

Mitgefühl ist der beste Heiler.

Lama Zopa Rinpoche, Ultimate Healing

Emotionen sind ein normaler Teil des Menschseins – sie sind weder gut noch schlecht. Ähnlich, wie eine Orchidee blüht, welkt, ihre Blüte abwirft, knospt und wieder erblüht, bewegen sich unsere Gefühle in Kreisläufen. Wenn wir in den emotionalen Prozess unserer Kinder eingreifen, stören wir diesen Kreislauf. Das Gleiche gilt für das Ringen mit einem Problem; wenn wir darin eingreifen, unterbrechen wir die natürliche Fähigkeit unseres Kindes, Probleme zu lösen, zu wachsen und reifer zu werden. Manchmal sind diese Konzepte allerdings nicht so leicht auf unsere Kinder anzuwenden, und wir brauchen statt Aktionismus Mitgefühl.

Die Definition der tibetischen buddhistischen Lehrerin Pema Chödrön für Mitgefühl ist aufschlussreich: Mitgefühl ist das, was eine Mutter ohne Arme fühlt, wenn ihr Kind in den Fluss fällt. Ich habe einige Zeit über diese Definition nachgegrübelt. Zunächst schob ich sie beiseite, weil ich nichts Rechtes damit anfangen konnte, doch dann drängte sie sich mir während meiner Arbeit mit Eltern immer wieder auf. Die Eltern kommen mit vielen leidvollen Geschichten zu mir – ein Kind, das die Schule aufgegeben hat oder das Bett nicht verlässt, das ununterbrochen lügt oder das Stunden mit Angstritualen oder seiner Computersucht verbringt – und die Eltern haben in der Regel endlose Stunden investiert, um ihr Kind auf die richtige Bahn zu bringen, es für etwas zu motivieren oder auch zu überreden. Die meisten Eltern haben alles in ihrer Macht Stehende getan, aber vergeblich. Wir fühlen uns wohler, wenn wir etwas tun können, statt einfach nur zu fühlen.

Eine Mutter ohne Arme: ein Gefühl der Hilflosigkeit. Wir fühlen uns oft hilflos, wenn unsere Kinder leiden. Doch hat es einen großen Wert, in einer solchen Situation beim Kind zu bleiben und das Mitgefühl zu spüren, das wir für unsere Kinder haben, genauso wie diese Mutter am Fluss. Sie kann das Problem des Kindes nicht beheben, aber sie kann fühlen. Das ist Mitgefühl. Mitgefühl bedeutet, dass wir unser eigenes Leiden spüren, und dadurch können wir mit anderen fühlen, wenn sie leiden – können es zumindest versuchen. Fast jeder kennt körperlichen Schmerz, emotionalen Schmerz; wir wissen, wie sich Ablehnung anfühlt, wir kennen Furcht und Angst, wir kennen Verlust und Verzweiflung. Wir können mit unseren Kindern fühlen. Es gibt ein inneres Weichwerden, ein Gefühl wie »Das ist furchtbar, das ist schmerzvoll, aber *ich bin hier an deiner Seite*«. Wir können nicht eingreifen und das Leiden eines anderen von ihm nehmen, so wie die Mutter ihr Kind nicht aus dem Fluss holen kann.

Was der Dalai-Lama zum Mitgefühl sagt, scheint mir tief greifend. Er schreibt in seinem Buch *An Open Heart* [Ein offenes Herz]: »Wenn wir uns auf andere konzentrieren, auf unseren Wunsch, sie von ihrem Leid zu befreien – ist das Mitgefühl. Doch nur, wenn wir uns unser eigenes Leid eingestehen und den Wunsch entwickelt haben, uns davon zu befreien, kann unser Wunsch, andere von ihrem Leid zu befreien, eine wirkliche Bedeutung haben.« In diesem Sinne »bedeutet« Mitgefühl nicht, den anderen wieder in Ordnung zu bringen, sondern tief in der menschlichen Erfahrung verwurzelt zu bleiben, während man neben ihm präsent bleibt. Es ist, als ob die Eltern den Schmerz des Kindes teilen, statt ihn zu beheben. Statt festzustellen, dass etwas »falsch« läuft bei einem Kind, wird der Schmerz eher als normaler Teil der menschlichen Erfahrung gesehen – unabhängig davon, wie groß der Schmerz oder seine Ursache ist.

Wir können unser eigenes Wachstum nicht wegen eines anderen aufgeben, der scheinbar ein größeres Leid zu tragen scheint. Vielmehr helfen wir anderen nur, wenn wir unseren eigenen Schmerz wahrnehmen und spüren. Manchmal kann ein Kind, das mit Problemen zu kämpfen hat, uns diese Erkenntnis nahebringen.

Jakob

Jakob, ein ausgelassener zehnjähriger Junge, begann sich, kurz nachdem er zehn geworden war, mit Entscheidungen zu quälen. Er konnte sich nicht entscheiden, welche Jacke, welches Hemd oder welche Schuhe er für die Schule anziehen sollte. Seine Entscheidungsunfähigkeit führte zu einem Gefühl der Lähmung. Schließlich hörte er auf, Hausaufgaben zu machen, und weigerte sich irgendwann, überhaupt zur Schule zu gehen. Seine Eltern, von der Situation vollkommen überrascht, spielten eine ganze Reihe von Reaktionen durch. Zuerst gingen sie in sein Zimmer und sagten ihm, es sei ihnen egal, welche Kleidung er trage – ob es kurze Hosen an einem kalten Tag oder Stiefel an einem warmen Tag waren. Dann gingen sie hinein und suchten für ihn die Kleidung aus, um ihm die Entscheidung abzunehmen. Dann schimpften, überredeten, feilschten sie. Schließlich gaben sie entnervt auf und fühlten sich machtlos.

Jakob hatte das Gefühl, dass etwas mit ihm nicht stimmte. Allen anderen schien es gut zu gehen, und sie hatten kein Problem mit der Schule oder der Kleidung. Jakob rang mit Unsicherheit und Themen der sexuellen Orientierung, die er nicht verstand, und sein Angstpegel war enorm hoch. In gewisser Weise gaben sich Jakobs Eltern für seine Angst und Lähmung selbst die Schuld. Sie mussten sie verursacht haben oder sich einfach mehr anstrengen, um das Problem zu bereinigen. Statt seine Gefühle mitzuempfinden, wollten sie seine inneren Konflikte beheben, und als ihnen das nicht gelang, machten sie erst ihrem Kind und dann sich selbst Vorwürfe.

Dass etwas an uns falsch sei, wenn wir eine negative Emotion empfinden, nennt die Buddhistin und klinische Psychologin Tara Brach in ihrem Buch *Radical Acceptance* [Radikale Akzeptanz] ein Grundmissverständnis, dem viele von uns erliegen. Ich glaube, wir alle können zustimmen, dass etwas falsch läuft, wenn ein Kind sich weigert, zur Schule zu gehen und im Bett bleibt, aber es ist nichts Falsches dabei, wenn man darüber Angst empfindet, besorgt ist oder verwirrt. Genau genommen sind das Gefühle, die wir alle jeden Tag empfinden.

Jakob wusste nicht, wie er mit seiner Angst umgehen sollte. Wenn Eltern sehen, wie ihre Kinder mit sich selber ringen, sich danebenbenehmen oder sich abschotten, können sie versuchen, das Blatt zu wenden. Sie können zuhören, sich einfühlen, präsent bleiben, die Gefühle ernst nehmen, erklären, dass sie normal sind, und Mitgefühl zeigen. Selbst wenn das Kind nicht weiß, was eigentlich das Problem ist.

Kürzlich erklärte mir meine jüngere Tochter immer wieder: »Mama, ich mache mir Sorgen.« Ich fragte: »Worüber machst du dir Sorgen?« Mit angespannter Stimme antwortete sie: »Ich weiß es nicht! Ich mache mir einfach nur Sorgen.« Ich fühlte den unmittelbaren Wunsch, einzugreifen, die Sache zu regeln und zu sagen: »Alles ist in Ordnung«, oder: »Mach dir keine Sorgen«, oder sie aufzuheitern. Stattdessen sagte ich: »Es ist völlig in Ordnung, sich Sorgen zu machen.« Sie saß eine Weile und dachte darüber nach. Dann sagte ich: »Danke, dass du mir etwas über deine Gefühle gesagt hast. Ich bin dafür da, um zuzuhören.«

Das ging so etwa einen Monat lang – alle paar Tage machte sie mich darauf aufmerksam, dass sie wieder Sorgen plagten. Ich reagierte auf die gleiche Weise: »Es ist völlig in Ordnung, sich Sorgen zu machen.« Ich fügte hinzu: »Ich mache mir auch manchmal Sorgen – das ist ein normales Gefühl.« Oder, statt dem Reflex zu folgen, die Sache zu beheben, fragte ich: »Kann ich irgendetwas für dich tun?« Sie erwiderte höflich: »Nein danke, Mama.« Ich ließ ihr die Verantwortung für das Gefühl. Wir alle haben Sorgen, das ist nichts, worüber man sich aufregen müsste, und am besten lernt man, die Sorgen auf natürliche Weise zu verarbeiten. Natürlich weiß ich es nicht, aber es kam mir in den Sinn, dass sie vielleicht existenzielle Sorgen wegen der Ungewissheit des Lebens umtrieben, oder vielleicht hatte sie angefangen, sich über den Tod Gedanken zu machen, denn sie knüpfte ihr Gefühl an nichts Bestimmtes. Diese unspezifischen Sorgen sind manchmal am schlimmsten, weil wir sie mit keiner gedanklichen Anstrengung zuordnen und lösen können.

Das Gefühl der Besorgtheit und die Spannung in ihrer Stimme hielten sich noch einige Wochen. Bis mir eines Tages während einer Autofahrt eine Veränderung auffiel. Meine Tochter sagte selbstbewusst: »Ich mache mir wieder Sorgen, aber ich weiß, dass es in Ordnung ist.« Ihr Ton war ruhig, und es klang keine ängstliche Spannung in ihrer Stimme. Sie war sich ihres Gefühls bewusst, aber sie reagierte nicht darauf. Ich erkannte, dass mein Versuch, ihre Gefühle ernst zu nehmen und sie als völlig normal zu betrachten, geholfen hatte; sie konnte wieder vorwärtsgehen. Ich weiß bis heute nicht, worauf sich ihre Sorgen bezogen, aber das Ziel ist nicht, negative Emotionen dadurch auszuräumen, dass man sie behebt – vielmehr geht es darum, sie ernst zu nehmen und zu etwas Normalem zu machen, sodass sie ihren ganzen Gefühlszyklus durchlaufen können.

Mitgefühl, wie es in der buddhistischen Tradition verstanden wird, bedeutet, dass wir anerkennen und akzeptieren, was ist.

Wann schreiten wir ein?

In seinem Buch *Be Beautiful, Be Yourself* [Sei schön, sei du selbst] empfiehlt der vietnamesische Zen-Buddhist Thich Nhat Hanh das Folgende:»Wenn du dich überfordert fühlst, strengst du dich zu sehr an. Diese Art der Energie hilft niemandem, weder einem anderen noch dir selbst. Du solltest nicht allzu begierig sein, sofort zu helfen. Es gibt zwei Dinge: das Sein und das Handeln. Denke nicht zu viel ans Handeln – das Sein kommt zuerst.«

Der Drang, zu helfen und für unsere Kinder die Probleme zu lösen, ist wohl universell. Unser Gefühlsleben ist tief mit unseren Kindern verbunden, und die meisten Eltern wollen ihre Kinder einfach glücklich sehen – daher bringt jedes Unglück die Eltern auf Trab. Doch ist es wichtig, dass wir unterscheiden, ob wir etwas wirklich Sinnvolles tun oder ob wir in das Territorium der Kinder eindringen, sie ihrer Probleme und Misshelligkeiten enteignen und ihre natürliche Fähigkeit, zu fühlen und Gefühle zu verarbeiten, unterbinden.

Zum Glück gibt es für uns immer noch viel zu tun. Wir können unseren Kinder zu essen geben, wenn sie hungrig sind. Wir können ihnen einen Snack machen, den sie besonders mögen. Wir können sie bettgehfertig machen, wenn sie müde sind. Wir können zuhören. Wir können Spiele spielen, Lieder singen, basteln, zusammen Sport treiben, in den Zoo gehen und ihnen Geschichten vorlesen oder zusammen Filme anschauen. Wir können sie kleiden. Wir können sie zu ihren Freizeitaktivitäten fahren. Wir können Feiertage begehen. Wir können uns um sie kümmern, wenn sie krank sind. Wir können ihnen Dinge erklären, die sie nicht verstehen. Wir können versuchen, ihre Fragen zu beantworten. Wir können zusammen Ausflüge machen. Wir können das Leben mit ihnen teilen. Wann also ist es für Eltern an der Zeit, Ratschläge zu geben?

Eltern sollten nur dann Ratschläge geben, wenn diese ausdrück-lich gewünscht werden.

Wenn Kinder von sich aus fragen: »Mama, was meinst du dazu?«, oder: »Papa, was würdest du tun?«, suchen sie nach einer weiteren Perspektive, und die Eltern können ganz offen ihren Rat geben. Aber mit einer Einschränkung: Die Eltern sollten sagen: »Ich sage dir jetzt mal, wie ich die Sache sehe, aber es ist deine Entscheidung.« Vergessen wir nicht, dass Eltern ohnehin eine Menge Entscheidungen für ihre Kinder treffen, zum Beispiel, in welchem Auto sie mitfahren dürfen, wenn ihre Freunde ihren Führerschein gemacht haben, oder wie lange sie abends wegbleiben dürfen oder wie viel Taschengeld sie bekommen und so weiter. Wenn das Problem aber in der Domäne des Kindes liegt, sollte die Entscheidung vom Kind getroffen werden.

Und womit trösten wir unsere Kinder? Wenn wir das Lieblingsessen unseres Kindes kochen, ein behagliches Bad einlassen, gemeinsam einen Film anschauen, einen Ausflug machen, unsere Zuneigung zeigen, zusammen einkaufen gehen – alles das sind Möglichkeiten, unsere Kinder zu trösten und ihnen unsere Liebe zu zeigen, auch wenn wir nicht glauben dürfen, damit würde jedes Leiden besänftigt. Wenn wir erkennen, wo unsere Domäne endet und die unseres Kindes beginnt, kommt das Mitgefühl ins Spiel. Wir dürfen nicht in ihre Domäne eindringen. Wir können nicht ihre Traurigkeit, ihre Sorgen oder verletzten Gefühle als unser Projekt übernehmen. Genauso wie die armlose Mutter ihr Kind nicht aus dem Fluss holen kann.

Nach meinem Eindruck haben alle Eltern schon die Erfahrung gemacht, dass ein zu starkes Engagement in Sachen Kinderglück nach hinten losgeht. Zum Beispiel, wenn wir versuchen, eine perfekt glückliche Umgebung zu schaffen – eine Eiscreme-Party, eine spezielle Leckerei vom Konditor, ein Besuch des Spielzeugladens oder ein Geldgeschenk – und diese Bemühungen zu nichts führen und das Kind sich trotzdem über irgendetwas aufregt.

Unsere Kinder haben ihre eigene Welterfahrung – sosehr wir es auch versuchen, wir können nicht kontrollieren, was sie fühlen.

Dieser Wunsch, Kinder zu trösten, wird verstärkt, wenn sie gerade emotional mit etwas zu kämpfen haben. Sagen wir, unsere Tochter ist vom Leben gerade völlig frustriert oder hat schulische oder soziale Schwierigkeiten. Eltern wollen die Rettungsleine auswerfen und das Kind in Sicherheit bringen. Das kann aber kompliziert sein, wenn das Kind dabei über die Stränge schlägt. Wenn Eltern mit unterschiedlichen Graden von unangemessenem Verhalten zu tun haben, ist es schwer für sie, zu erkennen, in welcher Weise sie Mitgefühl zeigen sollen. Bedeutet Mitgefühl, den Kindern zu geben, was sie wollen? Sie die ganze Nacht vor dem Computer sitzen zu lassen? Die Regeln und Erwartungen zu ändern, die Hausaufgaben für sie zu machen, die Launen des Kindes das Familienleben bestimmen zu lassen – sind das Wege, Mitgefühl zu zeigen?

Mitfühlend sein bedeutet vielmehr, Grenzen zu setzen und Konsequenzen zu ziehen, um ein Kind in der Spur zu halten. Zuzulassen, dass ein Kind sich selbst schadet, indem es nicht zur Schule geht, im Bett bleibt und sich vor dem Leben drückt, oder zuzulassen, dass es anderen Kindern durch seine Wutausbrüche schadet oder versucht, sie für seine Zwecke zu missbrauchen, bedeutet kein Mitgefühl. Diese Verhaltensweisen helfen einem Kind nicht. Eltern können Grenzen setzen und Konsequenzen ziehen, wenn es um Fehlverhalten geht – diese Grenzen wirken wie ein steter Stachel in festsitzenden Verhaltensmustern. Emotionale Gleichstimmung, Mitgefühl und Grenzen – das sind die besten Mittel, mitfühlend zu handeln.

Verzichten

Wenn wir schrittweise aufhören, das Leben unserer Kinder zu managen, und langsam die Lederhäute zurückziehen, mit denen wir ihre Welt abgedeckt haben, bleiben wir gleichwohl aktive Erzieher. Manche Eltern glauben, sie vernachlässigten ihre Pflichten, wenn sie ihrem Kind bei seinen vielen Aufgaben nicht zu Hilfe eilen. Das hat mit Vernachlässigung aber nichts zu tun – es ist vielmehr intentionale, mutige Erziehung. Die Eltern können einfach präsent sein. Thich Nhat Hanh sagt: »Es ist, als ob der andere unten am Fuß des Baumes säße. Der Baum tut gar nichts, aber er ist frisch und lebendig. Wenn Sie wie dieser Baum sind und Wellen des Lebens aussenden, dann helfen Sie, das Leid der anderen Person zu besänftigen.« Wir müssen unseren Drang, zu helfen, erkennen und Zurückhaltung üben – wir müssen »uns selber an den Mast binden«.

Ich habe immerfort den Drang, meine Kinder zu retten. Gerade erst neulich war meine ältere Tochter frech zu mir, bevor sie zur Schule ging; sie zeterte, sie schmollte, sie trödelte, und wir waren spät dran. Ich sagte ihr, dass es nicht in Ordnung sei, solche Szenen zu machen und deswegen zu spät zur Schule zu kommen. »Wenn wir nach Hause kommen«, sagte ich, »gehst du erst für zwanzig Minuten auf dein Zimmer, bevor du im Haus oder mit deiner Schwester spielen darfst.« Ich sagte, dass es mich traurig mache, mit ihr zu streiten, und dass ich sie lieb hätte.

Wenn ich eine Grenze setze, stelle ich fest, dass dies meinen Kindern hilft, mit einem Verhalten, das sie für selbstverständlich halten, aufzuhören; dass sie anfangen, sich emotional neu zu orientieren und ihre Gefühle schneller zu verarbeiten. Ohne Grenzen wissen Kinder häufig nicht, wie sie aufhören und sich selbst regulieren sollen. Der präfrontale Kortex, der für Urteile und Impulskontrolle zuständige Teil unseres Gehirns, entwickelt sich bis zur Adoleszenz. Wir können es unseren Kindern nicht verübeln, wenn sie nicht wissen, wie man sich selbst reguliert – wir müssen es ihnen mitfühlend beibringen, indem wir Grenzen setzen. Viele Eltern scheuen davor zurück, Grenzen zu setzen, und infolgedessen fühlen sich viele Kinder außer Rand und Band. Das hebt das Selbstwertgefühl nicht; eher fühlen sich Kinder beschämt, wenn sie sich nicht im Griff haben.

Nachdem ich die Grenze gesetzt und eine Konsequenz angekündigt hatte, war meine Tochter die reinste Wonne. Sie gab mir einen Kuss, als ich sie an der Schule absetzte und als ich sie nachmittags vom Bus abholte. Zu Hause erinnerte ich sie dann an die zwanzig Minuten. Sie rannte in ihr Zimmer. Dennoch hätte ich die Zeit am liebsten verkürzt. Ich dachte daran, sie nach fünfzehn Minuten herauszulassen. Dann wollte ich die Zeit sogar auf zehn Minuten verringern. Ich hatte ein schlechtes Gewissen. Ich wollte meine Tochter vor meiner Konsequenz retten. Aber ich hatte zugleich den Eindruck, dass es meiner Tochter gut ging, sie spielte in ihrem Zimmer munter vor sich hin. Bald wurde ich von ihrer jüngeren Schwester abgelenkt, und bevor ich es bemerkte, waren fünfundzwanzig Minuten vergangen. Als ich in ihr Zimmer kam, hatte sie ein Spiel begonnen und wollte es noch zu Ende spielen. Da erkannte ich, dass es bei meinem Drang, sie zu retten, eigentlich um mich selbst gegangen war, nicht um sie – sie wusste, dass sie sich am Morgen danebenbenommen hatte; sie hatte die Konsequenz akzeptiert und war mit sich weiter vorangekommen. Ich war diejenige, die sich schuldig fühlte, weil ich sie bestraft hatte. Aber wenn ich Konsequenzen durchhalte, funktionieren sie.

Wenn wir uns den Kindern nicht in den Weg stellen und uns zurückhalten, lernen sie ihre Lektionen und verarbeiten ihre Gefühle auf natürliche Weise. Manchmal, wenn ich versuche, meine Kinder für etwas Neues zu begeistern, das ich gekauft habe, oder für einen Ausflug oder eine Ferienreise, bin ich enttäuscht, wenn sie nicht so reagieren, wie ich es mir erhofft hatte. Kurzum, ich versuche, ihre Gefühle zu kontrollieren. Das ist so tief in uns Eltern einprogrammiert, dass es einer Art laserscharfer Selbstwahrnehmung bedarf, um zu erkennen, wann wir den Punkt erreichen, wo wir mit Reparatur- und Trostmaßnahmen beginnen.

Diese Zurückhaltung ist ebenso wichtig, wenn wir glauben oder erwarten, dass unsere Kinder unglücklich oder gelangweilt sind, und wir es vermeiden wollen, indem wir sie unterhalten, wozu unsere Kultur bekanntermaßen einen endlosen Vorrat an Apparaten bereitstellt. Wir zerstören damit möglicherweise eine Gelegenheit für unsere Kinder, kreativ und erfindungsreich mit einer scheinbar unstrukturierten Zeit umzugehen. Ich mag unstrukturierte Zeit am Morgen oder nach der Schule, aber ich habe Schwierigkeiten damit an Wochenenden, weil ich davon ausgehe, dass meine Kinder ohne Unternehmungen durchdrehen (was manchmal geschieht). An einem Wochenende kam ich vom Einkauf zurück und fand meinen Mann mit einem Arbeitsprojekt beschäftigt und die Kinder tief in ihrem Fantasiespiel versunken – selbst als mehrere Stunden vergangen waren. Sie spielten abwechselnd Hotel, Schule, Post (wobei sie Briefkästen für ihre Zimmer bastelten) und schließlich Tanzschule. Wenn ich zu Hause gewesen wäre, hätte ich vielleicht in einem frühen Stadium eingegriffen, und diese Art von Spiel wäre gar nicht erst zustande gekommen. Jetzt nahmen sie von meiner Heimkehr kaum Notiz, weil sie zu beschäftigt waren.

Die Emotionen der Kinder kommen und gehen, ob wir nun versuchen, sie glücklich zu machen, oder nicht. Zurückstehen und mich herausnehmen muss ich als Mutter immer wieder üben, weil es so leicht ist, das Ruder zu ergreifen, ihr Zimmer aufzuräumen, ihr Problem zu lösen oder die Hausarbeit selbst zu erledigen. Ich habe aber als Mutter und Therapeutin gelernt, dass dieses »leicht« meist bedeutet, Leder auszulegen, während »schwer« eher zur Anfertigung von Mokassins beiträgt. Ich muss meine Fünfjährige sich ihr eigenes Marmeladenbrot machen lassen – auch wenn es doppelt so lange dauert –, weil sie sehr genau weiß, dass sie dies tun will, und weil es gut für ihr Selbstvertrauen ist, ganz zu schweigen von ihren feinmotorischen Fähigkeiten. Meine Siebenjährige führt elaborierte Kasperle-Stücke auf, und manchmal habe ich das Gefühl, der Geschirrabwasch wartet auf mich, aber das Zurücktreten erlaubt mir, ihren Witz und Einfallsreichtum zu genießen.

Tief in sich hineinhören

Wenn wir damit beginnen, uns einzumischen, zu reparieren und zu retten, unterbrechen wir zugleich die Fähigkeit unserer Kinder, auf ihre eigene Klugheit, Intuition und ihre natürlichen Selbstheilungskräfte zu hören. Wir alle haben die Fähigkeit, Einsichten zu gewinnen und uns selbst wahrzunehmen und zu heilen. Ich glaube, Kinder können diese Fähigkeit verfeinern, tief in sich hineinzuhören, ihre Furcht auszuhalten, Lösungen zu finden und mit Problemen auf eine Weise fertig zu werden, die selbst wir uns nicht immer vorstellen könnten.

In ihrem Buch *How to Listen So Kids Will Talk and How to Talk So Kids Will Listen* [Wie man so zuhört, dass Kinder sprechen, und wie man so spricht, dass Kinder zuhören] beschreiben die Autorinnen Adele Faber und Elaine Mazlish, welchen Erfolg es bringt, Kindern, die aus dem Häuschen sind, einen Stift und Papier zu geben und zu sagen: »Schreibe oder male, wie du dich fühlst.« Die Kinder beruhigen sich sofort und bringen ihr emotionales Erleben lebendig aufs Papier. So oft, wenn wir eingreifen und die Dinge für sie regeln, bringen wir die Kinder zum Schweigen; stattdessen sollten wir sagen: »Deine Gefühle sind so wichtig! Ich sehe ja, wie erregt du bist – kannst du es für mich aufmalen, sodass ich es verstehen kann?« Sich künstlerisch zu betätigen ist ein großartiges Mittel für Kinder, auszudrücken, was in ihnen vorgeht. Aber noch wichtiger: Es gibt ihnen die Möglichkeit, in sich hineinzuhören und ihre eigenen Gefühle zu verarbeiten.

Die Fähigkeit von Kindern, sich selbst intensiv zuzuhören, bereitet sie auf ein umfassendes Leben vor in dem Sinne, dass sie sich selbst entdecken, und hilft ihnen, zu erkennen, wer sie sind. Wenn die Kinder jedes Mal, wenn sie erregt oder wütend sind, von ihren Eltern abgelenkt oder umgelenkt werden, führt das zur Gefühlen von Hilflosigkeit und Depression.

Jakobs Gefühle

Wie können Jakobs Eltern auf seine Angst und seine Weigerung, zur Schule zu gehen, mitfühlend reagieren, während sie ihn zugleich ermuntern, in sich hineinzuhören, um möglicherweise selbst eine Lösung für sein Problem zu finden? Natürlich geht das wie bei den meisten Dingen nicht hopplahopp, aber die Verbindung von Mitgefühl und intensivem In-sich-Hineinhören kann diese Familie auf eine gute Bahn lenken.

Zwar bleiben Jakobs Eltern nicht aus Entscheidungsschwäche jetzt selbst im Bett wie ihr Sohn, aber sie haben selbst eine Menge Stress und Ängste. Sie können ihr eigenes Leid und ihren eigenen Existenzschmerz spüren, und sie können ihm vermitteln, dass sein Schmerz nicht unsinnig ist, sondern vielmehr eine wichtige Information. Sie können sich dazu in Beziehung setzen und vielleicht offenbaren, was sie jetzt fühlen oder was sie zu anderen Zeiten in ihrem Leben gefühlt haben, als sie selbst in einer Sackgasse steckten. Sie können Jakob fragen, ob er weiß, was er fühlt. Sie können seine Gefühle als etwas ganz Normales betrachten und sie ernst nehmen.

Hier folgen ein paar Beispiele einer von Mitgefühl getragenen Kommunikation:

- »Es ist völlig in Ordnung, wenn man sich Sorgen macht. Ich mache mir viele Sorgen. Vielleicht glaubst du das nicht, aber ich gehe vielen Dingen aus dem Weg, genauso wie du dich nicht anziehen willst. Ich glaube, dass Vermeidung eine relativ normale Reaktion ist. Weißt du, ich bin sogar einem Teil meiner Familie aus dem Weg gegangen, weil ich mich mit ihnen unwohl fühlte.«
- »Ich habe den Eindruck, dass du nicht sonderlich gerne besorgt oder angstvoll bist und dagegen anzukämpfen versuchst. Aber Besorgtheit ist nur ein Gefühl, so wie Glück ein Gefühl ist.«

- »Da ist nichts, was mit dir oder deinen Gefühlen nicht stimmt. Aber dein Verhalten ist nicht angemessen, weil du dir selbst Schaden zufügst, wenn du nicht zur Schule gehst.«
- »Die Angst ist immer da, ob du nun im Bett bleibst oder nicht. Ich glaube, du musst lernen, mit deiner Angst und deinem Schmerz umzugehen und sie zu meistern.«

Wenn Jakob tief in sich hineinhört, kann ihn dies befähigen, genauer zu erkennen, was er fühlt. Hier ein paar Beispiele, wie man ihn ermutigen kann:

- »Wenn du tief in dich hineinhörst, weißt du dann, was du fühlst?«
- »Wie möchtest du am liebsten deiner Angst begegnen? Möchtest du im Bett bleiben oder lieber etwas anderes versuchen?«
- »Wenn deine Angst reden könnte, was würde sie dir sagen? Kannst du dafür Bilder finden und sie aufmalen?«
- »Was glaubst du, wie man das am besten lösen könnte?«
- »Was sagt dir deine Intuition oder deine innere Stimme?«
- »Ich komme jetzt nicht dauernd hier herein, um dich dazu zu bringen, zur Schule zu gehen; ich bitte dich aber, tief in dich hineinzuhören und selbst eine Lösung zu finden. Wenn du dann aber immer noch nicht zur Schule gehst, wird es Konsequenzen geben, zum Beispiel keinen Computer mehr, und du wirst vielleicht auch weitere Konsequenzen vonseiten der Schule erfahren.«

Mitgefühl, zurückspiegelndes Zuhören, Verzicht, Ernstnehmen, die Normalität von Gefühlen bestätigen und Grenzen setzen sowie Konsequenzen ziehen gehören alle zum Mokassinprozess. Jakob wird seine Emotionen wahrscheinlich besser verarbeiten und weniger in Verhaltensmustern stecken bleiben, wenn die Eltern wie oben beschrieben reagieren.

Den Rat von Thich Nhat Hanh aufgreifend: Wie können wir für unsere Kinder Leben, Frische und Präsenz ausstrahlen – ob wir ihr Problem nun kennen oder verstehen oder auch nicht? Der Schmerz darüber, die eigenen Eltern im Falle einer Adoption nicht gehabt zu haben, Probleme mit der sexuellen Identität und psychische Probleme können Jahre in Anspruch nehmen, bis sie bewältigt oder verstanden werden. Es gibt eine Menge Unbekanntes. Doch bis dahin können wir üben, präsent und offen zu sein und das, was immer unsere Kinder auch durchmachen, zu akzeptieren und mit Mitgefühl zu begleiten. Wir können sichere Ankerplätze für unsere Kinder sein.

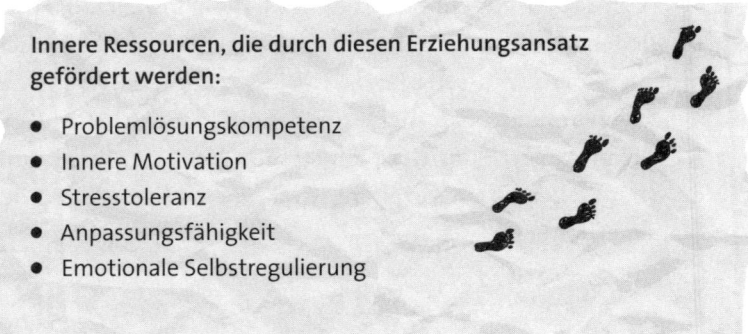

Innere Ressourcen, die durch diesen Erziehungsansatz gefördert werden:

- Problemlösungskompetenz
- Innere Motivation
- Stresstoleranz
- Anpassungsfähigkeit
- Emotionale Selbstregulierung

Kapitel 12

Vom Wegräumen des Leders
Mutige Erziehung

Verletzlichkeit ist der Nährboden für Innovation,
Kreativität und Veränderung.

Brené Brown

Als ich zwanzig war, lebte ich für sechs Monate in Afrika. Ich hatte immer schon gewusst, dass ich dorthin wollte, und meine Erfahrungen dort haben mich auf vielfältige Weise bereichert. Die großartigste Erfahrung des Lebens in Afrika war zugleich die von mir am wenigsten erwartete: Ich fühlte mich jeden Tag lebendig. Ich erinnere mich, dass ich erwachte und mich dem Leben öffnete.

Jeder Tag war unvorhersehbar. Ich wusste an keinem Tag, was es zu essen geben würde. Ich wusste nicht, ob der Bus pünktlich fuhr. Ich wusste nicht, wen ich treffen würde. Ich wusste nicht, ob ich in der Lage sein würde, Geld bei der Bank abzuheben; manchmal gab es Probleme mit der Bürokratie. Ich wusste nicht, ob ich telefonieren könnte; manchmal gab es lange Warteschlangen. Ich wusste nicht, ob ich jemanden von einer NGO treffen würde, weil ich weder ihre Bürostunden noch ihre Telefonnummer herausfinden konnte. Ich wusste nicht, ob ich von jemandem betrogen würde (was vorkam) oder ob mich jemand zum Tee zu sich nach Hause einladen würde (was oft vorkam). Ich nahm jeden Tag, wie er kam – ich war nicht frustriert, wenn etwas nicht klappte oder wenn ich etwas nicht zuwege brachte. Ich sah alles als Teil meiner afrikanischen Erfahrung an.

Weil es so viel Unbekanntes gab, fühlte sich das Leben aufregend an; es war ein Abenteuer. Tatsächlich fühlte ich mich in Afrika mental gesünder, flexibler und offener, obwohl es dort durchaus einiges zu fürchten gab. Ich kletterte mit nur einem von mir bezahlten Führer auf den Kilimandscharo; ich fuhr per Anhalter; ich nahm eine Frachtfähre nach Sansibar und überlebte, obwohl viele Leute seekrank wurden; ich bekam eine Infektion am Bein; ich bekam Heiratsanträge (ein paarmal); ich bekam Sandflöhe (fragen Sie nicht danach!); ich wanderte durch Kibera, den zweitgrößten städtischen Slum in Afrika. Ich war von Gefahren umgeben, aber ich hatte keine Angst. Ich fühlte mich näher am Puls des Lebens und der Natur.

Hier in den westlichen Gesellschaften erwarten wir, dass alles funktioniert wie ein Uhrwerk – als ob wir unsere Umwelt vollständig kontrollieren könnten. Jede Panne frustriert uns. Zwar ist das Leben viel bequemer und vorhersehbarer, aber diese Vorhersehbarkeit ist eigentlich langweilig. Und trotz dieser Langeweile mögen wir keine Abweichungen; wir wollen sehen, was auf uns zukommt. Und wir sind zusätzlich auf der Hut und passen auf, dass nirgendwo Gefahr lauert. Das hat natürlich seinen Preis. Was aber würde geschehen, wenn wir uns öffnen und das Unbekannte zulassen würden, wenn wir unseren Schutzpanzer ablegen und jeden Tag in vollen Zügen genießen würden?

Nach der buddhistischen Lehre ist das Leben immer im Fluss – was übrigens auch für die entwickelten Länder gilt! Denn die Unbeständigkeit liegt allem zugrunde. Immerfort gibt es Rückschläge, Enttäuschungen, unliebsame Überraschungen und Veränderungen. Es liegt bei mir, ob ich von Afrika lerne und mich dem Leben öffne, egal, wo ich mich gerade befinde. Was, wenn ich die Einstellung aus meiner »afrikanischen Erfahrung« beibehalte und sie überall und immer meiner »menschlichen Erfahrung« zugrunde lege? Ich gebe zwar zu, dass ich nicht sonderlich gut darin bin, aber wenn ich mein Bewusstsein in diese Richtung lenke, fühle ich mich besser und mental gesünder.

Wie können wir Kindern beibringen, sich dem Unbekannten im Leben zu öffnen, statt sich angstvoll abzukapseln? Wie bringen wir Kindern bei, dass sie sich dort am lebendigsten fühlen, wo sie sich auf das Ungewisse einlassen und präsent bleiben? Wie bringen wir Kindern bei, vor unangenehmen Gefühlen nicht zu fliehen?

Mutige Erziehung

Seltsamerweise bin ich in all meinen Jahren als Therapeutin nie auf das Wort *mutig* gestoßen, wenn es um den Umgang mit Emotionen ging – bis ich mich mit den Lehren des Buddhismus zu beschäftigen begann. In der Therapie verwenden wir Wörter wie *meistern, selbst regulieren, selbst managen* und *tolerieren*, aber all diese Begriffe haben einen leicht negativen Beigeschmack; sie erinnern an etwas Schwieriges, mit dem man fertig werden muss. *Mutig* dagegen ist ein positives und kraftvolles Wort.

Warum sprechen wir angesichts der Vorherrschaft des Begriffs Angst und der explosionsartigen Zunahme von Angststörungen so wenig von ihrem Gegenteil, vom Mut?

Der buddhistische Geistliche Sakyong Mipham spricht oft über Mut. Er schreibt in seinem Aufsatz »Confined to Cowardice« [Eingesperrt in der Feigheit], dass Mut bedeutet, »mit ganzem Herzen die Courage, Gelassenheit und Einsicht aufzubringen, einfach nur zu sein. Wir erreichen diese Fähigkeit, indem wir eine beständige und offene Haltung gegenüber dem gegenwärtigen Augenblick einnehmen.« »Einfach nur *sein*« bedeutet, darauf zu verzichten, auf den gegenwärtigen Augenblick zu reagieren – sich weder abzuschotten noch außer sich zu geraten –, sondern vielmehr mit dem ganzen Gefühlsspektrum, den guten und den negativen Gefühlen, bei sich zu bleiben. Interessant an seiner Definition ist, dass der größte Teil unserer Ängste mit dem gegenwärtigen Moment zu tun hat – mit der Ungewissheit, was als Nächstes kommt. Er schreibt, wir bräuchten eine »beständige und offene Haltung gegenüber dem gegenwärtigen Augenblick.« Statt noch ein Glas Alkohol zu trinken, statt nach Koffein oder Junkfood zu greifen, sich am Computer abzulenken, mit einem Freund zu schwatzen oder sich in exzessives Planen zu stürzen, sollten wir mutig sein und die zittrigen Gefühle im gegenwärtigen Moment aushalten.

In Afrika ergab sich diese Fähigkeit, *zu sein,* eher wie von selbst, weil ich nie wusste, was als Nächstes kommen würde, doch in dem komfortablen Leben, das wir in den entwickelten Ländern führen, haben wir immer im Kopf, was geschehen *sollte.* Wir planen unseren Tagesablauf im Kopf voraus und ärgern uns über jede Abweichung. Doch mutig sein bedeutet nicht, Angst zu kontrollieren oder zu eliminieren – es bedeutet, die Angst zu akzeptieren und sie kennenzulernen.

Mut ist wie eine alte Eiche, die einen Sturm nach dem anderen übersteht und Jahr für Jahr weiterwächst.

Wie oft bitten wir unsere Kinder eigentlich, einfach nur mutig zu sein, ihre Wurzeln einzugraben und ihre Stürme durchzustehen? Sich Wind, Hagel, Regen, Schnee auszusetzen in dem Wissen, dass sie vorübergehen?

Kinder kommen mit der angeborenen Fähigkeit auf die Welt, Gefühle zu verarbeiten und unangenehme Situationen zu überstehen, und alle besitzen die Fähigkeit, mutig zu sein. Statt Probleme aus dem Weg zu räumen, können Eltern ihren Kindern erlauben, mit ihnen zu ringen. Selbst wenn Eltern teilhaben, indem sie die Hochs und Tiefs ihrer Kinder ernst nehmen und anerkennen, vertrauen sie doch der natürlichen Selbstregulierung ihres Kindes – genauso, wie wir dem Baum und seinen kräftigen Wurzeln zutrauen, einen Sturm zu überstehen. Wenn Kinder sich von anderen gehört und geschätzt fühlen, dann fühlen sie sich unterstützt, und die meisten sind dann bereit, einen Schritt weiter zu gehen und ihr eigenes Problem zu lösen.

Doch die Neigung, zu trösten, zu beruhigen, zu flicken und zu beschwichtigen, scheint bei uns Eltern vorprogrammiert zu sein. Ich erlebe häufig, wie diese programmierten Reaktionen aus meinem Mund fließen, trotz meiner eigentlichen Intention, die Kinder zu bitten, mutig zu sein. Aber wenn ich einmal so reagiere, wie ich es mir eigentlich vorgenommen habe, bin ich erstaunt und manchmal sogar fast erschrocken, wenn mein Kind plötzlich eine völlig neue, unerwartete Perspektive entwickelt.

Meine ältere Tochter wirkte einmal in einer Schulaufführung von Tschaikowskys *Nussknacker* mit, und obgleich sie sich vor der großen Bühne fürchtete, wollte sie wirklich mitmachen. Bei den Proben plagten sie seltsame Gefühle im Bauch – wir nannten es Lampenfieber oder »Schmetterlinge im Bauch«. Sie benannte es klarer: »Ich habe Angst.« Ich versuchte, ihr Gefühl zu spiegeln und ernst zu nehmen, und sagte: »Das kann einem schon Angst machen.« Doch schmuggelte ich zugleich die Beschwichtigung mit ein: »Du wirst das schon toll machen.« Doch wie oft, wenn ich versuchte, ihren Hoffnungsballon auf diese Weise aufzublasen, schien er danach schlapp und luftleer.

Das nächste Mal, als sie erneut von ihren Sorgen erzählte – wozu gehörte, dass sie auf der Bühne stürzte oder erstarrte, nicht mehr wusste, was sie tun sollte, oder mit ihrem Kopfschmuck gegen jemanden stieß –, ging ich das Risiko ein, ihr die Verantwortung für das Problem zu überlassen, und sagte: »Das hört sich wirklich beängstigend an. Was glaubst du, was du tun wirst?« Sie zögerte und sagte dann selbstgewiss: »Na ja, ich denke, ich muss mutig sein.« Hatte ich richtig gehört? Als ich zu ihr hinübersah, stand ein breites Lächeln in ihrem Gesicht. Sie hatte ihr Problem gelöst.

Mutig sein hat in mein Erziehungsvokabular Einzug gehalten. Ich spreche jetzt immerzu darüber – wie können wir mutig sein? In einem Ferienlager wurde einer meiner Töchter einmal eine Angst einflößende Gruselgeschichte erzählt. Als wir abends die Lichter ausmachten, kamen ihr natürlich die unheimlichen Bilder in den Sinn, und sie hatte große Angst, von einer grünen Hand gepackt zu werden. Wir sprachen über einige Dinge: erstens, dass es vollkommen in Ordnung ist, Angst zu empfinden. Dafür sind Gruselgeschichten ja da! Sie sollte ihre Angst ruhig zulassen und den Fluss ihrer Emotionen fließen lassen. Zweitens überlegten wir, wie sie diese Hand verwandeln könnte. Kann die Hand etwas anderes sein – etwas, das sie mag und an das sie sogar gerne denkt? Nach diesem kurzen Gespräch schlief sie ein. Am nächsten Morgen sprachen wir darüber, wie mutig sie war – und dass wir ins Bett gehen können, selbst wenn wir Angst haben.

Die Erfahrung, von jemandem zurückgewiesen zu werden, kennt wohl jedes Kind. Ich habe erlebt, wie meine beiden Töchter vor meinen eigenen Augen zurückgewiesen wurden; interessanterweise waren die beiden Situationen ähnlich. Beim ersten Mal wollte meine ältere Tochter eine Freundin umarmen, die ihr rasch die kalte Schulter zeigte und sich zu zwei anderen Freundinnen umwandte. Mein Herz setzte einen Moment lang aus. Das andere Mal sah meine jüngere Tochter zwei ihrer Freundinnen Händchen halten, sie wollte sich anschließen und ebenfalls eine Hand ergreifen, aber das Mädchen riss ihre Hand in die Höhe, sodass meine Tochter sie nicht zu fassen bekam. Das war schmerzhaft zu sehen, aber solche Dinge gehören zum Leben und können immer wieder vorkommen.

Uns gaben sie die Möglichkeit, über Mut zu sprechen und darüber, dass das Verhalten von anderen nicht darüber bestimmen kann, wie wir uns selbst sehen. Es ist mutig, kontaktfreudig zu sein und

neue Freunde zu suchen und an fremden Tischen Platz zu nehmen.
Wir können unseren Kindern beibringen, ihre Herzen offen zu halten, selbst wenn andere sich vor ihnen verschließen.

Zirkus Smirkus

Eines Sommers erlebte ich aus erster Hand, wie viele mutige Kinder in einem Tourneezirkus auftraten, der sich »Zirkus Smirkus« nennt. Diese Kinder und Jugendlichen waren zwischen sieben und achtzehn Jahre alt und hatten vierundsechzig Shows in sieben Wochen absolviert, die sie größtenteils fern von ihren Eltern verbrachten. Ich brauchte allerdings eine Weile, bis ich die Sache positiv bewertete, denn zunächst dachte ich: »Wie, diese Kinder arbeiten den ganzen Sommer? In diesem grausamen Zirkusrhythmus? Wie können ihre Eltern das zulassen? Und es ist so gefährlich!« Da war ich, saß wie eine Glucke auf meinen Kindern, sorgte dafür, dass sie ganz dicht bei mir waren, genug zu knabbern und zu trinken hatten und bequem auf ihren Sitzen saßen, während sie die ganze Zeit anderen Kindern, die nur wenig älter waren, dabei zusahen, wie diese auf den Schultern von Erwachsenen standen, Saltos schossen und Kunststücke vorführten, ihre Eltern nirgendwo in Sicht.

Als ich mich dann der Show hingab, war ich schlicht überwältigt von ihrem enormen Talent, ihrem Spaß und vor allem von ihrem Mut. Es wurde mir klar, dass sich diese Kinder pudelwohl fühlten; statt vor der Furcht zu fliehen, lebten sie in ihrer Furcht und gingen emotionale und körperliche Risiken vor einem Publikum ein – und das taten sie natürlich mit breit lächelnden Gesichtern. Es grenzte schlicht an ein Wunder. Diese Kinder lebten in ihrem eigenen strahlenden Licht.

Als ich mehr über den Zirkus Smirkus las, wurde mein anfängliches Urteil noch weiter korrigiert. Ich erfuhr mehr über seine Ziele und seine Sicherheitsvorkehrungen. Seine Philosophie ist, dass man mit sich selbst konkurrieren und mit anderen kooperieren solle. Das klang so herzerfrischend und richtig, und zweifellos waren diese Kinder mehr als glücklich – sie hatten einen ungeheuren Spaß.

Als ich mit meinen Kindern die Vorstellung verließ, hatte ich das Bedürfnis, die mütterliche Leine loszulassen: »Lass sie stolpern, fallen und sich wieder aufrappeln; lass sie Risiken eingehen und in ihrem eigenen Licht leben; lass sie scheitern und Erfolg haben. Schließlich sind sie ihre eigenen Wesen in der Welt. Das Leben ist kurz und macht keinen Spaß ohne ein bisschen Unordnung und Wagemut.« Ich fühlte mich mutiger, nachdem ich diese Kinder und Jugendlichen gesehen hatte, und ich weiß, meine Kinder waren bereit, sich der Welt zu stellen.

Die Lederhäute wegräumen

Unsere Kinder haben zwar ihr Temperament und ihre genetische Veranlagung, aber sie lesen ständig unsere verbalen und nonverbalen Signale, was sicher ist und wo sie besser vorsichtig sein sollten. Wenn wir der Welt mit Furcht und Schutzpanzer begegnen, werden unsere Kinder natürlich davon beeinflusst; ebenso nehmen unsere Kinder wahr, wenn wir uns der Furcht offen stellen. Es gibt kein Leben ohne Furcht. Es gibt keinen vollkommen furchtlosen Zustand. Vor irgendetwas haben wir alle Furcht. Die Frage ist, wie wir mit der Furcht umgehen – laufen wir weg, panzern oder betäuben wir uns, suchen wir nach einem Fluchtweg oder stellen wir uns ihr?

Wie können wir die Lederhäute entfernen, die um die Füße unserer Kinder liegen? Wie können wir sie von der Leine lassen? Wie bekommen wir es hin, dass unsere Kinder die Verantwortung für ihr eigenes Leben übernehmen – wohl wissend, dass sie gesunde und ungesunde Entscheidungen treffen werden und in dem Prozess lernen und wachsen werden? Wie können wir unseren Ängsten offener begegnen? Es gibt einige Grundsätze für mutiges Erziehen:

- *Wir akzeptieren das Erleben unserer Kinder, egal, ob positiv oder negativ, ihr Glück und ihr Leid.*
- *Wir erlauben uns und unseren Kindern, zu scheitern.* Wenn wir uns zu scheitern gestatten, wenn wir Raum dafür schaffen, dass dies geschehen kann – dann erkennen wir die Furcht an und lassen sie zu, statt nach Kontrolle und Sicherheit zu fahnden. Scheitern gehört zum Leben, und es bedeutet nicht, dass wir gut oder schlecht sind. Im Buddhismus macht das Wort Scheitern keinen Sinn, weil es kein Ende und keinen Anfang gibt; alles führt zu etwas anderem. In der Natur gibt es sonnige und verregnete Tage – sie sind weder gut noch schlecht, sie sind nur beide Begleitumstände des Lebens.
- *Wir lassen unsere Kinder mit dem Herzen fühlen.* Unsere Fähigkeit, zu empfinden und zu lieben, macht unser Leben lebenswert. Man kann alles in der Welt besitzen und doch zugleich nichts haben, wenn das Herz verschlossen ist. Wir können unsere Kinder nicht vor Verletzungen bewahren – wir können ihnen aber erlauben, zu fühlen und die Gefühle natürlich zu verarbeiten. Wir können unsere Herzen öffnen und offen halten.
- *Wir ermutigen unsere Kinder, Wagnisse einzugehen.* Kinder sind eher bereit, Wagnisse einzugehen, wenn sie wissen, dass Fehler und Scheitern normal und akzeptiert sind. Wagnisse ermöglichen uns, unser Potenzial und unsere Talente abzurufen – und uns selbst zu entwickeln. Wenn wir Wagnisse eingehen, sind wir lebendiger, so wie ich es in Afrika und im Zirkus Smirkus empfand. Wagnisse eingehen ist etwas vollkommen anderes als Leichtsinn oder Draufgängertum. Letzteres hängt eng damit zusammen, vor der Furcht davonzulaufen, so wie Komasaufen oder Drogengebrauch. Wagnisse einzugehen bedeutet, auf den Schmerz zuzugehen, statt vor ihm zu fliehen.

Schritte, die wir zu Hause probieren können:

1) Akzeptieren Sie Ihr Kind vollständig. Ihr Kind wird sich dann selbst leichter akzeptieren und in seinem Leben dynamischer und beweglicher werden, statt starr und unbeweglich.

2) Das nächste Mal, wenn Ihr Kind jammert, aufgibt oder einen Wutanfall hat – lassen Sie der Sache ihren Lauf. Gehen Sie aus dem Weg. Lassen Sie es seine Erfahrung machen. Lassen Sie ihm seine Gefühle. Befreien Sie sich selbst von der Vorstellung, es sei Ihre Verantwortung, alles zu richten.

3) Nehmen Sie die Gefühle Ihres Kindes ernst, selbst wenn es wütend auf Sie ist.

4) Akzeptieren Sie die am wenigsten erfreuliche Angewohnheit Ihres Kindes und setzen Sie sie in Beziehung zu persönlichen Schwierigkeiten, die Sie in Ihrem Leben zu bewältigen hatten; dies wird Ihnen helfen, mit mehr Empathie darüber zu sprechen.

5) Weichen Sie den Gefühlen Ihrer Kinder nicht aus; erlauben Sie ihnen, auch extremere Gefühle auszuleben.

6) Setzen Sie bei unangemessenem Verhalten Grenzen und verbinden Sie diese mit Konsequenzen. Lieber sollen unsere Kinder kleinere Konsequenzen in der Familie zu spüren bekommen als die unerbittlichen Konsequenzen in der Welt da draußen.

7) Erlauben Sie Ihrem Kind, Wagnisse einzugehen, auch wenn Sie wissen, dass es scheitern kann – Hinfallen und Wiederaufstehen gehören zum Leben.

8) Machine Sie lieber aus einem Elefanten eine Mücke als umgekehrt.

9) Akzeptieren Sie Fehler und Scheitern – seien Sie sogar dankbar dafür.

10) Fordern Sie Ihr Kind auf, sein Problem selbst zu lösen.

11) Bitten Sie Ihr Kind, auf seine eigene Intuition oder »innere Weisheit« zu hören, wenn es um die Lösung eines Problems geht.

12) Senden Sie immer zwei Botschaften gleichzeitig: Akzeptieren Sie die Gefühle Ihrer Kinder *und* setzen Sie ihrem Verhalten Grenzen Zum Beispiel: »Ich merke, wie aufgebracht du bist. Du darfst gerne wütend auf mich sein, aber du darfst dich nicht respektlos benehmen.«

13) Hören Sie auf, alles in Ordnung bringen und jedes Problem lösen zu wollen.

14) Stehen Sie zurück, halten Sie sich zurück, nehmen Sie sich zurück.

15) Seien Sie nachsichtig mit sich selbst, wenn Sie Schwierigkeiten mit Punkt 1 bis 14 haben.

Kontakt mit der Natur

Die Natur hat die Kraft, uns zu verändern
und aufzuwecken.

Mark Coleman, Awake in the Wild

Mitten in einem Meditationswochenende mit der bekannten klinischen Psychologin und Buddhistin Tara Brach hatte die Natur einen großen Auftritt und verwandelte mit einem Schlag die Welt. Ein Nordoststurm fegte kurz vor Halloween vorbei und hinterließ auf Bäumen und Rasenflächen einen Meter nassen Schnee. Vor Ausbruch des Unwetters hatte Tara zwar Vorträge über Präsenz, Anteilnahme, Augenkontakt, Verletzlichkeit und Offenheit gegenüber dem Unbekannten gehalten, aber wir schienen diese Ideen erst in dem Moment umsetzen zu können, als wir keinen Strom mehr hatten, Kerzen anzündeten, uns ganz auf die Gegenwart einließen und eine echte Verbindung zu den anderen empfanden durch die gemeinsame Erfahrung des Eingeschneitseins.

Vor dem Schneesturm war ich entsetzt darüber, wie viele Leute ihre Smartphones umklammert hielten – trotz der Klausur mit ihren strengen Regeln hinsichtlich des Gebrauchs von irgendwelchen elektronischen Geräten und Displays. Doch nach dem Unwetter wandten sich die Menschen mehr einander zu, legten ihre Smartphones beiseite, öffneten sich ihren Mitteilnehmern und teilten sich Schneeschaufeln auf dem Parkplatz und Taschenlampen in den Badezimmern.

Die Natur erinnert uns daran, dass wir alle im gleichen Boot sitzen, auch wenn wir das die meiste Zeit vergessen. Wenn wir eine gemeinsame Verbindung zu anderen fühlen, werden wir sanfter, sehen über Unterschiede hinweg und *wollen* gut mit ihnen auskommen. Wichtiger noch: Als ich nach draußen ging, um mir den gleißenden Sonnenschein und das weiße Wunderland anzuschauen, berührte mich etwas noch stärker als der Sturm – die immer vorhandene und andauernde Schönheit der natürlichen Welt.

Die naturbezogenen Metaphern und Geschichten in diesem Buch können als verlässliche Grundsätze für die Erziehung von Kindern heute dienen, ob sie in Städten oder auf dem Lande aufwachsen. Ich möchte aber nicht versäumen zu erwähnen, wie wichtig es ist, sich in der Natur selbst aufzuhalten – und ich meine damit nicht, draußen Sport zu treiben, zum Spielplatz oder zum Zoo zu gehen oder einen Naturfilm im Fernsehen anzuschauen.

Die Kinder heute brauchen den Kontakt zur Erde, sie müssen sich mit der Natur verbunden fühlen, sie müssen an natürliche Grenzen stoßen, ihre Sinne schärfen, ihre Gefühle verarbeiten, die Musik der natürlichen statt nur die Geräusche der virtuellen Welt vernehmen.

Wir sind Geschöpfe der Natur, und es ist notwendig, dass wir uns als Teil der natürlichen Welt fühlen. Forschungen belegen, dass dies für die mentale Gesundheit der jungen Menschen lebensnotwendig ist. Der Autor Richard Louv, der den Begriff *Naturdefizit-Störung* geprägt hat, zitiert in seinem Buch *Das letzte Kind im Wald?* eine Studie der Cornell-Universität, nach der Kinder, die in naturintensiven Zusammenhängen leben, mit Stressbelastungen besser fertig werden. Nancy Wells und Gary Evans, die Verfasser der Studie, fanden heraus, dass Kinder mit mehr Naturerfahrungen in ihrem Leben weniger Angst und Depressionen und ein größeres Selbstwertgefühl hatten. Louv zitiert in seinem Buch Studien, die »bestätigen, dass eine der größten Wohltaten von Aufenthalten in der Natur die Verminderung von Stress« ist.

Die Natur bewirkt, dass wir uns entschleunigen und unsere Aufmerksamkeit auf die Welt außerhalb von uns selbst lenken. Mentale oder emotionale Störungen gehen mit einem erhöhten Grad an Selbstbefangenheit einher. Menschen mit Depressionen, Angststörungen oder voller aggressiver Gefühle sind nach innen gekehrt, sie legen sich Geschichten in ihrem Kopf zurecht, oder sie werden von sie überwältigenden Gedanken und Gefühlen niedergedrückt. Die Natur kann das schnell ändern und Menschen aus ihrem Kopf heraus- und in den gegenwärtigen Moment holen. Es kann das Krächzen einer Krähe sein, ein frischer Wind im Gesicht, eine leuchtend rote Tulpe, die sich aus der tauenden Erde emporreckt, ein warmer Frühlingsregen oder der Geruch von neuem Schnee auf Tannenästen. Diese Geräusche, Gerüche, Bilder und Gefühle fordern unsere Aufmerksamkeit, und sei es vorübergehend. Die natürliche Welt ist eine ganzheitliche Erfahrung, die all unsere Sinne in Anspruch nimmt, wenn wir es zulassen. Es ist fast so, als würde Mutter Natur uns schnappen und durchschütteln und sagen: »Schau aus dir heraus, du bist Teil eines sehr viel größeren Lebenszusammenhangs.«

Viele Kinder, die mit Problemen ringen, sind nach außen hin abgeschottet, der Blick ist zu Boden gerichtet, und sie sind von Beziehungen wie abgeschnitten. Häufig ist es für Kinder, die emotional aufgebracht sind, schwierig, sich auf andere Menschen einzulassen; Erwachsene wollen zum Beispiel meist eine Erklärung hören oder eine Lösung vorschlagen. *Die Natur erwartet nichts und verlangt nichts zurück.* Wie Thich Nhat Hanh erläuterte, sind Bäume präsent, frisch und lebendig. Die Verbindung mit der natürlichen Welt ist für Kinder besonders wichtig, wenn sie Probleme in ihren sozialen Beziehungen haben. Auch Tiere können hier nützlich sein. Ein Spaziergang durch den Wald oder mit einem Hund kann tiefe Heilkraft entfalten und einen scheinbar unverrückbaren Blickwinkel innerhalb von zwanzig Minuten dramatisch verändern.

Wenn wir in die Welt hinausschauen und den Rhythmus der Natur wahrnehmen, sehen wir, dass der Fluss des Lebens ohne Unterlass um uns herum fließt. Für einen Augenblick können wir aus uns heraustreten, und das ist eine Befreiung. Ein Teenager, der sich nur in Gebäuden aufhält, verstärkt unter Umständen fortwährend seine negativen Gedanken, weil es so viel gibt, das sie oder er projizieren kann. Sie schaut in den Schrank und denkt: »Ich hasse meine Kleider.« Er schaut auf seinen unaufgeräumten Schreibtisch und fühlt sich von den Hausaufgaben überfordert. Sie geht in die Schule und denkt: »Ich passe nicht hierher.« Er wandert zu Hause umher und spürt eine innere Spannung wegen der Dinge, die er tun »sollte«.

Innenräume können festgefahrene Denkmuster verstärken – doch wenn wir nach draußen gehen, erweitert sich unser Blick und wir können uns öffnen.

Wenn ein Teenager nach oben in den Himmel schaut, muss da kein Gedanke dabei sein, keine Projektion oder kein Hinweis darauf, wer er ist oder was er zu tun hat. Er nimmt vielleicht einfach nur etwas außerhalb seiner selbst wahr: wundervoll dahinziehende Wolken, die einbrechende Dämmerung oder den aufgehenden Mond. Die Welt der Natur ist wie ein Schwamm, der unseren Stress aufsaugt und uns auswringt, sodass wir klarer und leichter und fokussierter in unsere vier Wände zurückkehren.

Wenn Kinder von allen Beziehungen abgeschnitten sind, einschließlich der Beziehung zur Natur und zu den Tieren, geraten sie in ernsthafte depressive Stimmungen oder Ängste – weil die einzigen »technischen« Beziehungen, die dann bleiben, die Beziehung zu Computern, Videos und Handys, ihre Depression und Angst nur verstärken. Tatsächlich glaube ich, dass alle diese handlichen Geräte mittlerweile die Probleme spiegeln, die wir mit unserem Denken heute haben. Denken ist natürlich eine wichtige menschliche Fähigkeit: planen, analysieren, Probleme lösen und so weiter. Doch hängen viele von uns Tag und Nacht sinnlosen und unproduktiven Gedanken nach, die uns nur Leid bringen und uns dem gegenwärtigen Moment entfremden. Smartphones und Notebooks verfügen über ungeheure Möglichkeiten, Informationen zu beschaffen und uns miteinander kommunizieren zu lassen, aber sie werden ebenso häufig zur sinnlosen Ablenkung vom Leben missbraucht. Wir missbrauchen sowohl unser eigenes Denkvermögen als auch die von uns selbst geschaffene Technologie. Der Hauptgrund dafür ist, dass wir uns so radikal von der Natur entfernt haben.

Natur und Reifeprozess

Wenn ich Eltern einen guten Rat erteilen müsste, dann würde er wohl lauten: *Sollen unsere Kinder reifen, müssen sie in die Natur.* Der Wildnisführer und Psychologe Bill Plotkin schreibt in seinem Buch *Nature and the Human Soul* [Natur und die menschliche Seele], die Natur sei »immer schon die beste Grundlage für menschliche Reifeprozesse« gewesen. Um Reife erwerben zu können, schreibt er, bräuchten wir zu gleichen Teilen Natur und Kultur – ein Gleichgewicht, das indigene Völker und unsere Vorfahren, die näher an der Scholle lebten, noch kannten. Ich vermute, dass bei der westlichen Kindererziehung heute die Natur weniger als zehn Prozent im Leben von Kindern ausmacht. Das Leben der Kinder wird von Kultur dominiert, sei es die Kultur der Familie, der Schule, der Gemeinschaft oder die besonders einflussreiche Kultur des digitalen Mainstreams. Um reife Menschen werden zu können, müssen wir uns der natürlichen Welt aussetzen und unsere Beziehung zu ihr vertiefen.

Die von der Natur gesetzten Grenzen fördern den Reifeprozess junger Menschen – in natürlichen Umgebungen müssen Kinder anpassungsfähig und demütig sein. Ob wir auf einem Bauernhof arbeiten oder mit dem Rucksack unterwegs sind, Tageswanderungen machen, im Zelt schlafen, Ski fahren, surfen oder einfach einen Park besuchen, immer sind dabei Elemente im Spiel, die außerhalb unserer Kontrolle liegen. Insekten, nasser oder gefrorener Boden, Regen, Wind, Hitze oder Kälte, hoher Wellengang – diese Bedingungen der natürlichen Welt sind draußen immer vorhanden. Zugleich existieren diese Unannehmlichkeiten Seite an Seite mit den Freuden der Natur. Wenn wir in der Natur sind, müssen wir uns entschleunigen und besänftigen, wir müssen aushalten, uns abfinden und akzeptieren. Dieser Prozess ist ein wichtiger Teil der emotionalen Reife.

Natur erlaubt uns auch, uns dem Unbekannten zu stellen. Unser analytischer Verstand sucht für alles Erklärungen und Lösungen, aber die natürliche Welt hält viele Geheimnisse parat, die es uns ermöglichen können, unsere eigenen Ungewissheiten zu ertragen.

Bei den Anonymen Alkoholikern ist ein zentraler Bestandteil der Verhaltensänderung der Glaube an eine höhere Macht. Diese »höhere Macht« ist für viele Definitionen offen, da viele Betroffene, die einen Entzug machen, weder Christen noch sonst wie religiös sind. Sie müssen nur bereit sein, ihr Leben einer Macht anzuvertrauen, die größer ist als sie selbst. Es spielt keine Rolle, ob man die Natur religiös betrachtet oder nicht: Wenn wir zum Fenster hinausschauen, sehen wir eine Kraft, die größer ist als wir. Ob wir die Sonne ansehen, die Sterne, den Mond oder die Erde, wir erkennen, dass wir im Vergleich dazu ziemlich klein sind. Wenn wir erfahren, dass Bäume und Schildkröten und viele andere Lebewesen weit über hundert Jahre alt werden, erscheinen Menschen im Vergleich dazu als flüchtige Spezies. Dieses Erkennen einer größeren Macht in der natürlichen Welt ist nicht nur Anlass zu Demut – es hilft auch, die geistige Gesundheit wiederherzustellen. Wenn wir sehen, dass das Leben aus einem endlosen Wechsel aus Ebbe und Flut besteht, haben wir es nicht mehr so nötig, jede Situation in unserem Leben kontrollieren zu müssen.

Zurück zur Natur

Eine Wildnistherapie oder ein anderes naturbasiertes Therapieprogramm ist eine gute Ausgangsbasis für viele Kinder, die Probleme haben und eine Rückbindung an die sinnlich erfahrbare Umwelt brauchen. Zu diesen Therapien gehört es, früh mit der Sonne und den Vögeln aufzustehen und den Tag am Lagerfeuer ausklingen zu lassen – mit dem Klang und dem Geruch des prasselnden Feuers, dem Rhythmus der flackernden Flammen, dem stillen und dunklen Sternenhimmel. Die Kinder sind den ganzen Tag draußen und bekommen eine gesunde Dosis Vitamin D, sie betätigen sich körperlich, trinken genug, essen gesund und spielen altersgemäße Spiele. Alles dies hat einen stabilisierenden Effekt auf ihr Wohlbefinden.

Wenn wir näher an der Natur leben, kehren wir zurück zu unserem eigenen, natürlichen Rhythmus: Atmen, Schlafen, Essen und Bewegung. Kinder sind dann mehr bei sich, in ihren Körpern und bei ihren Gefühlen.

In der Welt der Natur zu sein schärft die Sinne der Kinder. Sie riechen die Erde, sie hören das summende Leben um sich herum und sehen die vielfältigsten Dinge – und alles beansprucht ihre volle Aufmerksamkeit. Die Kinder sprechen auf natürliche Geräusche an, die besänftigend wirken, im Gegensatz zu den Klingeltönen der Handys oder dem Piepsen von neuen SMS-Nachrichten. Die ständige Selbstkontrolle kann vergessen werden; die äußere Panzerung wird durchlässig, wenn die Kinder im gegenwärtigen Moment aufgehen. Wenn Kinder das Gefühl haben, Teil von etwas Größerem zu sein, fühlen sie sich weniger in ihrem eigenen Selbst, ihrem eigenen Schmerz isoliert. Kinder sind Teil der lebendigen Welt. Außerdem nehmen Hemmungen und Befangenheit ab, wenn Kinder sich in der freien Natur schmutzig machen.

Die Beziehung zu Tieren hilft ebenfalls, Kontakt zur Natur aufzunehmen, da Tiere ihrem eigenen Rhythmus folgen und oft selbst großartige Lehrer sind.

Mia

Mia ist ein Therapiepferd auf einer therapeutischen Pferdefarm in Wyoming. Mia ist frech, eigenwillig und manchmal störrisch – und so wird sie immer mit Kindern zusammengebracht, die besonders perfektionistisch, ichbezogen, trotzig und verschlossen sind. Als der schwer gestörte Rainer auf der Farm ankam, wurde schnell klar, dass seine Hauptbewältigungsstrategie darin bestand, sich abzuschotten und aufzugeben, wenn er sich überfordert fühlte. Andere schienen ihm egal zu sein, insbesondere seine Eltern, und er empfand sich weitgehend als Opfer. Sehr gut war er in Schuldzuweisungen. Das Therapeutenteam stimmte sofort überein, dass Mia das richtige Pferd für ihn sei.

Rainers Aufgabe war es, für Mia zu sorgen, er musste sie also täglich füttern, striegeln, ihren Stall ausmisten. Rainer hatte keine Erfahrung mit Pferden; er war ein Stadtkind und fühlte sich mit seiner Spielekonsole sehr viel wohler. Als Rainer sich an der Pferdekoppel zeigte, rührte sich Mia nicht vom Fleck. Rainer war verschlossen, sein Blick zu Boden gerichtet, und er machte den Eindruck, als halte er seine Aufgabe, Mia zu füttern, für eine Zumutung. Mia ließ sich darauf aber erst gar nicht ein. Die meisten Pferde gehen zu den Teenagern hin, die sie betreuen, und begrüßen sie, aber Mia entfernte sich. Rainer musste in die Koppel gehen, um ihr nahe zu kommen, manchmal auch bei Regen und Schnee. Um mit Mia irgendetwas zuwege zu bringen, musste er aus sich herausgehen und Kontakt knüpfen. Er musste aufhören, permanent daran zu denken, dass sein Leid irgendjemandes Schuld sei, und sich dem gegenwärtigen Augenblick öffnen. Er musste sich Mia öffnen und ergeben, weil sie auf einen ichbezogenen Jungen nicht reagierte.

Trotz Mias Dickköpfigkeit ließ Rainer seine Aufgaben nie schleifen. Er versuchte zwar, im Therapieprogramm sich vor dem einen oder anderen zu drücken, aber er sorgte sich, dass Mia nichts zu fressen hätte, wenn er seiner Pflicht ihr gegenüber nicht nachkam. Tief in seinem Herzen mochte er sie. Und Mia mochte ihn. Wenn Rainer sich besser benahm, wenn er Demut und Engagement zeigte und präsent war, begrüßte ihn Mia. Sie pflegten eine nonverbale Freundschaft, die ihm guttat. Doch wenn Rainer Konflikte mit seinen Eltern hatte und sich wieder in sich selbst zurückzuziehen begann, legte sich Mia einfach hin, was viel heißen will bei einem Pferd. Sie spiegelte ihn. Sie hielt ihren Teil der Beziehung aufrecht. Sie arbeitete nie härter als er, dennoch akzeptierte sie ihn ohne Wenn und Aber. Sie zog ihn zur Verantwortung.

Wenn wir mit Tieren oder mit natürlichen Gegebenheiten arbeiten, die außerhalb unserer Kontrolle liegen, müssen wir tief in uns hineinhören, uns einschwingen und Dankbarkeit zeigen können. Beziehungen zu Tieren und zur Natur sind ein Geschenk. Sie holen uns aus unserem Leiden heraus und führen uns in den gegenwärtigen Augenblick. Sie verbinden uns mit dem Leben.

Die Welt der Natur und das Herstellen von Mokassins

Die Unbeständigkeit ist zugleich die grundlegendste, unverrückbarste Wahrheit und doch in unserem täglichen Leben am schwierigsten zu fassen. Wir konzentrieren uns ständig auf Sicherheit und Gewissheit, um uns geschützt zu fühlen, doch alles kommt an ein Ende und ist im Werden und Vergehen. In unserer menschengemachten Welt versuchen wir, so viel wie möglich zu kontrollieren – ob wir den Thermostat bei uns zu Hause programmieren, das Gleiche im Winter wie im Sommer essen oder in künstliche digitale Welten fliehen. Durch dieses Verhalten verlieren wir im Alltag die Unbeständigkeit aus den Augen. Hin und wieder werden wir durch bedeutsame Ereignisse wie eine Geburt, einen Tod, eine Krankheit, eine Hochzeit oder einen Jobverlust daran erinnert – doch in der natürlichen Welt werden wir *ständig* darauf gestoßen. Ob Blätter, Schnee oder Regen fallen, ununterbrochen verändert sich alles. Der Autor Mark Coleman schreibt in seinem Buch *Awake in the Wild* (Wach in der Wildnis), dass »der Wind uns immer wieder daran erinnert, dass es auf dieser Welt letzten Endes nichts gibt, was beständig ist, dass sich alles im Fluss befindet. Wenn wir in Harmonie mit dieser Wirklichkeit leben wollen, müssen wir eine innere Resilienz entwickeln und die Fähigkeit, loszulassen, wenn sich die Umstände unvermeidlich ändern.«

Die direkte tägliche Erfahrung der Unbeständigkeit ermöglicht es uns, flexibler und anpassungsfähiger zu sein, und auch das gehört zur Mokassinherstellung.

Richard Louv meint, dass die Zeit, die Kinder in der freien Natur verbringen, ihnen ein natürliches Selbstvertrauen schenkt, das sie sonst nirgends erwerben können. Er nennt dies »Instinktvertrauen«. Da es in natürlichen Umgebungen echte Gefahren gibt, müssen sich Kinder eigenverantwortlich verhalten und mit unmittelbaren Konsequenzen rechnen: Man muss aufpassen, dass man nicht hinfällt, wenn man einen Bach überquert; beim Spielen sollte man nicht in die Brennnesseln geraten; man kann sich verlaufen, einen Sonnenbrand bekommen und so weiter. Diese Achtsamkeit hilft den Kindern, ihre Sinne und ihre Konzentrationsfähigkeit zu entwickeln. Fokussierte Aufmerksamkeit und instinktive Achtsamkeit sind wesentliche Bestandteile bei der Entwicklung innerer Ressourcen. Vergessen wir nicht: Wir können nicht kontrollieren, welche Wege unsere Kinder einschlagen, aber sie sollen gesunde Entscheidungsfähigkeiten entwickeln, sodass sie auf gesunde Weise ihre eigenen Probleme lösen können. Das findet im Freien ganz natürlich statt.

Weil es schwerfällt, der Natur für ein Gewitter Vorhaltungen zu machen, verarbeiten Kinder ihre Gefühle in natürlichen Umgebungen rascher und verhalten sich entsprechend.

Die Emotionen kommen und gehen schneller; es scheint unmöglich, dass ein Kind in der Natur in einem bestimmten Zustand gefangen bleibt. Die Emotionen bleiben fließend wie Wasser.

In der Natur müssen sich Kinder auf einen Belohnungsaufschub einstellen – bevor man den Gipfel erreicht, muss man wandern; bevor das Essen heiß gemacht wird, muss man Holz sammeln; und bevor der Fisch anbeißt, muss man am Bach geduldig warten. Problemlösungskompetenz und innere Motivation ergeben sich von allein, wenn ein Segler von einem Sturm oder ein Bergkletterer vom Regen überrascht wird oder wenn einem Rucksackwanderer das Essen ausgeht. Selbstdisziplin, Stresstoleranz, Zielsetzung: Diese Fähigkeiten kommen von selbst, wenn ein Kind seinen Unternehmungen in der Natur nachgeht.

Wenn wir in natürlicher Umgebung auf Hindernisse stoßen, macht es keinen Sinn, jemand anderen zu bitten, sie beiseitezuräumen. Die Hindernisse müssen in Kauf genommen und gemeistert werden; niemand kann für Sie über Ihre Felsen klettern. Aber ungeachtet der Probleme – verschlammte Strecken eines Wanderwegs, vereiste Strecken einer Skipiste, glühend heißer Sand am Strand, tiefer Schnee im Winter oder Steine auf einem Fahrradweg – ist es dennoch zumeist lohnend, draußen zu sein. Tatsächlich macht das Überwinden von Hindernissen sogar großen Spaß.

Die Natur bietet auch Vorlagen für die Kindererziehung. Wie schaffen wir es, die Stolpersteine auf dem Weg unserer Kinder liegen zu lassen? Wie können wir von Kindern verlangen, sich mit Unannehmlichkeiten abzufinden, bis sie sie ausgestanden oder gemeistert haben? Wir können ein Leitbild für unsere Kinder sein, indem auch wir selbst in die Natur gehen und sie wertschätzen. Wir können auch Lehrbeispiele aus der Natur ins Haus tragen. Die Welt der

Natur zwingt uns zu geistiger Wachheit, öffnet uns gegenüber dem Unbekannten und hält unsere Sinne präsent und lebendig. Dass es hier keine schnellen Patentlösungen gibt, ist das beste Modell, an dem unsere Kinder reifen können. In der Natur und im Leben ist jeder von uns immer auch auf sich gestellt. Als Eltern ist es unsere Verantwortung, unseren Kindern beizubringen und ihnen vorzuleben, wie man Mokassins herstellt, die ihnen erlauben, die ganze Fülle von Erfahrungen zu machen, die das Leben zu bieten hat.

Danksagung

Ich bin dankbar, dass ich in einer Lebensphase, die von Angst und Schlaflosigkeit geprägt war, die buddhistische Lehre kennenlernte. Die Weisheit von Pema Chödrön und Chögyam Trungpa haben mir im Schlafen wie im Wachen sehr geholfen. Sie haben mir auch für die Ängste und Furcht, wie sie in der westlichen Gesellschaft zum Ausdruck kommen, ein Verständnis eröffnet, wie es Psychologie und Psychotherapie nicht vermocht haben.

Ich danke meinem Mann Bob für seine unermüdliche Unterstützung während des Schreibens sowie für seinen kritischen Rat. Dankbar bin ich auch meiner Mutter Ellie, die das Manuskript las und mit ihrem Urteil und ihrer Unterstützung viel zum Gelingen des Projekts beitrug. Ich möchte meiner Freundin Nicole danken, dass sie Teile des Buches gelesen hat. Die Diskussionen mit ihr über Erziehung haben mir manche Einsicht für dieses Buch gebracht. Ich möchte allen Freundinnen danken, die Mütter sind und die ich in endlose Gespräche über Erziehung und emotionale Gesundheit verstrickt habe: Eure Gedanken und Perspektiven haben mich beim Schreiben dieses Buchs begleitet. Ich möchte auch meinen Töchtern für ihre Unterstützung und ihre grenzenlose Liebe danken.

Ich bin meiner Agentin Dede Cummings dankbar dafür, dass sie mein Buch so begeistert aufgenommen und in so guten Verlagen wie Wisdom Publications und Beltz untergebracht hat. Ich möchte Laura Cunningham für ihr kluges Lektorat und manche Anregung danken, die meinen Text verständlicher und leichter lesbar gemacht haben.

Schließlich danke ich allen Eltern, mit denen ich zusammengearbeitet habe, sowie all meinen Leserinnen und Lesern!

Bibliografie

Arbinger Institute: *The Anatomy of Peace: Resolving the Heart of Conflict.* San Francisco, Bernett-Koehler Publishers, 2008.

Bly, Robert: »The Long Bag We Drag Behind Us.« In: *Meeting the Shadow: The Hidden Power of the Dark Side of Human Nature*, hrsg. von Connie Zweig und Jeremiah Abrams. New York, Tarcher/Putnam, 1991.

Brach, Tara: *Radical Acceptance: Embracing Your Life with the Heart of the Buddha.* New York, Bantam Books, 2003.

Chödrön, Pema: *No Time to Lose: A Timely Guide to the Way of the Bodhisattva.* Boston, Shambhala Publications, 2005.

Dies.: *When Things Fall Apart: Heart Advice for Difficult Times.* Boston, Shambhala Publications, 1997.

Coleman, Mark: *Awake in the Wild: Mindfulness in Nature as a Path of Self-Discovery.* Maui, Inner Ocean Publishing, 2006.

Dalai-Lama: *Der Weg zum sinnvollen Leben. Das Buch vom Leben und Sterben.* Freiburg, Herder, 2011.

Dalai-Lama: *An Open Heart: Practicing Compassion in Everyday Life.* Hrsg. von Nicholas Vreeland. New York, Little Brown and Company, 2001.

Epstein, Mark: *Going to Pieces Without Falling Apart: A Buddhist Perspective on Wholeness.* New York, Broadway, 1998.

Hofer, Barbara, und Abigail Sullivan Moore: *The iConnected Parent: Staying Close to Your Kids in College (and Beyond) While Letting Them Grow Up.* New York, Free Press, 2010.

Louv, Richard: *Das letzte Kind im Wald? Geben wir unseren Kindern die Natur zurück.* Weinheim, Beltz, 2011.

Magid, Barry: *Nothing is Hidden: The Psychology of Zen Koans.* Boston, Wisdom Publications, 2013.

McKinnon, John: *An Unchanged Mind: The Problem of Immaturity in Adolescence.* New York, Lantern Books, 2008.

Mipham, Sakyong: »*Confined to Cowardice*«. *Shambala Sun,* März 2011.

Mogel, Wendy: *Blessings of a Skinned Knee: Using Jewish Teachings to Raise Self-Reliant Children.* New York, Scribner, 2008.

Morinaga, Soko: *Novice to Master. An Ongoing Lesson in the Extent of My Own Stupidity.* Boston, Wisdom Publications, 2010.

Piaget, Jean, und Bärbel Inhelder: *Die Psychologie des Kindes.* München, dtv, 1991.

Plotkin, Bill: *Nature and the Human Soul: Cultivating Wholeness and Community in a Fragmented World.* Novato, CA, New World Library, 2008.

Rilke, Rainer Maria: *Das Stunden-Buch.* Frankfurt, Insel, 1972.

Shantideva: *The Way of the Bodhisattva.* Boston, Shambhala Publications, 1997.

Siegal, Daniel, und Mary Hatzell: *Parenting From the Inside Out: How a Deeper Self-Understanding can Help You Raise Children Who Thrive.* New York, Tarcher/Penguin, 2003.

Thich Nhat Hanh: »*Be Beautiful, Be Yourself*«. *Shambhala Sun,* Januar 2012.

Trungpa, Chögyam: *Smile and Fear: Awakening the True Heart of Bravery.* Boston, Shambhala Publications, 2010.

Weil, Andrew: *Spontaneous Happiness.* New York, Little Brown, 2011.

Weissbourd, Richard: *The Parents We Mean to Be: How Well-Intentioned Adults Undermine Children's Moral and Emotional Development.* Boston, Mariner Books, 2009.

Yalom, Irvin: *Love's Executioner: Other Tales Psychotherapy.* New York, Perennial Classics, 1989.

Erziehung zwischen Elternliebe und Machtinteressen

Je mehr sich Staat und Gesellschaft den Märkten unterwerfen, desto größer wird der Druck auf unsere Kinder. Viele Eltern spüren: Was Wirtschaft und Bildungseinrichtungen als optimale Erziehung verkaufen, hat nur wenig mit den Bedürfnissen ihrer Kinder zu tun.

Mit großer Leidenschaft appelliert Herbert Renz-Polster an Eltern, sich einzumischen, ihr eigenes Denken und Handeln zu überprüfen – bevor das ökonomische System das Leben von Kindern und Familien vollends bestimmt. Der bekannte Kinderarzt zeigt, wie Eltern vielmehr ihre Chancen ergreifen können, indem sie die eigenen Erziehungskompetenzen entschlossen wahrnehmen. Und wie die Persönlichkeitsentwicklung ihres Kindes und die Beziehung zum Kind dadurch gestärkt wird.

Herbert Renz-Polster
Die Kindheit ist unantastbar
Warum Eltern ihr Recht auf Erziehung
zurückfordern müssen
gebunden, 240 Seiten
ISBN 978-3-407-85847-4

BELTZ

Empathie – die Intelligenz des Herzens

Die Stärkung des Mitgefühls als Voraussetzung für eine friedliche Welt – ein großes Plädoyer für das, was unsere Welt zusammenhält.

Dafür müssen Kinder – und Erwachsene! – wieder den Kontakt zu sich selbst finden, zu ihrem Körper, ihrem Herzen und zu dem Bild, das sie sich von sich selbst machen. Für dieses Buch haben sich Europas berühmtester Familientherapeut Jesper Juul und der Bestsellerautor Peter Høeg mit vier weiteren Kinderexperten zusammengetan, um sich zu einer starken Stimme zu vereinen. Im Anhang finden sich praktische Übungen, die die Empathie von Kindern stärken und ihre Entwicklung in Familie und Schule positiv beeinflussen werden.

»Es ist eine Art Manifest, das das Gefühl für andere, die Empathie, in den Vordergrund rückt: eine Fähigkeit, die in unserer vom Egoismus geprägten Gesellschaft vernachlässigt wird.«
Hannoversche
Allgemeine Zeitung

Jesper Juul/Peter Høeg/
Jes Bertelsen/Steen Hildebrandt/Helle Jensen
Miteinander – Wie Empathie Kinder stark macht
Aus dem Schwedischen von Kerstin Schöps
gebunden, 159 Seiten
ISBN 978-3-407-85942-6